大夏书系·教育常识

让教育带着温度落地

姚跃林 著

华东师范大学出版社
全国百佳图书出版单位

图书在版编目（CIP）数据

让教育带着温度落地 / 姚跃林著 . —上海：华东师范大学出版社，2016

ISBN 978 - 7 - 5675 - 5885 - 4

Ⅰ . ①让 ...　Ⅱ . ①姚 ...　Ⅲ . ①教育研究　Ⅳ . ① G40-03

中国版本图书馆 CIP 数据核字（2016）第 283792 号

大夏书系 · 教育常识

让教育带着温度落地

著　　者	姚跃林	
策划编辑	朱永通	
审读编辑	朱　颖	
封面设计	百丰艺术	

出版发行　华东师范大学出版社

社　　址　上海市中山北路 3663 号　邮编　200062

网　　址　www.ecnupress.com.cn

电　　话　021 - 60821666　行政传真　021 - 62572105

客服电话　021 - 62865537

邮购电话　021 - 62869887　地址　上海市中山北路 3663 号华东师范大学校内先锋路口

网　　店　http：//hdsdcbs.tmall.com

印 刷 者　北京密兴印刷有限公司

开　　本　700×1000　16 开

插　　页　1

印　　张　15.5

字　　数　244 千字

版　　次　2017 年 1 月第一版

印　　次　2025 年 1 月第十二次

印　　数　35 101–36 100

书　　号　ISBN 978 - 7 - 5675 - 5885 - 4/G · 9956

定　　价　36.00 元

出 版 人　王　焰

（如发现本版图书有印订质量问题，请寄回本社市场部调换或电话 021-62865537 联系）

目 录

下编　▌理性的温度

序　一

教育信念温暖理想之花 林怡滢

毕业后的某天，我走进一家咖啡屋，恰听见身后传来熟悉的名字——厦大附中。一位女生正对她的好友表达着她对这所学校的倾慕与向往。姚校长总是说，学校因学生而存在，我们力图培育和提升一流的教育服务品质，用合适的教育办学生喜欢的学校。在教育体制尚逢转型、学校角逐尚为热烈的当下，一个非本校学生对厦大附中"桃花源"般的向往，乃是校长理想花开的最好见证。

理想之花本是一粒朦胧的种子，在一座滨海荒山和一卷蓝图般的混沌中被一丁点儿温度唤醒，而后在校长的教育信念的支撑下逐渐发展为附中这样的小小"国"，师生云集，于此立德育人。

理想国的开辟，源于校长的"求真"。他为更委婉、有效地与同事、学生乃至家长沟通而不停歇地写着，力求更为真实地交流。校长也确是一个真实的人。教师生活在学生中，校长也不例外。他是园丁，是听课者，是食堂中的共餐者，是走廊、校道、操场上对你亲切一笑的人。

犹记六年前的夏令营，校长嘱咐我定要多吃点儿，而这声温暖的问候，数年来从未变过。2015年，年度征文"亦乐杯"的主题为"讲述附中故事"，对象是全体在校师生、校友、家长及其他关心附中的社会人士。在此之前，我们早已讲述了千千万万的点点滴滴，其中一些便收录在本书"生命的温度"一编里。朱永通先生在《教育的细节》一书中为我们揭开了潜藏于孩子们心底的故事，刻画了他们细致敏感的内心，让我们知晓"教育无小事，细节见本心"。正如就读师范的附中学子吴必萍学姐在致校长的信中写道："可能我们的一句话对学生的影响会超出想象；可能我们的教学方式、教学态度、教学理念对于学生的学习之路乃至人生之路的影响超出想象。"若说朱老师所述故事使我们意识到现实严峻，姚校长口中的附中故事则令我们不忘人性之善。它是对袁亦明们的"投诉"的重视，对困扰于成绩、交际乃至成长的孩子的耐心，对初来乍到的美籍华人子女的体贴以及孩子们回过头来对老师们的关怀……故有发自内心地为校长撑伞、发自"民"间地为老师捐款。我们总在不可抗力下寻那"稍稍有一点诗意的栖息"。

我们谈起中国教育时常皱眉，且怀疑今之学风不比从前——往日的知识分子秉持着对教育最本真的敬意，高呼着"德先生与赛先生"。故而读至"理性的温度"一编，便更有"人心不古，世风日下"之叹。但且让我们细细品读，抓准症结，一同探寻更贴近理想的发展方式。

满怀期待翻开此书者，或同怀理想、心念教育，或欲重温、借鉴附中成长之路，或如铁杆粉丝般从"理想国"追随至此。我们带着太多问题而来：附中如何从零开始，成为后起之秀？在"绩效主义"犹存的当下，如何平衡成绩与情怀？附中本身也带着疑问在成长：如何使教育真正服务于学生？如何使有想法的老师、有特点的学生各尽其能？如何在教育主客体间实现信息对称与双向沟通？……本书结构明晰，所录篇目多曾见诸报刊、博客等处。其集结成册，也许更便于我们以整体且不乏理性的眼光看待一所新生校在心怀理想的校长的带领下有生命地成长。

通本读来，我们将更加了解校长的视角——既要统筹全局，还需兼顾细节。

　　成事总有二因：理念与实践。教育是服务，而服务正需要不断地反馈、修正并再次实践。勇敢地将理念付诸实践，路遇难题，再怀理性温度的思而进取，这是同附中一般正在成长的学校可一同践行的。

　　一所学校得以延续的重要因素之一便是文化，是故附中大有文化月，小有零垃圾校园之特色。平等、真诚、宽容，既是校风，亦是人品。如此文化熏陶使我愿意做一个幸福的平凡人——琴棋书画虽未样样精通，亦觉中有足乐；诗书礼义虽未件件通晓，尚能静心处世。愿附中人无论身在何方都仍能心怀家园、平安前行，愿欲借此书明教育面目、答心中之虑的读者们有所收获。最后，愿理想之花亦在他处绽放。

　　（林怡滢，2010—2016 年在厦大附中就读。在第十八届"华东师大杯"全国新概念作文大赛中荣获一等奖。2016 年以理科生身份考入厦门大学人文科学试验班）

序　二

西西弗斯的执著　郑凌峰

　　从前在网上浏览大家的博客或专栏时，总怀有早日见到作者将之结集出书的想望，尤其对其中针砭时弊而又常读常新者，更有此热切期盼。作为学生，与我辈关切最深的"时弊"无非教育问题。但若要我指出教育病理何在前路何方，且不言知识阅历均不足，更常有"当局者迷"之惑。但是看着报章论坛上的评论，又怀疑旁观者未必清。

　　现在，姚校长新书将付梓，我有幸先睹。其中文字，多见于教育报刊和校长博客。姚校长作为教育的"当局者"，而能以"旁观者"的视角审视教育，所写文字，常常发人深思。

　　姚校长博客名为"理想国"，而本书"理想的温度"一辑，所议所论皆为教育理念。"教育无非服务"当是校长的核心理念。换句话说，不过是"学生本位"。谈及理想，固不能无崇高文饰之语，但校长所言却多是落到实处的平凡。我觉得校长的理想，并非"理想"，而是教育本来应有的模样。只是现实多吊诡，以致应有之义常被认为离题万里，因而校长的主张才显得这样

"理想主义"。我服膺校长，因为他的择善固执。这些年，厦大附中越办越好，"软实力"越来越强，这都离不开校长劳苦"耕作"。虽然附中还有这样那样不尽如人意，未来尚有漫漫长路，但是我们总在进步，套用翻译家徐和瑾的一句话："慢慢磨呗。"

可是，读"理性的温度"一辑时，我丢掉了"慢慢磨呗"的耐性，反而越发觉得问题紧迫。稍加注意不难发现，这些文章所批判的现象，有不少由来久矣。校长所论，别解时发，新人耳目，但仍有部分见解，恰如梁文道的夫子自道："本书（梁文道时评集《常识》）所集，卑之无甚高论，多为常识而已。"虽然不少观点已属老生常谈，但现在看来，不仅要旧事重提，更应该抓紧落实。而现状是，老问题尚未完全解决，各种新问题或新瓶装旧酒的问题仍不断浮出——这种现象并非教育界所独有。我曾经怀疑校长这与现实赛跑的做法到底有多大实际效力，甚至联想到西西弗斯，不断推石上山，巨石却总在近峰顶处滚落，如是反复，劳而无功，永无宁日。

正如不久前杨照先生在讲座中，以"狗吠火车"形容自己在《新新闻》任总编、写时评的经历：第一，如果狗一吠火车真的就停了，那就不会存在"狗吠火车"了；第二，如果狗明明知道再怎么吠火车也不会停，那狗就不会叫了，然后也没有"狗吠火车"了。杨照自道，当年他向社会频频发难，正如狗对着不会停的火车无休止地吠叫。社会的火车疾驰不停，姚校长的文章虽然一时振聋发聩，长久来看，真的有什么实际收效吗？既如此，为何仍要批评不辍呢？

现在，至少我自认为懂了。正如梁文道在他那句谦辞之后，毕露锋芒地补上的一句危言："若觉可怪，是因为此乃一个常识稀缺的时代。"社会现状，就仿佛一个甚至一批"不成器的学生"，而在我看来，姚校长以及孜孜不倦盯住社会不足处的人，正像不失耐心的"师者"，日复一日地完成"传道解惑"的使命。我们今日看曹林的时论、许知远的驳难甚至余杰的酷评，往往一时觉得醍醐灌顶，可是明日的到来通常意味着昨日的重返，一篇千字文章带来的观念上的冲击，保质期甚至不到千秒。不经年累月，很难让社会发生改变——哪怕只是少数人的彻底改变。有时候我们说"常读常新"，并非因为书本或文章本身包罗万象，反而是因为我们没能从善如流、闻斯行之。常识与真理的传播，不能仅靠偶尔为之的大声疾呼，而是应当潜移默化润物无声，不经年累月，无以见其成。这正是姚校长所孜孜以行的。

梁漱溟先生在世时问："这个世界会好吗？"时至今日，我们依旧问："这个世界还会好吗？"尽管姚校长的良药和投枪目前看来收效甚微，但我对校长的理想依旧充满信心。试看"生命的温度"总题下的各篇，可知矣。如附中一位老师评价："附中的教育，是输出价值观的教育。"也许现在的我们都是西西弗斯，但是我们有理由相信，巨石不会永远堕落在山脚。

作为附中的学生，我衷心祝愿作为教育者的姚校长教祺，祝愿作为评论者的姚校长笔健。而作为不揣谫陋亦不够资格的作序人，我更希望读者诸君能仔细阅读、反复品味校长的文字，不必理会我这近乎意识流的饶舌。

（郑凌峰，2010—2016 年在厦大附中就读。2015 年 12 月出版《局外集——一个中学生的案边废墨》。2016 年考入清华大学人文科学实验班）

理想的温度

办一所学生喜欢的学校

如果七年前有人问我为什么要当校长，我必定会说"组织上让我当我就当呗"。我本非特别"要求进步"，更无当校长的理想。认真，谦和，随缘，我就那么不由自主地走上了校长岗位。十九年来我从未想过为什么要当校长。

七年前的初夏，我从媒体上得知厦门大学在漳州校区与漳州招商局经济开发区联合筹办史上第一所中学的消息。从未想过"跳槽"的我，第一次认真地看完了一所学校的招聘启事。"创校"，瞬间点燃了我心中朦胧的教育理想。我一直希望在一所风光旖旎的寄宿制学校里教书育人，朝看学生读书，夕观学生运动，夜览星空下水晶般的教学楼，满眼尘世喧嚣被隔离后洋溢在师生脸上浓稠的甜蜜……一种属于孩子与学校的特有的色彩和旋律，我称之为"稍稍有一点诗意地栖息"。这一点"诗意"，"诱惑"我开始了一段冒险之旅。

离开工作了二十三年的知名重点中学，我有太多的不舍。我在那里成长，见证了她的辉煌，也为她的再出发奠定了平稳基础。但闹市中局促的校园无法放飞我的理想。早晨，学生拥在校门口等待开门；傍晚，单调无情的广播催促学生离开校园；夜晚来临，校园是那样的静寂……一种因时时妥协、处处遗憾而潜滋暗长的教育理想，似乎一直在等待放飞的天空。2007 年 9 月 3 日，我抛家别子，走进了只有我一个人的"学校"。等待我的，是一座滨海荒山和一卷蓝图。

今天，若要问我为什么要当厦大附中的校长，我会平静地说：为了教育理想！难道还有什么其他理由可以解释？

一切从零开始。在办学定位受到质疑、学校发展面临困境的 2009 年春天，我常常夜不能寐，心力交瘁。每一个早晨都在心脏的隐痛中醒来，每一个晚上都在醒不过来的担忧中入睡。我一方面下定决心，即使不能实现既定定位也决不离开"学校"；另一方面也做了最坏打算，立下两份遗嘱以备不测。幸运的是，我们用自己的努力赢得了信任和发展机遇。

学校因学生而存在，有学生学校就有价值。没有优质生源，也许难有好的升学成绩，但完全可以建成好学校，关键在教师。我们确立了"培育和提升一流的教育服务品质，用合适的教育办学生喜欢的学校"的办学思路，将师资作为"服务品质"的核心，视"一流教育服务品质"为最高质量。真心服务学生成长，办学生喜欢的学校，这既是我们的理想，也是切合实际的发展路径。之于学校，还有比"学生喜欢"更高的评价吗？

激发教师的智慧比制度建设还重要，而制度正是用来保障教师的教学自主权。用一个模式来定义一所学校的课堂是一件不可思议的事。我们倡导教学民主，不搞"明星制"，珍视批判精神，直面教育本质，绝不做明天后悔的事。从互信和唯美的视角来建构多维关系，在单纯和谐的人际交往中，享受专业化的生活乐趣。规划基于终身从教的专业发展，将最好的论文写在课堂上，在实践中获得专业成长。努力保持人格独立和精神超越，办有尊严的教育。

教师生活在学生中，使厦大附中教师成为当今社会最专注于自己专业的人。学校突出服务，使资源和课程更好地促进学生全面发展。尊重学生的自主创造，以"我即文化"的命题，引领文化自信和文化自觉。不追求"高效课堂"，强调师生相伴共处的意义。尊重学生的客观差异和选择权，从关注学生的现实快乐出发，提高教学有效性。反对"为了考试"的课堂，在尊重普遍价值观的前提下努力实现教育对人的起码尊重，实施"人道的应试教育"。承认生命的固有价值，提倡适度教育，勉励学生做幸福的平凡人。

回望来路，我很庆幸自己在职业生涯的后半程，能有一件自己喜欢的事可做。虽然我深知办一所不一样的学校无比艰难，但与学校相守，与师生相伴，我的内心充满阳光。七年来，校园赐予我不竭的思想快乐，我以笔谈的方式予以记录，在个人博客"理想国"里写了近500篇、120多万字的文章。我为我的同事和学生而写，向其倾诉，与其对话。校长要做"真实"的人，要用教育信仰和人格魅力在思想的平等碰撞中领导学校。当孩子们享受着免费教育、同事们沉浸于职业幸福时，当他们感念快乐的校园生活而由衷地喜欢附中时，当学校办学质量快速提升从而具有较大区域影响力时，我才真正体会到"校长"的职业价值，感悟到坚持的意义，才发现我的梦正是大家的梦。

（《人民教育》2015年第7期）

校园文化建设三题

一、校园文化建设的核心是人

厦大附中是一所新建学校。老师来自全国各地，他们都希望厦大附中一夜之间全部建成，更希望校园文化也在一夜间形成。然而事实是不可能，也不需要，因为我们不是老校迁建。把一块黄土地变成"文化"所在，慢慢来是情理中的事。我不担心校园建设，也不担心校园文化的载体建设，更担心的是我们对校园文化的理解。我觉得我们对校园文化的理解有偏差，或者说不够全面。我历来认为，校园文化建设的核心是人：文化建设要靠人，文化呈现还要靠人，文化的服务对象仍然是人。

"让学校的每一块墙壁都说话"，让学校的每一种因子都具有教育力量，这些说法我是赞成的。但我认为，如果简单理解就不一定正确。很多人认为，所谓校园文化，就是建几组橱窗，在墙壁上挂几个铜字，在草地上放几个石头勒石刻字，在人来人往的地方写几句温馨的话语等等。我觉得这是把校园文化简单化了。如果这些就叫文化，那校园文化确实可以一夜间形成。

墙壁文化到底有多大力量呢？我想讲一个故事。这个故事是我亲历的。

我此前供职的学校，曾在每间教室后墙上挂有几个条幅，写有"我们曾经拥有""我们正在创造""我们怎能忘记"等话语并分别配有中国近代史上标志性的地点图画，总之是爱国主义教育的句子。我觉得非常好，每每朗读起来都热血沸腾。但令我感到遗憾的是，我所带的重点班的学生在这样的教室里坐了三五年竟然背诵不出一句。我那时开始怀疑墙壁文化的作用，包括那些上墙的《中学生守则》《中学生日常行为规范》甚至面向教师的各种制度。我还发现，字数越多越没有意义。

这个故事表明，"文化"不仅没有入心，甚至没有入眼。

文化建设要靠人，或者说要发挥人在文化建设中的作用。问题的症结在于，是哪些人在校园文化建设中发挥了作用。校园文化建设中，教师和学生的话语权是否得到了尊重？尤其是学生，我们能否给予他成长中需要的东西？是在校园内塑一尊孔子的塑像供人景仰，还是雕一个缺口的木桶教给学生一个简单的道理，我以为是可以深究的。做校长的，做教师的，往往自认为某些东西重要，就要强加给学生，结果满校园的"文化"就是培养不出有文化的人。要让墙壁说话，要刻碑勒石，要做宣传橱窗，甚至可以做大量的写真、喷绘，但做之前要搞清楚是为谁做。我经常看到有些学校橱窗倒是很精美，但橱窗里的内容往往一年不换一次。这样的"文化"不要也罢！当然，教师也好，学生也好，要主动参与到校园文化建设中去。我遗憾地发现，非有特殊的激励，一般师生往往不会主动参与进去。

为什么说校园文化的呈现也要靠人呢？放在那里、写在那里的，是显性文化，是文化的载体，不是文化本身。有些甚至还停留在制度的层面，最多是对文化载体的一种烘托。媒体曾报道了佛山禅城实验中学 32 名女生因为留长头发而被学校要求去剪发，不剪短就不能进校门的事件。针对这件事，舆论是持批评态度的。我以为，学校是应当有权威的，合理合法的制度必须得到坚决执行，否则就别谈制度管理。只有制度管理进入文化层面时，才谈得上文化熏陶。一种制度只有在长期的坚定执行中才能成为文化，朝令夕改形不成文化。当学校被政府主管部门和社会指挥得团团转，完全失去自己的方向时，学校是没有文化的。文化的力量在哪里？当这群女生选择你这所学校时，她提前就将这长发剪去了，或者说为了上你这所学校不惜剪掉心爱的飘逸的长发，根本不需要你去宣布什么规范，这就是文化的力量。学校橱窗里的仪表规范是制度，而制度的刚性约束解除后的自觉行为就是文化。文化在哪里？显然在"人"。

有人把垃圾筒也归为校园文化，思维的出发点是垃圾筒可以帮助人们解决随手扔垃圾的毛病，可以教育人们爱护环境保护环境。然而我观察到，往往垃圾筒越多，环境卫生越糟糕。一是学生不好好扔垃圾，二是垃圾清理不及时，三是垃圾筒遍地本身就构成视觉污染。厦大附中的理念是：自己的垃圾自己处理。所以在学校的公共场所不设垃圾筒。大家基本能做到尽可能减少垃圾产生，有了垃圾要及时收集并袋装后送到集中的垃圾房。我们需要通过制度来保障文化的形成，但其中起主要作用的不是墙上的规章，而是心中的规章。"人"在其中起到了极为重要的作用。而在起始阶段，尤其需要老师的理解、支持和推动。随手关灯，节约用水，出教室关门窗，这些好习惯都不会自然形成，都需要长期地规范才能形成文化。当我们拆除制度的"支架"，这种习惯还能年复一年地存在，文化就形成了。

校园文化的服务对象是人。这不难理解，但服务什么人需要明确。首先要服务于教育对象，要对学生的成长负责；其次要服务于教师，要对教师的成长负责。明确了服务对象，校园文化建设就会事半功倍。并不是每一个写有警示语的标牌都必然成为文化，有些可能是伪文化，有些甚至是垃圾文化。而有些看似"无文化"的标牌后面可能包含有"文化"。关键看文化建设中是否有"人"。我校所有公共场所和教室都安装有监控设备，这些设备的使用有利于学校安全与管理工作，毫无疑问是为人服务的。在监控区，同样张贴一块标牌，我们来比较一下。一块上面写上"敬告：本区域为图像采集区"，另一块写上"请遵守校纪，您的每一举动都在监控之中并被录像保存"。显然，前者是有"文化"的，文字背后有对别人的尊重；后者是没有文化的，居高临下中含有对服务对象的蔑视，既然不"文"自然就不能"化"，何来文化？

坦率地说，厦大附中校园文化的核心理念目前还没有形成，我也不敢妄下结论。当然，可以先做起来再说，自由发挥一阵子，然后再找主线似乎也可以。但我想已至少有一个大方向，有一个大原则。大方向就是为未来培养人才，大原则就是对学生的终身负责。校园文化建设中要有几个着力点：一是由于是新建学校，要重点做好基础文化设施建设；二是虚实并举，不仅关注文化载体建设，更关注确立共同的文化认同，提高师生参与文化建设的自觉性和执行力；三是实事求是，从小事做起，从我做起，从现在做起，要有思想，更要有行动；四是强调传统与现代并进，用传统文化精髓培养具有全球胸怀和现代意识的人。

在基础文化设施方面，我们已经起步。针对校园大的特点，我们将对校内道路、广场、楼宇进行命名，引进一批文化石，安装一批户外雕塑，在普遍绿化的基础上分区域建设若干主题园林，促进班级文化、宿舍文化、食堂文化、图书馆文化、办公室文化等方面的文化建设；要深化校本课程建设，在校本课程中融入更多校园文化的因子，在培养学生实践能力方面更多地发挥校园文化的作用。我相信厦大附中终会形成丰富的校园文化，我担心的是何时才能建成它最突出的校园文化，是严谨抑或开放，是求思抑或尚行，是人文抑或自然，是矜持抑或热情，等等。无论如何，我始终认为，最具感染力、最有教育力量的道理往往是最简练、最朴实无华的。我希望能够找到这样的"文化"作为我们校园文化的核心理念。途径、方式、方法的获得都不是难事，难的是如何让老师、学生用经久的热情不间断地投入到校园文化建设中来。建设校园文化很容易，建设有价值的校园文化很难！

人本身就是最生动的文化，让我们牢记："我"即文化。

二、文化应使学校更像学校

校园文化与其他一切文化一样，既有可见的物质文化形态，也有可感不可见的非物质文化形态，而无论何种形态，校园文化建设的宗旨应当是"使学校更像学校"。学校的本质是育人，所以校园文化的功能在于能使学校更好地育人。尼采认为，文化的特征是一种独特的风格的统一性，杂多的知识和博学既不是文化的必要手段，也不是它的一个标志。我赞成文化是"风格的统一性"或"统一的风格"的说法，但我反对在校园文化建设中过分追求"独特性"，因为"要使每一所学校都是独一无二的"是不可能的。从表面上看，每一所学校固然都是独特的，但从教育教学组织的全过程来看，"同质化"是不可避免的。学校同质化是当前公认的教育问题之一，但在"公平"和"均衡"的旗帜下，这个问题暂时很难避免。这是一个民族在这个时代的遭遇。问题不在是否"同质"，关键在于"相同"或"不相同"的学校能带给学生什么。

厦大附中的办学理念是"以人为本，以德育人，自立立人，和谐发展"，校训是"自强不息，止于至善"，校风是"敦品、励学、笃志、尚行"。其核心无非是要塑造一个"健康"的人。这种理念是独特的吗？显然不是，不仅内核不是，就是外在的语言表述也不是。我们同在一个地球，同处一个时代，面临很多相同的问题。不同学校之间相同之处总是要多于不同之处。所以，我们的校园文化建设不刻意追求独特性。所谓的特色也是相对而言的，很难做到"人无我有，人有我优，人优我特"，而且这种追求也是毫无必要的。在信息化时代，所谓的"特"也是守不住的。我们要做的是尽可能使校园文化建设能够解释和体现我们的办学理念，使学校的本质属性得以呈现，实现学校育人功能的最优化。

厦大附中的校园文化理念全部围绕学生健康成长这一目标，文化体系的脉络是非常清晰的。不求"全"，也不刻意求"特"，不为文化而文化，一切为了学生。我们践行并坚持这样一些提法：一流的教育服务是教育质量的最高境界；"信任"是一流教育服务品质的核心特征；以生为本，关注学生的现实快乐；教师生活在学生中；学校因学生而存在；我即文化；建设"零垃圾"校园；等等。文化是学校的灵魂，两者水乳交融、同生共长。只要牢牢把握住学校的本质属性，校园文化便会日益丰富和繁荣。

"做一个幸福的平凡人"是我们对学生的期待和祝福。我们希望教学组织能够实现刻苦学习和快乐生活的完美统一，使学生的"心"是快乐的，而"苦"的仅仅是他们的体肤。学生最终要走向社会，一切无法回避的人生功课都得学，一切不可逾越的艰难险阻都得经历。"快乐"不是回避和逾越，而是用拥有的一颗快乐而强大的心更好地面对。学校不是社会，学生不是成年人，因此学校不能太世俗和太庸俗，要有起码的超脱。不能将中小学直接建成人生的训练场，不能留给中小学毕业生一种走出地狱般的感觉。所以，学校要努力营造幸福快乐的氛围，不能过度强化和强调竞争。不要低估学生的适应能力，他们一生要用到的本领更多的是要到社会中去练习，而我们要尊重基础教育的独立价值，做中学该做的事，做好奠基的工作。

福建豪氏威马钢铁制品有限公司要给学校捐钱，我们选择做一尊或几尊雕塑。做什么呢？大家自然想到古今中外的"大家"。放在哪里呢？我们有的是地方。当然最好放在来宾能看到的地方。我对校园雕塑一向持比较保守的态度，希望雕塑是具有一点设计思想、做工精良的合适的作品，不能到处都是，好似雕塑场。因为受到投资的限制，我们决定在艺术性上妥协，于是选择了一个"标准件"。其原名为"快乐生活"，我们将其改为"怒放"，寓意鲜花怒放、心花怒放、生命怒放。这件放置在学生公寓的广场上，一处来宾基本不到而学生推窗可见、一天几过的地方。第一尊校园雕塑的立意和放置地反映了我们的文化价值观。大径社区送我们两条木船，修葺一新后放在图书广场的草坪里。这两条船可不是"花拳绣腿"一般玩具似的摆设，它们都曾是乘风破浪漂泊经年的真船。因为双鱼岛填岛，它们失去了自由驰骋的天地，如果不"泊"进附中，它们将会被拆解掉。我们在两条船的边上放了一块石头，上刻一个"泊"字，寓意为"爱的港湾"。细究起来，这里面也包含了我们的文化主张。

"一米线"的故事告诉我：千万不要忽视学生的文化创新意识和创造性。他们被校园文化滋养着，同时也是校园文化的践行者和创造者。就餐问题是寄宿学校必须解决好的重要问题之一。我校餐厅就餐秩序一直非常好，但在最高峰时排队时间会超过 10 分钟，其中就有安排不尽合理的因素。李彬峰同学提了一个很好的建议：在食堂距卖饭窗口 3 米远处，设置一个约 1 米宽的醒目的"禁止停留区"，也可以理解为食堂打饭时的"一米线"，解决打完菜后取汤时要穿过好几个列队、常常一不小心被撞到菜盘的问题。我们认为这是"金点子"，不仅立即实施，而且在全校大会上予以表彰。这个故事的意义不仅在于我们肯定了学生的智慧，更在于我们承认学生同样是校园文化的创造者。人是最重要的文化，"学生"就是文化，没有学生的参与，所谓的校园文化建设可以说完全没有意义。只有当师生的精神投射到物质上时，或者说只有在物质条件中观照到师生的精神世界时，校舍和环境等可见因素才具有文化意义。文化参与育人应当体现多元性，要全方位育人。在可能的情况下，学校应不遗余力地为学生创造良好的学习和生活条件，但更重要的是，要培养学生克己宽容、懂得感恩，"猝然临之而不惊，无故加之而不怒"。"条件"是文化，而"良心"是更重要的文化。

校园文化建设，如果不立足"校园"，文化的意义就有限。什么样的学校才更像学校？什么样的文化能使学校更像学校？带着这种思考的校园文化建设才更有育人价值。

三、文化自觉与文化自信

厦门大学芙蓉湖畔有一石刻，上书：美尽东南。该石刻由厦门大学香港校友会所赠，著名学者饶宗颐题写。"美尽东南"化用王勃《滕王阁序》中"宾主尽东南之美"而来，意谓东南的美景尽在这里，东南的才俊也全在这里。遗憾的是，有不少的厦大学生不仅不知道这四个字的用意，甚至不见得能读通。既没有人教他，也没有人要求他掌握，知道不知道跟学分的多少也没有什么关系。甚至，这块石头，有人在这里直到毕业都还没有凑近过。

厦门大学又称"南方之强"。"南方之强"四字，小学生都知道它的字面意思，不就是地处南方的强校吗？其实，"南方之强"还有"南方坚强刚毅之人"的意思。

《中庸》里有段话："子路问强。子曰：'南方之强与？北方之强与？抑而强与？宽柔以教，不报无道，南方之强也，君子居之。衽金革，死而不厌，北方之强也，而强者居之。故君子和而不流，强哉矫！中立而不倚，强哉矫！国有道，不变塞焉，强哉矫！国无道，至死不变，强哉矫！'"这段话翻译过来就是：子路问什么是强。孔子说："你问的是南方的强呢，还是北方的强呢？或者是你认为的强呢？用宽容柔和的精神去教育人，人家对我蛮横无理也不报复，这是南方的强，品德高尚的人具有这种强。用兵器甲盾当枕席，死而后已，这是北方的强，勇武好斗的人就具有这种强。所以，品德高尚的人和顺而不随波逐流，这才是真强啊！保持中立而不偏不倚，这才是真强啊！国家政治清平时不改变志向，这才是真强啊！在国家政治黑暗时坚持操守，宁死不变，这才是真强啊！"

我没有调查过，不知道厦大的师生中有多少人不了解《中庸》中的这段话，想必不在少数。

"宽柔以教，不报无道，南方之强也，君子居之。"用宽容柔和的精神去教育人，人家对我蛮横无理也不报复，这是南方的强，品德高尚的人具有这种强。我们将"宽柔以教"四字刻在附中图书广场上的一块石头上，意为以宽柔教养温文尔雅之士。强者，固然可以是"衽金革，死而不厌"者，但绵里藏针、以柔克刚，"谈笑间，樯橹灰飞烟灭"，不也是一种"强"吗？这是君子之强。还有什么能比培养一批批"君子"更令我们心灵快慰的呢？

我参观过厦门大学的校史展览馆、陈嘉庚纪念馆、鲁迅纪念馆，无人引导，自由参观。这些馆在白天里几乎一直是开放的，无需门票。现在厦大又建了网上展览馆，经由此"馆"可以了解更多内容，只要你愿意。厦大人类博物馆，文物多达8000余件，里面还有旧石器时代和新石器时代的文物。作为一所建校93年的全国重点大学，厦大确实有太多的文化值得人们去了解，尤其值得厦大的代代学子去深入了解并发扬光大之。

或许这样的人并不少见——他们在大学生活了四年，不仅不了解大师，对"大楼"也不甚了解，甚至对"大门"也没有什么特别的感觉。大学虽有文化，但"化"不了他。他不走近文化，文化岂能奈何他？所以我觉得，校园文化建设首先要激发人的文化自觉性。只有当"人"成为文化的创造者、发现者、传播者、实践者的时候，人才能成为文化建设的核心，文化才有意义。另外，文化自觉与人的学习力、洞察力和好奇心也有关系。唤醒文化自觉，就是培养学习力、洞察力和好奇心，这就是教育。文化自觉可以靠学生自我修炼，但更要靠学校有目的地教育、熏陶。如果一所学校里的师生员工不主动思考校园文化的问题，不主动接近校园文化，不对校园文化有所奉献和实践，校园文化的育人功能将很难得到有效的发挥。

校园文化建设同样离不开激发"人"的文化自信心。有些人不能珍惜来之不易的今天，惯用指责和批判取代赞赏，匍匐于想象中的文化殿堂，最终不是堕入文化虚无主义就是走向文化神秘主义。倘不能脚踏实地，缺乏实事求是的精神，将自己凌驾于校园文化建设主体之上，进而否定一切，则自然是目无文化，也必然失掉文化自信。文化本来就在身边，却视而不见，看不到优点，看不到进步，陷入自卑主义泥潭，文化的力量自然就消解了。文化自豪感就是正能量，文化自信力也是生产力。

文化自觉需要自爱，敝帚也要自珍。这样，才能感悟到文化，才能发现文化。文化是学校的灵魂，文化自信与热爱学校互为因果，两者互为表里。

（《漳州教育论坛》2015 年第 1 期 ）

校长要做"真实"的人

校长工作的重心是人的管理，重在做教师和学生的思想工作，而及时的沟通无疑是非常有效的管理手段。只靠会议和面谈，校长是不可能完成与师生的及时而又深入的思想沟通，而博客相对具有超时空的特点，有效运用博客能使校长的工作功效倍增。2006年11月我创建了自己的博客，命名为"理想国"，四年来上传了两百余篇博文，40余万字，全部为本人对教育与教师人生的感言，无一篇没有写作背景，无一篇不是有感而发。

校长博客具有"逼真性"。校长博客要发挥沟通作用就必须是实名博客，而年复一年地谈天说地，戴着面具肯定不行。校长博客要真实，首先是校长要"真实"、真诚，自身人格要靠得住，否则，轻则令人生厌，重则自取其辱。我认为，校长博客可以使自己对教育的思考更深入，使自己的心灵与学校和师生更贴近，使自己的行为更规范，对提高校长修养很有帮助。

校长博客具有及时性甚至即时性。开会多是令人生厌的，我当校长基本不开"读报纸"的会，我们差不多一个月开一次大会，布置具体工作，平时辅助以教师QQ群和FTP服务器建立的"网上会议室"，所以与师生深度交流的机会并不多。博客可以帮助我快速地传达管理思路。譬如，2010年暑假因为要统一放假，学校安排无课的老师做一些"分外"的事，有一位同事用短信向我反映学校管理专断，不够人性化，也就是说没有跟他商量，语气中流露出不小的情绪。我必须及时回答他的问题，而且要将自己的深度思考告诉所有的老师，我写了一篇《制度之殇》，全文3000字。我认为，在不能有效地进行文化管理之前，制度管理是一个长期而必然的阶段，我真诚希望大家一起努力，切实防范制度之殇。类似的如《校园文化建设的核心是人》《车祸猛于虎》等。校长不可能每遇一事都开一会，通过博客作及时的回应总比闷不做声要好。

校长博客具有非正式性，可认为是一家之言，相对温和，有商量的意味。譬如《闲话家教》："作为家长和校长，我反对'家教'，理由很简单：我孩子从未上过家教，假如他的老师埋头做家教，他获得的教育肯定达不到应有的质量；而作为校长，我希望老师将仅有的业余时间用来学习和休息。我认为，教师的'学习和休息'不仅是他个人的事。"这样的话如果在正式场合说，老师听了也许会不爽，即便他不做家教，也会觉得你限制了他自由。但校长的思想比较容易转化为学校制度，因此，虽为"非正式"，导向作用却显而易见。

校长博客具有超时空性。校长要听课评课，可惜事不由人，身不由己，听了课不见得有时间评课，听课后抽时间写一点感想与老师们交流，也有亡羊补牢之功效。四年里我写有《听课百感》《听课随想拾零》（系列）多篇，当事人可对号入座，旁观者亦可权作参考。此为时间自由之一例。在空间自由方面，譬如，在台北，我写《台北夜读》；在清华园，我写《荷塘雪色》；在无锡，我写《幸福的港湾需要用心经营》；在福州，我写《我们就是历史》；有互联网处皆可倾诉，校长就在身边。双方不必在校长室、接待室或会议室正襟危坐。

校长博客的传播具有非强制性。校长作报告，老师和学生愿不愿听都得听，反感的心理使得该听的也不会听。写在博客里的，你想看便看，不想看就不看，高兴了看十遍也可，没有人强迫你。

校长博客具有委婉性。博客一般对事不对人，不必针尖对麦芒，努力做到春风化雨润物无声。有位老师夫妻分居时还能写几篇文章，夫妻一团聚，半年写不出几个字，我写了《文章憎命达》；有老师自视高明，心里容不下别人，我写了《名利之剑》；有老师万事顺利，木秀于林，我行我素，不考虑别人的感受，人际关系日益紧张，我写了《美丽正是你的过错》。这一类文章无非劝谕，言委婉而意深长，当然，可能有人看不明白。文章恐怕只是为那些能看懂的人写的。

校长博客具有沟通范围无限宽广性，空间无限，时间自由，只要愿意，校长可就任何话题发表感想并与读者对话。我的博客内容主要涉及教育教学和教师人生两方面话题，如非博客，很多内容永远不可能在会上交流，甚至家人也永远不了解。

关于教育教学的，大约可分为以下几类：

● 关于学校管理和课堂教学管理。如《校长要不要做小事》《量化管理之反动》《谈校长的课程领导力》等。

● 关于创新教育。如《创新与自由》《教育创新与创新型人才》《适度教育与适性教育》等。

● 关于课程改革。如《我心彷徨——高中课改带来的角色碰撞》《关于课程》《微软软件升级与华尔兹成为高中生指定舞蹈》等。

● 关于师资队伍建设和教师专业成长。如《成功的人生多数是可以复制的》《教师专业化断想》《基于终身从教的专业发展》等。

● 关于校园文化建设。如《校园文化建设的核心是人》《对制度的敬畏是最严肃的文化》《校园文化的经济价值》等。

● 关于教育方法和教学方法。如《教无定法》《爱是恒久的忍耐》《在路上我们丢下了谁》等，而关于具体的教学方法则有更多感言。

● 关于师德建设和师生关系。如《"范跑跑"和"杨不管"》《老师，你为何如此厉害？》《教师应当生活在学生当中》等。

● 关于高校与高考。如《大学的胸怀》《自主招生意欲何为？》《"教育公平"麾下的实名推荐制》等。

● 关于素质教育与应试教育。如《我们能为孩子营造什么样的世界》《正视客观差异是提高教学有效性的基本前提》《声讨"为了考试"的课堂》等。

● 关于教育怪象的批判。如《教育改革中的黄宗羲定律》《"三清团"来了》《中国教育是否患有多动症》等。

关于教师人生的，大约有这几类：

● 关于生活感悟和生活哲学。这类文章在我的博客里比例最高，因为我热爱生活，关注生活，并习惯对生活进行哲学思考。如《灵魂被绑架的滋味》《幸福是稀有的吗？》《困境彰显人的潜能》等。

● 关于个人修养。如《无望其速成，无诱于势利》《许多事要用一辈子去做》《牢骚太盛防肠断》等。

● 关于家庭生活。写长辈的，如《假如祖母在世》《提篮春光看妈妈》等；写妻子的，如《一剪梅》《宁静的妻》等；写孩子的，如《儿子的生活里没有了〈幽默大师〉》《紧紧握住孩子的手》等；写故乡、写自己的，如《故乡的色彩》《孔雀东南飞》《幸福的港湾需要用心经营》等。

● 关于读书学习。譬如《铁面宰相》《大江大海》《海子让我受了伤》等，是我的读书体会。

● 关于师生交往。如《不倒翁歌》《陪汤华泉师一日记》等，写与老师交往的；《教师的人生感悟之一》《婚礼》等，写与学生交往。

如果没有博客，我不可能与我的同事和学生作如此深入而系统的交流，我之所以能够从如此多的角度与老师和学生进行真诚对话，全仗生活经验的日积月累，绝大多数文章源于问题的发现，指向问题的解决。我写博客的核心动力不是要给谁看，而是思想本身以及思想的表述过程能带给我快乐。我经常回看自己写的文字，那些瞬间的灵感和思想的火花因为及时的写作赐给我永久的快乐回忆，换句话说，我写的文字是给自己看的。

校长博客，"真"字当头，要真实，要真诚。校长不是教主，不要板着脸教训人，而应平等地与人分享自己对人生对生活的理解。只有"真实"的人才能构成恒久的教育资源，我认为对校长的最高评价是"他是个'真实'的人"，我一直努力做一个真实的人。唯有"真"，校长博客才有意义。

[《福建教育（中学）》2011 年第 10 期]

教育无非服务

我的教育行动指南：培育和提升一流的教育服务品质，用合适的教育办学生喜欢的学校。

什么是教育？从逻辑的角度对"教育"下一个公认的定义既不可能也无必要。苏霍姆林斯基说："教育——这首先是关心备至地、深思熟虑地、小心翼翼地去触及年轻的心灵。"教育就是培养人。我们需要什么样的人，希望成为什么样的人，我们的教育就培养什么样的人。很难说教育就一定能培养"完人"，但教育一定要尽可能回避造就有明显缺陷的人。夸美纽斯认为，一切生而为人的人，生来都有一个同样的目的，就是他们要成为人，即要成为理性的动物，要成为万物的主宰及其造物主的形象。因此教育的本质就是立德树人。而面向本质的学校教育就是要全面服务于人的成长，它的基本功能就是服务。

有很多人不赞成将教育纳入服务业的范畴，认为教育是充满尊严感的崇高的育人事业，怎么能与"服务业"为伍？我认为，教育属于什么行业对于我们从教者来说并不重要，更无计较的必要。这种划分只对咬文嚼字的学者和政府以及社会管理部门才有意义。对于教育者来说，教育就是教育。教育者的作为必定要服务于受教育者的成长，因此说教育是服务，在大方向上完全站得住脚。服务与服务业是不同的概念。一个健康的人，一辈子总是要以不同的方式服务于他人和社会，何况以立德树人为天职的教师。事实上，按照WTO《服务贸易总协定》的界定，教育确属服务业，因为它具有一般服务业的基本特征。

夸美纽斯说："不仅有钱有势的人的子女应该进学校，而且一切城镇乡村的男女儿童，不分富贵贫贱，同样都应该进学校。""人人应该受到一种周全的教育，并且应该在学校里面受到。"只要我们承认并尊重人的生命权利及其固有价值，那么，学校教育特别是由政府举办的基础教育，就应当是不附带任何条件地服务于"人"的健康成长。正是遵从教育的本质，我们确立了这样的教育指南：培育和提升一流的教育服务品质，用合适的教育办学生喜欢的学校。其工作内涵是"服务"，现实目标是培育"一流的教育服务品质"，理想目标是"办学生喜欢的学校"。

一、潜心服务于学生成长是最现实的发展路径

厦大附中的发展定位是成为"全国有影响力的知名学校"。这个定位是学校的发展目标，也是学校选择发展路径的基本依据，同时也是全体师生尤其是教师的教育理想所在。一流学校必须要有一流教育质量。厦大附中所在的开发区户籍人口只有1万多人，对口的4所小学学生人数只有200多人，加上外来务工人员子女，可以编成6个班。如果我们只追求"升学率"这个单一结果，厦大附中的发展是看不到前途的。因此，我们直面现实，形成了两个基本认识：一是将"服务开发区"和"建设知名学校"两大任务有机统一起来。二是转变质量观，坚定自己的价值选择。这个质量观的核心是，要从单纯追求升学质量向全面提高教育服务品质转变，要将培育一流的教育服务品质和服务水平作为我们努力的方向。播种理想，潜心耕耘，视口碑为最重要的评价，努力做最好的自己。

没有一流生源，可不可以有一流的师资？能不能建成"知名学校"？我的回答是肯定的。不同的生源可以决定学校的管理风格和教师的教学风格的不同，但不能决定教师的教育水平和研究能力的高低。教师的专业成长是可以建立在不同类型的生源之上的，与什么样的学生没有关系。学校何以知名？根本在人，主要在教师，看教师能培养什么人、培养了什么人。厦大附中建设一流学校的征程不能等到什么时候有了"一流"生源再开始，这一天是等不来的。所以，即便升学质量暂时还不高，学校仍然可以在提高升学率以及提升办学能力和办学水平上有所作为。因此，我们提出了要培育一流的教育服务品质，并且将一流的教育服务品质视为教育质量的最高境界。我们认为，所有教师都希望得天下英才而教之，这在情理之中；而所有学生都有平等接受教育的权利，这是法理规定的；同时，所有的学校，只要它还在为一个学生服务，就有存在的理由。我们要从教育的本质出发来形成这样统一的认识：只有能为所有学生提供合适的教育服务的学校才能算是好学校。

强调"一流的服务水平和服务品质"与强调"一流的升学质量"有着明显区别。首先在于，前者的评价指向学校和教师，后者的评价指向学生。其次在于，前者是面向全体的教育，即要让不同基础的学生都有不同的提高，不同的学生通过学校教育都能获得全面、健康而自由的发展，都能从教育中得到幸福快乐；后者则不然。提倡追求一流的服务水平和服务品质在现阶段的特殊意义在于，可以使教育回归其本质属性，使所有的学校都有存在的价值，使所有教师的所有教育行为都有意义，使所有学生都能认识到接受教育的必要并获得教育的快乐，身心在教育中得到健康成长。学校应当是快乐的源泉，而非痛苦的渊薮。当学生、教师、学校等方面的积极性都调动起来了，教育质量的提升也就成为必然。

真正的好老师是对教育本质有着深刻理解的教师。没有一个教育家仅仅是因为培养几个拔尖人才而成"家"的。有教无类是普遍原则，如果仅通过毫无原则地"择生"以达到所谓的教育成就，这样的老师充其量算一个合格的教书匠，这样的学校最多算是一个"高考工厂"。教师要立志成为学生健康成长过程中的"关键他人"，要为每一个学生提供一切必要的帮助，让每一位学生沐浴教育的阳光、品尝智慧的甘露。所以，每一位教育工作者都是责任重大，都大有可为。能够为各种类型的学生提供必要而合适的教育服务的学校就是名副其实的好学校。

我们首先要说服的是自己。真正强大的人不是能够控制别人的人，而是在任何时候都能管住自己的人。智慧之大小，往往不在知识的多少以及能力的大小，而在于是否有远大的目光、强大的价值选择力和坚持力、克服困难的毅力。我们只有在今天做到了别人想做而做不到的事，达到别人想达到而未达到的高度，明天才可能拥有更多的成就和幸福。因为有着得天独厚的优势，从零开始的厦大附中完全可以建成优质学校，关键看"创校者"能不能"扛住"暂时的困难。我们完全可以不必纠结于升学质量而依然有所作为，即努力以一流的教育服务水平和服务品质面向教育本质，为学生全面的可持续的发展奠定基础，办学生喜欢的学校。只要潜心苦干，不断捕捉、珍惜，不放过每一个发展时机，则终有腾飞之日。这就是实事求是。

二、培育一流的教育服务品质是崇高的发展目标

只要承认教育是一种服务，那就要直视服务质量问题。教育质量与教育服务

质量有着不同的内涵。教育质量往往较多关注对受教育者的成长状况的衡量，也即质量高低在很大程度上要看我们培养出什么样的学生；而教育服务质量，虽然也要参照对受教育者的评价以及受教育者的自身感受，但更多的是对服务品质自身的评判。教育服务品质就是指在办学条件、师资队伍和校园文化，包括办学理念、育人目标、制度建设以及课程提供诸方面所体现出来的服务水平和服务质量。它强调的是"教育产品"、教育服务类型以及多种可能性的提供，有着某种独立于服务对象（学生）的内在特性。通俗地说，我们也许暂时还拿不出来骄人的升学成绩，但我们具有高质量的优质教育服务品质，能够为学生的全面发展提供一切所需。这种"服务质量"不仅表明学校未来会有不俗的升学质量，而且表明面向教育本质的学校教育，能够关注学生的现实快乐，促进学生全面健康发展。

怎样的服务品质才算是一流的？我认为，只有当每一个学生的价值选择都得到充分尊重、每一个学生的人生理想都有腾飞的平台，这样的教育服务品质才能算一流。一流的服务水平和服务品质的外在标志是"信任"。要让学生和家长信任老师、信任学校，今天信任，明天还信任。一所让社会、家长、学生信任的学校必定是学生喜欢的学校，也可以说是一所好学校，同样可以肯定地说是真正一流的学校。

我们提倡培育一流的教育服务品质，并不意味着要无原则地迎合各类人的全部需求。教育服务要讲究原则，这个原则的核心是教育规律和学生身心健康发展的规律。无原则的迎合表面上看是服务能力之极致，实际上是以牺牲学生的长远利益和大多数人的根本利益为代价，是一种短期行为。有原则的服务是在尊重规律的前提下优化现有资源配置，实现长远利益和大多数人利益的最大化，从而从根本上保障人的可持续发展。教育服务是以公平为前提的公共服务，不应受制于一般市场交换规则。教育生态是所有人的生态，不能为少数人的利益而使生态恶化。只有当对教育服务品质的追求成为学校工作的常态时，教育才能摒弃功利主义，才能回归常识、指向本质。这才是学校发展的崇高目标。

三、提升教育服务品质，在实践中诠释教育本质

教育服务品质的内涵主要表现在三个方面：硬件、师资和文化（办学理念、育人目标、制度建设以及课程提供等）。由于世俗习惯的影响以及教育测量、教

育评价的科学化水平不高等原因，我们往往直接将生源质量视作教育质量的构成要素，认为如果要在短期内快速提升升学质量，则生源质量几乎可以排到第一位。当然，一般而言，生源本身也是很重要的教育资源。但是，如果用一流的教育服务品质来衡量教育质量，则生源质量就不必列入评价。换言之，生源状况不应影响服务质量。从教育本质上说，生源质量不应成为教育质量的构成要素。

1. 建设服务型校园是保证服务品质的基础

厦大附中校园，就其精神实质而言，其特点是"建筑服务人"，是服务型校园，不是管理型校园。通俗地说，这个校园很难管：一是有太多的自由空间和共享空间；二是没有一幢楼、一个楼层可以锁闭，学生在课余时间可以自由地去任何地方。校园的一切都尽可能服务于学生的成长，很少考虑管理的难易。譬如，将一块 100 亩以上的大广场分割成多处休闲场所，学校虽因此少了些气派，增加了管理难度，但学生拥有了无处不在的休闲和自由读书的场所。主校门内小广场只有 200 平方米，但学生公寓区的九思广场面积超过 2000 平方米。两栋教学楼的总建筑面积近 2 万平方米，但只建了 85 个标准教室，其中一半以上的面积是共享空间。错落，是教学楼的一大建筑特点。经常有人问我：教学楼一共几层？我的回答是：三四五六层。为什么？因为三层、四层、五层、六层都有。三层平台或屋顶就是四层活动场所，余皆类推。六层没有教室，是架空隔热层，也是休闲观光层。楼体一改火柴盒式的直线条，全是曲曲折折的，每 1～2 间教室就要拐一个弯，拐弯处就是一处活动平台。三层以上，沿走廊建有空中花坛，还有几处是大花坛。图书馆有些走廊空间比临近的室内还大。建筑面积近 3 万平方米的学生公寓只有 540 间房只可住 2200 人，因为有大量建筑面积用于公共休闲。

人性化的建筑只是建设服务型校园的基础保障，要使"建筑服务人"真正落到实处，还需要人力、物力、财力的充分保障。漳州招商局经济技术开发区管委会（下称管委会）高度重视教育，对厦大附中的发展提供了巨额的经费保障，生均教育事业费和公用经费远超全省平均水平。从 2008 年建校开始，厦大附中初中部就实行免费教育，连学生使用的进校教辅材料也由政府买单。从 2014 年秋季开始，开发区实施自幼儿园到高中的 15 年免费教育，开启了高中教育免费时代。因为有充足的公用经费保障，教育教学活动的规范、品位、品质得以保证。教育的理想国就应当是阻断师生间任何经济利益往来、不带有半点铜臭味儿的

"君子国"，最高品质的教育服务应当是无偿服务。

2. 师资质量是服务品质的核心

管委会尊师重教，实行专家治校；组织人事和教育行政部门简政放权，使学校拥有较大的人事权。八年来厦大附中招聘教师，领导从不打招呼、不写条子，相关部门不干涉，学校恪守原则、用人唯贤，引进了一大批优秀的在职教师和重点大学的应届毕业生。教师福利待遇不低于厦门经济特区，在开发区还专享最高达21万元的一次性教师购房补贴。这不仅解除了生活之忧，更重要的是从根本上保障了教师的人格尊严。只有充满幸福感和尊严感的老师才能培养出同样的学生，只有高品位的教师队伍才有高品质的教育服务。

教育活动的主导者是教师，师资是决定教育服务品质高低的关键因素。关于"人"的教育，一定离不开人，无论现代科技多么发达。校园文化建设的核心是人，而教师是在文化建设中起决定作用的人。校园文化中最重要、最稳定的因子是师资，是教师素养。教师是校园文化的直接参与者和引领者，学生参与校园文化创造离不开教师的启迪和引领。就特色立校而言，教师素养的独特性决定着学校的独特性，只有与众不同的教师才能办出与众不同的学校。换言之，教师素养是最不易被"偷"走的校园文化，也是最不易被复制的办学特色。作为教师群体自身，以特色立校，要在提高自身素养上下功夫；作为学校，以特色立校，要在加强师资队伍建设上下功夫。有没有特色，说到底就看你有没有足以支撑特色发展的师资。

"教师生活在学生中"是厦大附中一个突出的办学理念。学校实行寄宿生早、晚自习和周末自习教师督修制，始终有老师陪伴学生，以便及时帮助学生解决问题。几乎所有老师每天至少在学校餐厅与学生共同就餐一次；几乎每天下午课后，都有师生共同参与的活动；每个晚自习前，绝大多数班主任、任课老师都在教学楼与学生谈心；几乎每一位班主任都有陪同学生到医院就医、大多数老师都曾有过帮助学生"代邮""代购"的经历。更有一批"成长导师"，他们与学生的交流更为频繁、深入。可以说，厦大附中老师是当今社会最专注于事业的教师群体之一。在校园，你随处可以听到"老师，您好""同学，您好"的声音，师生关系是一种亲人般、朋友般的和谐关系。

厦大附中制定了《教师专业成长实施方案》，用制度保障教师专业成长。通过校本教研、课题引领、同伴互助、师徒结对和"推门听课"等措施助力青年教师成长。基于终身从教的教育艺术追求和专业成长规划成为绝大多数老师的自觉行为。教师习惯用专业化的思维审视教育教学的每一个环节，探求教育的科学化和艺术化，力求理论联系实际，努力实现"为人的教育"，办学生喜欢的学校。

3. 让服务成为文化追求

早在建校之初，学校就制定了《厦门大学附属实验中学四年发展规划（2008—2011）》。其中对学校的远景奋斗目标是这样描述的："把学校建设成一所具有文化竞争力的现代化的有特色的学校，其主要特征是，有探索现代教育的历史使命感和社会责任感，有改革传统教育弊病的理论勇气和实践魄力，有探究和遵循办学规律的科学精神和人文精神，有表征学校教育现代化的原创性改革成果和特色经验。实现远景目标的显性标志是在中国基础教育的若干领域，厦大附中的探索为多数人所熟知并认同。"在这个基础上，我们提出"用合适的教育办学生喜欢的学校"的主张。"用合适的教育办学生喜欢的学校"，这里面既有对教育本质的强烈呼应，也有对学生的充分尊重，体现了学校教育服务学生成长的宗旨。

学校坚持把"以人为本，以德育人，自立立人，和谐发展"作为核心办学理念，努力创造适合学生自我可持续发展的教育，努力处理好教育平等与差异教学的关系，建立和谐课堂，提高教学有效性，逐步探索出一套行之有效的教育思想和管理方略。主要体现为以下"八观"：①教育观：在遵循普遍价值观的前提下，实现教育对人的起码尊重。承认生命的固有价值，提倡适度教育，实施"人道的应试教育"。关心每个学生，促进每个学生主动、生动活泼地发展。尊重教育规律和学生身心健康发展规律，为每个学生提供适合的教育。关注学生的现实快乐，营造和谐幸福的校园生活氛围，致力于为学生的终身幸福奠基，勉励学生做幸福的平凡人。②教师观：明确教师乃立校之根本。强调激发教师的智慧比制度建设还重要，而制度正是用来保障教师的教学自主权。倡导教学民主，不搞"明星制"，珍视批判精神，直面教育本质。从互信和唯美的视角来建构多维关系，在单纯和谐的人际交往中，享受专业化的生活乐趣。规划基于终身从教的专业发展，将最好的论文写在课堂上，在实践中获得专业成长。努力保持人格独立和精神超越，办有尊严的教育。③学生观：学校因学生而存在。在学生培养目标上，强调素质为本多元发展。教学设备及活动场所全天候面向学生开放，一切为了学生。④课堂观：尊重学生的客观差异和选择权，反对"为了考试"的课堂，不追求"高效课堂"，强调师生相伴共处的意义，营造开放式高效率的课堂文化。⑤质量观：一流的教育服务是教育质量的最高境界。培育一流的教育服务品质，服务于"为人的教育"，让不同的学生都能从中获得帮助并取得进步。⑥文化观：倡导"我即文化"的理念，确立校园文化建设的核心是人的基本认识，强调对制度的敬畏是最严肃的校园文化，努力提高全体师生的文化自觉性和文化自信心，不断挖掘文化兴校的潜力。⑦活动观：学生活动是课程，学校活动是全校师生同上的一堂大课。⑧环境观：自己的垃圾自己处理，追求零垃圾的校园生活。

经过六年的发展，学校的特色立校在三个方面取得明显成果：一是以生为本的全人教育，使素质教育得到全面推进；二是以"六年一贯制"创新后备人才培养为平台的"英才教育"，得到社会初步认可；三是以海峡部为先导先试的跨境教育已经开启教育国际化的序幕。在不断践行"八观"的教育实践中，学校已形成"敦品、励学、笃志、尚行"的校风，"严谨治学、精心育人"的教风和"尊师守纪、勤奋学习、生动活泼、全面发展"的学风。学校办学水平和教育质量稳步提升，知名度和美誉度快速提高，逐渐形成办学特色鲜明、文化特征显著、质量全面优质、服务能力强的学生喜欢、家长信任、社会认可的学校。

[《福建教育（中学）》2015 年第 4 期]

将真诚奉献给你

——校园赐给我思想的快乐

如果有人问我"2012 年你最大的收获是什么",我无从回答。送走了一批学生又迎来了一批学生,周而复始,年复一年,"2012"是"2011"的继续又通向"2013"。面对不同的学生和相同的学生不同的成长时空,教师的每一天都是新的,每一年都是重要的,所做的每一件事都是非常必要的。而如果有人问我"2012 年你有什么特别的收获",我会毫不犹豫地说,与学生和同事间的真诚交流让我始终沉浸在思想的快乐之中。

过去的 365 天,我有 360 天是在学校度过的,我可以自豪地说,我始终生活在校园里,始终生活在同事和同学们当中,始终思考着我所钟爱的教育事业。除了收获每天数百次的"校长好"以外,我还在自己的博客里发表了 84 篇共 24 万字的文章(使我博客里的文章总数达到 340 篇共 80 万字)。学生、同事、家长和校园是我的写作背景和倾诉对象,内容一概是关于教育、教学和教师人生修养的,每一篇都有生动的写作背景,每一篇都可以给我带来快乐的回忆。大略可作如下分类:

● 关于教材、课程和课堂教学研究的:"听课随想拾零"系列、《作文之道在于用心》《教材"减肥"是落实"减负"的前提》《课时为什么总是不够》等。

● 关于学生、家长和校园生活的:"校园故事传真"系列、"招生纪事"系列、《真的要向学生道歉》《请关注学生的现实快乐》《做一个幸福的平凡人》等。

● 关于教师人生修养的:《素质就是不需要提醒》《落后的大爷》《如何才能使你开心呢》《关爱学生之心需要放下》《制度的温度》《人缘儿断想》《专注是一种境界》等。

● 关于校园文化研究的:《文化应使学校更像学校》《学生的全面自觉是最有价值的校园文化》《你就是附中的文化》等。

● 关于教育理论、教育哲学和学校管理研究的:《教育家工程应当是"环境工程"》《行政且慢介入》《重视和关心教育需要特别的胸怀和情怀》《有原则的服务与无原则的迎合》《信任是一流教育服务品质的核心特征》《再说以人为本》等。

● 关于教育时事评论的:《校车安全问题无关乎坚固与否》《读书改变了什么》《我不得不原谅》《光头班与吊瓶班》等。

● 关于时事评论的:《运动竞赛与体育竞赛》《"走路死"与安全教育》《自己人》等。

● 关于读书方法及人生感悟的:《该坚守的一定要坚守》《人不可太过珍惜自己的毛羽》《证之于己,意得心满》《莫言之言》等。

还有一些小散文和杂感等,皆有感而发,绝不矫揉造作、无病呻吟。

我是一个毫无成就可言的平凡校长,即便迫使自己自信和骄傲一点也仍然缺乏成就感。但校园和事业给我带来了快乐,我对教育和人生的思考或许仍显浅薄,不具有深刻的思想价值,但我确实是天下最快乐的思想者,不仅无需绞尽脑汁,而且因曲不高故和不寡,来自身边的共鸣让我感受到了分享思想的意义。2012 年,我以"周末 100 分钟——校长为你读博客"为专栏为学生开设周末讲座,在师生平等交流中实现对教育价值的追求。让我倍感幸运和责任重大的是,一个老师,他真诚地倾诉,从来就不缺乏听众。

这里,试举几例。

高二 4 班袁亦明同学曾给我写了一封信,反映浪费问题。我写了《真的要向学生道歉》一文:"之所以说要向学生道歉,是因为较之袁亦明同学我还不够顶真,认识虽到位,但实践还有距离。我是低消费主义者,特别赞成节约,但作为学校的管理者,实施起来碰到阻力后也有听之任之的时候。学校是个小社会,建设节约型社会学校责任重大,社会上有的浪费现象学校里多半都存在,而最突出的主要就是袁亦明反映的水电纸张和粮食。学校是育人的地方,培养学生节约的意识和习惯更重要,学校如不能以身作则,不能切实担负好育人的责任,是需要检讨的。"

某日傍晚，有两位高三女生拿着本子让我题字，看着她们灿烂的笑脸，想起她们辛苦的三年，我突然想起一句话，"做一个幸福的平凡人"，对，就写这句话。回到办公室，我就以此为题立就一文。我写道："前方的路正远，我希望你做一个'幸福的平凡人'，这是一个父亲对孩子的真诚祝福。""我们有一万个感到幸福的理由，但又一万次觉得自己已跌进痛苦的渊薮。生命总是与失望相伴，世界是美的但我们心是苦的，所以问题不在世界而在我们自己。今天最需要什么样的人？不是领袖，不是贵族，而是幸福的平凡人。""我很感谢你们，过去的'一千零一夜'有你们陪伴，我觉得自己是个幸福的平凡人。年轻的你们和年轻的附中携手出发，前途未可限量，但我希望附中是一所平凡的学校，你是平凡的你们。我特别不赞成为追求特色而办学，我心中的目标就是办一所学生喜欢的学校。我们要培养什么样的学生？有人说要培养具有领袖素质和贵族气质的学生，我一点也不认同，我希望我的学生是一个幸福的平凡人。当你们走进高考考场的时候，更多的人是关心你们能够考上什么大学，而我更关心你们是否快乐，并由衷地希望你们在未来遭遇不快乐的时候还能找到快乐的理由，永远保持一颗快乐的心。"

　　八年级三位语文教师开展同课异构的教学研究，郭培旺老师写了一篇教后记放在他的博客里，我在他的博客留言栏里"灌水"两千多字，后整理成一篇文章《答郭培旺老师》。我先谈了校长听课的意义："我认为，领导不见得就能上好课，因为领导的任用不是通过课堂教学竞赛来选拔的，但能上好课的领导大有人在。学校领导听课，主要的作用和意义不在于'指导'，而在于'了解'，除了了解老师，还要了解学生、了解课堂。作为主要领导，校长可以不听课照样管理好一个学校，而天天听课也不见得就一定能管理好学校。作为教师出身的校长，我对课堂有感情，我觉得课堂有意思。"在对他的课进行了一番细致评价后，我写了一段鼓励的话："您的功底非常好，我希望您能成为学生喜欢的老师、对学生的今天和未来都有重要帮助的老师、对学生的未来能产生影响的老师、能让学生终身铭记的老师！"有一位家长留言道："非常感谢郭老师、姚校长！一个语文老师深省自己的课堂，校长躬身课堂听课并真切引导教师，我突然觉得我和我的孩子是最大的受益者。是你们的用心让我坚信这个学校的好，坚信孩子在这里学习会获得更好的成长。谢谢！"

我经常回看自己的博文，对其中自认为颇具"灼见"的句子感到很陌生，甚至不相信是自己写的，然而的确是我独立思考的结果。敝帚自珍，孤芳自赏，快乐不期然而至，如非上帝所赐，那自然只会是同事和学生所赐，因为我把思想的根深深地扎在幸福的校园里，所以必然能够开出快乐的花朵。试撷取几朵：

学校首先是读"书"的地方，这本"书"远不仅是教科书。既然是读书的地方，"刻苦"就应当永远值得赞许。刻苦读书与快乐学习并不必然构成一对矛盾，刻苦读书的人不见得学习不快乐，读书不刻苦的人学习未必就快乐，可能越刻苦读书的人反而是学习越快乐的人。我希望在附中的校园里，手不释卷的人不应当被看作"另类"。

为学校文化建设奉献一点力量并不难。那些苦教苦读的师生自然是创造了一种文化，那些在校园里跑步打球自觉健身的师生也是在创造文化，那些课余时间坐在钢琴前潜心弹奏的同学、那些学生社团的带头人、带着胸牌的志愿者、默默奉献的校工们，也都是在创造文化，甚至你的从容优雅也毫无例外地成为我们的校园文化。只要用心，我们每一个人都可以成为校园文化的创造者。

学生的现实快乐的重要源头是学习轻松，而且主要是心理轻松。心理轻松源于学得会、喜欢学。关注学生的现实快乐，除了减少不必要的竞争，还要提高学生的学习质量。考试只是手段，考试本身并不会剥夺学生的快乐，所以，学习是否成功并不一定需要通过考试来检验。学生在漫长的学习过程中，如果始终尝不到成功的甜头，他是快乐不起来的。

在读书的年龄里，能够读书，为什么不读书呢？眼光稍微远一点，不至于为读书而后悔的。我们何妨将读书看作是一种积极等待呢？不必太功利，不要计算得太精确，这趟车搭不上搭下趟好了，靠近了车站就不怕没机会。

我们提倡培育一流的教育服务品质，并不意味着要无原则地迎合各类人的全部需求。教育服务要讲究原则，这个原则的核心是教育规律和学生身心健康发展的规律。

如果我们能让学生体会到作文"乃日常人生中一乐事",作文教学就成功了一大半。那些说不尽的"奥妙"和文章作法等等,有时间就与学生探讨一下,没时间就由它去了,学生自会体悟。或许稍待时日,然而成长本来就是慢慢来的事,急什么呢?当下作文教学第一要做的是坚决摈弃故弄玄虚的做法,使写作在学校成为人人可为的事。用兴趣引导,每写一文必"用心"为之,让学生在"认真"写作中体会快乐,假以时日,文章作法必了然于胸,即便只可意会不能言传,但骨子里面已得真传,功夫自是差不了的。

提倡以生为本并不需要忘我、无私和大度,只需要正确地理解即可:以学生自主、全面、健康的发展为本。"以生为本"里面包含有对我们老师的尊重,如果我们认为以生为本就是以师为末,师生如水火,这就是思维出了问题,用这个思维从事教育,注定了你的教师生涯不会太幸福。

没有惩罚的教育不是完善的教育,但具体到某个人,完善的教育不一定需要惩罚,也即"惩罚"是一种教育手段,但不是非用不可的手段,更不是唯一手段。

为了一份信任和尊重,我们值得付出心血,应当毫不犹豫地付出,不要患得患失。没有人保证我们付出了就一定有收获,甚至不一定能够得到起码的理解,但教育不是经商,不是做投机生意,我们只能遵照一个"理"。我也不否认,办好一所学校也需要一点运气,运气好则一顺百顺,运气不好时做事总是不顺,让人丧气。然而,审时度势,在恰当的时候做恰当的事,运气就不会差到哪里。

"放不下"的老师往往是专注于教育事业而又有激情的老师,顶真,当真,天真,富有号召力和感染力,活力四射,不知疲倦,而"激情"是成就一切事业的基础,所以,他们教给学生的远远超过了书本,教出来的学生懂得感恩,懂得爱,人情味儿十足,彼此倍感温暖。

校园文化与其他一切文化一样,既有可见的物质文化形态也有可感不可见的非物质文化形态，而无论何种形态，校园文化建设的宗旨应当是"使学校更像学校"。学校的本质是育人，所以，校园文化的功能在于能使学校更好地育人，因此我们认为校园文化建设的核心是人。

有句话很通俗也很经典，那就是"素质就是不需要提醒"，也就是说素质高的人就是自己能够恰当地做事的人。"全面自觉"就是指所有人在所有的时候都不需要提醒，我们每个人在任何时候都自觉地做着我们应该做的事，就是这种状态。一个人的"自觉"程度决定着一个人的生存价值，最有价值的人生是高度自觉的人生。

最伟大的人是生活在理想当中的，而追求理想往往是以牺牲现实利益为代价的，所以可以说，最有理想的人是最敢于"牺牲"的人，这是一种生活法则。作为老师，我特别愿意将校园这个舞台交给你们，希望你们能够成为这个舞台上的主角，不仅做学习的主人，还要勉力成为校园的主人，在这个多彩的舞台上养成富有理想和牺牲精神的品格。"主人"需要担当，意味着更大的责任。自觉就是要克制，而克制需要理想和牺牲。

五年前，我来到漳州招商局经济开发区筹建厦大附中，可以说是从挖山平地开始。三年前高中招生，2012年首届高考即取得本科上线率92%的较好成绩，在别人看来我应当有成就感，但我真的没有一点成就感，并非责己过严，只是觉得"理想"还是在远方。唐宋文学研究学者汤华泉先生在今年的中秋赠我一绝："月色鹭江好，一轮千点珠。寄言姚校长，且缓忆鲈鱼。"意谓我已有初步成绩，前途一片光明，不必过度沉浸在对过去的回忆中，不要有"锦城虽云乐，不如早还家"的想法。我回赠一首《中秋》："鹭江玉兔分外白，瀚海冰轮大如筛。中秋本是团圆日，鲈鱼还从梦中来。大人枯坐等电话，游子无暇问短长。长波短信鼓琴骤，挈妇将雏购物忙。柜台内外色子响，偷菜今古不同行。街衢如流人顾路，玉蟾车外捉迷藏。姮娥寂寞赴鹭岛，吴刚伐桂到闽南。太武山高蔽月色，素娥一顾夜阑珊。有情嫦娥不爽约，无意客子负团光。明月夜夜敲我窗，何必中秋追月忙。倘若天下太平久，日日中秋又何妨。"我的情感甚是复杂。但我觉得，不管教育改革和学校发展有多难，一个老师拥有自由思想的空间和源泉，有聆听你教诲的学生，就应该感到快乐，就是天底下最幸福的人。

教育者应当是思想者，能够思想，就是快乐和幸福的。我思想的源泉是校园、学生、同事和伟大的教育事业，我愿意将真诚奉献给他们。

2012 年，我是幸福的！

[《福建教育（中学）》2012 年第 12 期，有删减]

将自由成长的空间还给孩子

冬天某日的凌晨三点钟，我在梦乡中被一阵急促的电话铃声吵醒。打电话的是我的表姐夫，他告诉我孩子失踪了。他的孩子在我所在城市的财经大学读书，已是大三的学生，身高 180 厘米，是个魁梧的大小伙子。为了让儿子有一个相对独立的学习环境，他在学校旁边租了一套两居室的房子，还让儿子的班长陪住。他自己还不时跋涉数百公里前来探班，我也经常遵命去查岗。他每天都要打几次电话。这一次他从傍晚开始打电话，固定电话无人接，移动电话也无人接。一直打到凌晨，打了无数次。他怀疑儿子在网吧里，让我去找一下。我本来觉得多此一举，凌晨三点钟，找回去又有什么意义，但我不能拒绝。于是我起床穿衣，冻得直打哆嗦，用了近两个小时，校内校外的二十几家网吧，进得去的都进去了，一直没找到。天快亮了，我告诉他这么大一个小伙子，不会有什么事，而且班长也不在，说不定一起到什么地方玩去了。他坚持说也许到更远的网吧去了。据他说，儿子曾到离学校很远的火车站边的游戏厅玩过。我不知道他是如何知道的。他不便要我检查全城的网吧，只好作罢。中午时分，他打电话告诉我，昨晚儿子和班长一起到班长在邻县的家里去了，走时忘记带手机。就这么简单。这件事让表姐夫认为是孩子读大学期间给我带来麻烦的突出标志，也成为孩子不争气的"罪证"。我曾不客气地对他说，那晚的事根本不是孩子的错，要说错就错在他老打电话。那一天他如果不打电话，他心里就永远没有这件事。

"水至清则无鱼，人至察则无徒。"没事找事的话天底下就没有好孩子，如果还有好孩子那多半也是没用的孩子。我们做家长做老师的，如果每时每刻都将孩子置于自己的监控之下，也许能时刻发现他的优点，但同时也掌握了他的缺点和小过错，而我们往往会忽略他的优点、放大他的缺点。因为一个小过错开始了没完没了的无谓的"战争"，彼此伤害，于孩子的成长毫无益处。

失败是成功之母，出错是成长的基本代价，没有小失败很难有大成功，因此孩子犯点错误是再正常不过的事。现代家庭尤其是城市家庭，基本都是独生子女，家长有精力管控孩子，孩子在家里基本没有个人的独立空间。除非睡着了，否则都有人看着。温习功课累了，吃个零食、喝口水、上个厕所、看眼电视往往遭到非议，最好一直埋头看书做作业。学校里，到处都有监控，这里不准爬那里不许攀，上课不能有小动作，下课不能打闹。家里学校，做个好孩子实在太累。更有甚者，在所谓的全封闭学校里，学生一出校门，门禁系统就会将信息实时传给家长。现在有些幼儿园，也开始向家长传送实时画面。孩子完全失去了自己的空间。家和学校，不是监狱胜似监狱。学生就像坐牢，甚至还不如坐牢，因为坐牢还可以胡思乱想不做作业。学校里他不能有半点懈怠，体肤既累还要劳心。

结束孩子与家长、学生与老师之间毫无意义的"战争"，必须还孩子成长的空间。天地有多宽前途就有多大。教育如果不能艺术地使用空间，不还给孩子自由成长的天地，置孩子于敌对状态，孩子动辄得咎，教育将会越来越复杂直至陷入不能自拔的泥潭。老师不会敌视学生，父母更不会对孩子有敌意，就是那句老话，我为你好，但直播孩子的每一个生活现场，不给他一点出差错的机会，他很难健康成长。

2015年4月21日，《中国教育报》第5版"新闻·深度"栏目，刊登了一组关于家庭教育的文章。共有三篇：《读懂孩子才能少些误解》《他们为什么"反对"父母》《父母是一个不可能完美的职业》。其中"纵深报道"《他们为什么"反对"父母》的引题是："在豆瓣网，有一个小组，宣称'家是世界上最没法谅解的地方'"。第2段开头一句更是引我注目："这个小组中的成员，其父母多为小学老师。"而最令我震撼的句子是："父母皆祸害。"豆瓣网这个小组有9万多人，让我意想不到。

如果说小学教师是最懂儿童教育的人，那么小学老师的孩子就应当是拥有教育优势的人。为什么在这个小组里有那么多人是小学老师的孩子？我曾经的"偏见"是，有很多出类拔萃的人才，他们的父母是"真懂教育"的小学老师；而有更多的"假懂教育"的小学老师，却亲手"断送"了自己孩子的前程。恩格斯有句名言："一种不好的教学方法，在半年之内就可以把一个天才变成一个白痴。"我从站讲台的第一天开始，几乎一直带老师孩子班，也就是那种"关系户"班。我觉得有很多小学老师的孩子有良好的习惯，非常优秀；同时有不少的小学老师的孩子存在共同的问题，就是"小大人"，特别在乎考试成绩、在意荣誉，比较自我等。一个不争的事实是，老师的孩子特别是小学老师的孩子，从小就被定制为"好孩子""乖孩子"，往往被看得太死。太多的老师不顾孩子的感受，自顾自地替孩子做主。这极大地限制了孩子的自由成长，甚至使他们过早地背上了较为沉重的心理负担。

我自己的孩子，多少也有这样的问题。虽然我主观上倡导并努力践行"自由教育"，因此我从未因为孩子学习问题批评过他。当然，我根本就没有批评过他。但从小听多了好话以及来自四面八方不期然而至的"期待"，对他也构成了压力。"乖孩子"的成长是挺辛苦的。我本人就曾是"乖孩子"，被家里大人和所有的亲朋好友称之为"七岁就懂事"的孩子。所以，我从小就"心事重"。我性格中的心思缜密、顾虑重重的特点与少年时代这段成长经历有极大关系。在孩子成长过程中，虽然我从未专门找过老师，从未参加过家长会，从未和孩子的老师讨论过他的学习问题，但我相信，因为是同行和同事的缘故，我的孩子一定是受到过某种"照顾"的。而且我相信我儿子也有这种感觉。他曾对我说，一直以来，什么事都似乎是我在帮他，他不希望我再为他的事找人托人。事实上，我极少专门为他的事麻烦别人。他在我们学校读书的那几年，我很少进他老师的办公室，甚至刻意回避见到他的班主任。但是，校长的孩子被同事照顾是很难避免的，被个别老师照顾过头以致让我啼笑皆非的情形也是常有的。甚至在当时，我之本意是不想让他待在老师孩子班的，因怕引起各方面的误会只好作罢。

在他成长的过程中，确乎没有让我们能够记得起来的干涉他的事情。他是"自由"的。但"好孩子"的定位压抑了他的发展，则事实上他是不自由的。没有明显的叛逆期，正说明他存在自我克制过度的问题。与众多的父母比，在孩子的问题上，过往我们是轻松愉快的。但我对自己的教育方式很不自信。这种不自信恰恰源自儿子的"上进"。我由衷地希望他做个"幸福的平凡人"，但他不这样想。出国读研后，他曾对我说："老爸，你对我不够狠！"这是能让我记住一辈子的话。从此，我对自己的"自由教育"产生了怀疑，也对所谓的"教育方法"产生了怀疑。苏格拉底曾说"无人可做教师"，实在耐人寻味！因此我觉得，"没有终极真理"也许才是终极真理。

"家是世界上最没法原谅的地方！"这个判断不见得一点道理都没有。我从教三十多年，确实也见到过不少"祸害"孩子的家长。无论是不爱，还是爱，还是以爱的名义，有相当数量的家长并非真正尊重孩子。在择校、择班、择师、择同学上，在读什么书以及兴趣发展和生涯规划方面，在交友方面，甚至在休闲方面，家长往往有太多的干涉，不考虑孩子的现实感受，也未真正顾及孩子的未来发展。所有那些三千年教育史上司空见惯的错误，在不同的学校和家庭空间里都日复一日地重演着。当然，家长的引导和建议并非一概无必要，但过于草率和武断，总体来说是不利于孩子的健康发展的。

"父母是一个不可能完美的职业"，认识到这一点对做父母是有帮助的。我们迟早要从教师的岗位退下来，而正常情况下，只要我们活在这个世界上，我们就没有办法从父母的岗位上退下来。我们做父母前未获得"上岗证"，做父母后只能活到老学到老。而"己所不欲，勿施于人"是最简便的推己及人的方法。我们有的是年少父母的教训，终归还缺年高父母的经验。毕竟人生不能重新来过。

著名学者周国平说："一个优秀的灵魂，其最基本的品质就是善良，他对生命有一种感动。比如说，如果一个人不喜欢孩子，那么他的人格就有问题；如果一个人看见孩子是喜欢的，但别的地方有问题，那么这个人还是有希望的。"由此可见，对待孩子的态度往往能折射出对待生活的态度。

教育孩子的方式有多种，从不打骂能成功，动辄拳脚相加也能成功，反之亦然。但无论什么方式，成功的教育中必然少不了无私的爱。孩子出了问题，是大人在教育上出了问题，而不是"爱"出了问题。教育需要爱，没有爱就没有教育，而"爱"是什么？我以为首要的是"忍耐"，是恒久的忍耐和超乎寻常的耐心。好老师不见得都有耐心，但最优秀的教师几乎都是极具耐心的。家长亦然。我不认为"棍棒教育"全是基于仇恨，相反，绝大多数情况下仍是出于"爱"；不能说"棍棒教育"全是失败的教育，但确是不高明的教育。

为什么有那么多的教师子女成年后仍然说"家是世界上最没法谅解的地方"？我觉得最重要的原因是他们小时候很少被真正尊重过。他们的脑袋是长在父母的肩膀上的。他们的成长空间里始终有一个颐指气使的"暴君"，他们因此失去了许多自由和快乐，而这种自由和快乐会影响他一辈子的成长。我经常看到孩子在本校就读的同事，上课、下课有空就从教室后门偷偷看孩子，经常翻孩子的作业本，监督孩子的"关系网"……大小测验，孩子还不知道结果，家长就开始了试卷分析。更有甚者，擅自挑出孩子的试卷让同事当面批改。如此这般，岂非"父母皆祸害"？或许老师家的孩子更能深刻地感受到世界上最奇怪的生物是"别人家的孩子"。在"别人家的孩子"的成长故事中长大，孩子何其辛苦！

　　教育手段的现代化远不是教育的现代化。新技术应当开拓人的视野，尊重人性，带给人们自由，而非相反。教育思想的现代化是实现教育现代化的根本，只有在现代教育思想的引领下才能产生符合时代要求、贴近人的成长规律的学校教育。教育要研究孩子的生存空间、以人为本，要运用好"空间艺术"，要做到收放有度胀缩自如，既不森严壁垒，也不放任自流，在空间收放与胀缩之间达到"无为而治"。

［《福建教育（德育）》2016 年第 5 期］

中　编

生命的温度

文化建设离不开讲好"附中故事"

周三（11月25日）傍晚6点半，吃好晚饭从食堂走出来，天已黑透。我到洗手池洗漱。门口的灯未开，光线朦胧。在我准备折向洗手池时，一位小女生高高地撑起一把雨伞站在那里，说："校长，下雨。"我明白她的意思是要我走进她的雨伞，免得淋雨。我本要说"谢谢，不需要"，因为我只需一步即可跨过去。那里是个小天井，天黑，我并不知道已经下雨。而且，如果她不站在那里，我侧身即可过去，基本淋不到雨。但当我隐约看到她天真、真诚、期待的眼神时，我毫不犹豫地走进她的伞，同时说："谢谢！下雨了呀！"我朝天看了看。她说："校长，要不这伞给您，我到宿舍很近。"我连忙说："不需要，谢谢！你看，我有伞。"指了指站在她身后的我太太。她回头看了一下，说声"老师好"，含笑说声"再见"就离开了。太太说："孩子多好！"我在顿感温暖之余由衷地为他们自豪。

记得几年前的一个中午，我从教学楼听课下来，准备回办公室，正好碰到下雨。在我走出走廊有点不知所措的时候，一位女生撑着伞走过来，说："校长，给您伞。"我说："不要，你赶快去吃饭。"她说："我正好到南门拿快递，我们一起走。"于是，我们共撑一把伞走到行政楼。告别后我就上了楼。在3楼的拐弯处，我透过玻璃幕墙，看到了返回的她。其实，她并没有到门卫室去。那一刻，我真的很感动，一直站在那里看着她走出了我的视线。

我所经历的类似的故事很多。我为我们的学生骄傲。

我一直倡导老师们撰写亲历的教育故事。好的故事就是教育，就是教育素材，就是校园文化。优秀教师就是有故事的老师，校园文化更多的就是一个个故事。我一直在搜集故事，记录故事，回放故事。自然，我往往也是故事中的"人"，我从故事中体会到了教育的价值，感受到了育人的意义。

我写出来的故事，其实都有用意。譬如关于"三角地"的故事。这个故事不是用来说明校长的勤劳，而是说明我对学生的"信任"。我相信他们，才会选择这样解决问题的方式。事实证明我是对的。这与我的为人之道、教育理念和人生哲学有关。我将这个故事写成了《校长做了回园丁》。故事的大概是这样的：

图书馆喷泉边种了几垄沿街草，无需修剪，四季常青。然而有一处拐角总是被学生踩踏，形成了刺眼的"三角地"。这一块特殊的"三角板"，能丈量出我们的文明程度和对规则的遵守程度。怎么解决这个问题？有人说立块牌子，我觉得立牌子比黄土更难看。我想还是重新种上草。如果还有人踩怎么办？那就再种。此后，在我的督促下，复种过几次，但一直长不起来。

据我观察，"三角地"的形成主要是大批学生并行时有同学"超"人所致。学生往往是不自觉的选择。起初没有下一番功夫让它长出来，有人没有意识到这是个花池，踩上去没觉着什么。同时，草未必全是人为踩枯的，更大的可能是干死掉了。花工浇水用一个自动喷头，喷头在那里旋转，"三角地"在它的半径以外，永远浇不到水。这样，脚底板和缺水共同作用，于是那里就一直光秃秃的。我不相信学生会一脚踩到好端端的东西上。一方面，我们老师还是强调得不够；另一方面，看上去它还不是个"好端端的东西"。于是，我决定做个试验。试验的要旨是，初期全力呵护，一定要让这里的草长得和旁边的差不多；长成后，要重点养护，至少不缺水；然后，再观察下去。

我决定亲自干。最重要的事就是浇水。不仅是润物的需要，更重要的是，浇成一摊烂泥让他下不去脚。但是，哪里来的浇水工具呢？我不可能一天三次从办公室提个桶去浇水。放个桶在那里，既有碍观瞻，又有可能被人拿走。于是，我想到了可乐瓶子。将可乐瓶藏在附近一处隐蔽的地方，路过随时可用。每天我浇三次水，每次8到12瓶。从喷泉里取水，来回跑4到6趟。猛起身，也有眼冒金星的时候。往来的师生总是好奇地看着，也有问的，还有学生问是不是种了什么菜。我总是简单地回答：我要浇足水，让草长起来。

浇了几天，总务处的同志说安排保洁员代劳，说保证没问题。我觉得应该没问题，就准备"荣退"了。但多少还有点不放心，于是准备观察两天。很快就发现问题了：一是她没理解我浇水的主要用意，以为只是滋润，所以次数和每次的水量都不够；二是双休日她就不管了。这显然不行。虽然随后向她阐明了我的意思，情况也有改观，但总不如我意。我只好再次亲为，每天从那里来回五六趟，总要驻足看看，除了浇水，偶尔拔拔杂草。或许是湿答答的缘故，或许有太多的学生看到校长在那里浇水而留有深刻印象的原因，此后，很少有人再从上面走了。两个月后，草开始长起来。黄土地渐成草毯。在此后的半年里，又经过几番补种、施肥以及日复一日的浇水，其长势终于与旁边的草完全相同。现在，我已不必亲自动手浇灌，花工每天浇一次即可。

我相信，只要园丁有足够的责任心和耐心，哪怕它面临无止境的被践踏的威胁，这丛小草也一定能长起来。道理很简单：若小草苗壮，路过的人未必就忍心踩下去；若浇灌及时，施肥得当，少数几个人踩未必能伤害它。所以我觉得，第一个要解决的问题是园丁的问题。

这个故事后来发表在 2015 年 4 月 9 日的《中国教育报》上，其栏目就是"校长叙事"。大量的网络媒体予以转载。附中的很多师生都知道这个故事，但未必都懂得我讲这个故事的用意。所以，在本学期开学初的德育工作会议上，我以"平等 理解 尊重 信任——基于人性美的师生'关系学'例谈"为题讲了几个亲历的故事，也讲了这个故事。我这样做是因为我相信我们的学生，与个人的"勤奋"和"身先士卒"没有一点关系；而且我的"勤奋"和"身先士卒"完全不必创造这个故事来证明。

我听到了很多比这个还要生动的"附中故事"，相信还有更多的附中好故事我还不了解，我很期待分享这些故事。

从下周开始，我们要举办第五届校园文化月活动。运动会揭幕，新年广场钢琴演奏会闭幕，其间大量的文艺、科技、体育活动精彩纷呈。毫无疑问，这些都是文化，"文化月"也成了附中的重要文化符号。但我想，对于八岁的附中来说，讲讲自己的故事，也许是更重要的文化。因此，我觉得可以搞一次"附中故事"的征文活动，可以是"精彩附中"，也可以是"不精彩附中"，要旨是"真实""有教益"。征文的对象是全校师生、校友、家长和所有愿意参与的人。我相信，通过这些故事，才能窥见真正的附中文化；在这些故事里，才能找到我们的文化自信；吟诵着这些故事，才能坚守住我们的文化自觉。有了文化自觉和文化自信，才能谈得上文化育人。

（2015 年 11 月 29 日）

真的要向学生道歉

早晨上班，发现办公室门缝处有一只纸口袋，我猜测是学生写给我的信，拾起来一看，果然：手工信封，上面写着校长先生收。开门，开灯，来不及做其他事，先看信。信很长，作文纸，5 页，主要反映存在的浪费问题，高二 4 班的袁亦明同学写的，写得非常好，我很感动。随后我将信交给张副书记，要求一定尽快落实。

我印象里，袁亦明同学至少有四次向我反映了水龙头漏水的事，前天晚上我给他们做完讲座后又说了一次，她觉得自己不善言辞，故过后又专门写了一封长信，在"短信"时代能写这样的长信，说明她很有责任感。实事求是地说，她每反映一次我都要给有关同志交代一次，事后往往还要再落实一下，回复总是"已处理"。教学楼里的饮水机和自来水龙头我也经常看，未发觉明显问题，宿舍楼里边我确实很少去，或许那里的问题要多一些。但我相信学生反映的问题一定存在。她还反映了印刷讲义的问题，譬如纸的质量不一定要那么好，可以两面印。"两面印"学校也是这样要求的，至于纸质问题我们也曾探索过，因为高速油印机对纸质的要求还是蛮高的，纸质太差，成品率太低，会造成更大的浪费。她还反映了节约粮食的问题。一个高二学生能有这样的见识且身体力行，真是令人高兴。上周，就建设节约型校园学校作了宣传，各班也以这个主题出了黑板报，我们要持之以恒地将这件事做好。

之所以说要向学生道歉，是因为较之袁亦明同学我还不够顶真，认识虽到位，但实践还有距离。我是低消费主义者，特别赞成节约，但作为学校的管理者，实施起来碰到阻力后也有听之任之的时候。学校是个小社会，建设节约型社会学校责任重大，社会上有的浪费现象学校里多半都存在，而最突出的主要就是袁亦明反映的水电纸张和粮食浪费。仅从经费的角度考虑，节约的价值就不能低估。我校每月电费超过 10 万元，假如能节约 10%，那就是 1 万元，而这 10%

是一定能节约下来的。更重要的是，学校是育人的地方，培养学生节约的意识和习惯更重要，学校如不能以身作则，不能切实担负好育人的责任，是需要检讨的。

建设节约型校园可以借助科技手段，遗憾的是我的建设"低耗校园"的建议因各种原因未被完全采纳，这里面有初期投入大的原因，也有认识不到位和工程建设管理体制方面的原因。我校完全可以在清洁能源使用方面获益，譬如太阳能和风能，还有丰富的地下水可供利用，还可以利用雨水系统实施水资源的循环利用。在智能控制方面，有很多成熟的技术可以应用。我们可以将这些因素称为"硬件"，这方面我们还有很大差距。

科学管理和加强教育是"软件"，这是我们力所能及的。理论上说，我们可以不借助上述"硬件"也能将节约的工作做好，然而事实上做得并不好。教师方面：不使用投影时开着投影仪，开着门窗开空调，下班不关电脑，离开办公室不关灯，盥洗时开长流水，滥印讲义，看到长明灯和长流水熟视无睹，哪怕只是举手之劳。学生方面：长明灯、长流水随处可见，盖着被子开空调，用热水洗衣服，浪费纸张浪费粮食等等。表现形式有多种，实质就是用非所用暴殄天物。上学期，我们开始公布各宿舍使用水电的情况，对明显过多的宿舍提出批评，点名到班级到人，效果良好。节约要形成风气，要成为强大的舆论导向，要以节约为荣，以浪费为耻，要发自内心。

中国是世界上人均资源比较少、资源利用率比较低的国家，从目前的做派看，非下大气力不能遏制浪费的恶习。有一种浪费要特别引起我们的注意，这就是假冒伪劣产品无处不在。现在有一种说法叫作"节电不节钱"，节能灯是好，用电明显少于传统灯具，但节能灯价格高，如果再碰到质量差的，个人掏出去的钱更多。当然，节约不仅仅是钱的问题。制造和使用伪劣产品是最严重的浪费。一个几百块钱的水龙头用不了半年就坏了，几百块钱能买多少水？生活中大量的浪费是跑冒滴漏，直接原因就是产品质量差，修不胜修，尤其是智能控制的产品。在这种背景下，减少浪费的首举是及时有效地细致管理，制度还在其次，关键是相关人员要有良好的职业道德，如果他存心应付和推脱，你就很难办。

节约是美德，治理浪费应当纳入以德治国的管理范畴。建设节约型社会需要每一个人的参与，领导者的决策和普通劳动者的实践都要渗透这种意识才行。检讨起来，我们每一个普通人做得都不够好。袁亦明同学反映一次我就交代一次，但"指示"传递到终端，还是被打了折扣，这就是当今中国社会管理的缩影。现时中国，一件事要做好，非得列入"一把手"工程才行，从中央到地方尽皆如此，这是非常要命的一件事。

《中国青年报》上有篇文章《哪个汉字可以代表中国？》，前三段内容摘录如下：

> 在汉字文化圈，这几年流行选"年度汉字"。2月12日，美国《纽约时报》也谈起了汉字，文章就"管"字有何内涵，聊了起来。作者埃里克·亚伯拉罕森认为，如果只给他一个字界定中国社会，非"管"字莫属。
>
> 作者认为，哪里需要行使权威，"管"字就在哪里出现。除基本意思"负责"，"管"字也出现在"管理"、"管辖"、"管制"和"管家"这些词中。如果要解决问题，第一句问的话便是"这归谁管？"
>
> 他写道：人们普遍将中国的权力运行误解为集权主义，但同中国官员交往的方式还是体现在"管"字上：家长式作风、道德说教和事必躬亲。除明显的政治含义外，"管"字还出现在日常对话中。你可以告诉一个好事者"别管闲事"，或者说句"我不管了"，以示事不关己。"管"字甚至从字面意思进一步引申为连词，在"不管"中使用。在"管"及其组成的词句中彰显着对无序社会一种淡淡的焦虑。"没有人管"暗含着不赞成甚至恐惧的意味。
>
> （王冲，载 2012 年 2 月 17 日《中国青年报》第二版）

大家已经习惯了，什么事似乎只有"一把手"才能"管"好，老百姓是这样想的，领导也是这样想的。于是，什么"零报告"制度、危机干预、应急预案等等一系列制度和名词应时而生。问题层层上报，指示层层下达，自上而下忙成一团，最后自来水还在那里滴答。难道真的是"在'管'及其组成的词句中彰显着对无序社会一种淡淡的焦虑"？

（2012 年 2 月 20 日）

你不能跳楼！

时间：2012 年 4 月 21 日（周六）

15:50 ～ 16:20 自行政楼、教学楼、图书馆、食堂、宿舍、操场巡视一周。今天高三年段和七、八年级部分班级召开家长会，到校家长比较多。实验班招生现场报名和材料确认，小学生以及他们的家长（爷爷奶奶姥爷姥姥以及七大姑八大姨一干人等）更是超过千人。满校园里的人！看书的打球的是学生，拍照的东张西望的是游人。

16:30 ～ 16:40 给母亲打个电话问候一下。

16:42 张书记电话：3 号学生公寓有学生要跳楼……只讲了一句，人已到了我的办公室。我脑子里嗡了一下，"喋血"的场景浮现在脑海里。我忙问：跳了没有？张书记：宿管老师说，学生说见不到校长就要跳楼。我松了口气。一口气跑下楼。车子在图书馆车库，我准备跑到宿舍。回头一看，江校长已打开了车门。江校长开车，我，张书记，廖主任，四人即刻赶到 3 号公寓。学生要见我，我走进了宿管老师值班室。她蜷缩在床的一角，哭个不停，手抱着床边的桌腿。我认识她，前天傍晚的一幕犹在眼前。

时间：2012 年 4 月 19 日

19:30 我从教学楼巡视下来顺便到传达室取报纸，一进门，看到一个女同学一边打电话一边哭，普通话夹杂闽南话，我有些听不清。门卫小伙子给她递了纸巾。我站在那里等了一会儿，我知道期中考试刚刚结束，她八成是考得不太好，要不是自责地哭，要不是被家长骂哭了。听着听着，印证了我的猜测，她考得不太好，妈妈正严厉地批评她。渐渐地，她已泣不成声。我不知道这样的训话要持续到什么时候，而晚自习已开始好大一会儿，我示意她我要和她妈妈讲几句话。她将话筒递给了我，我自报家门，她妈妈似乎怔了一下，接着一边哽咽着一边告诉我，孩子成绩不理想，很让她失望。我说，你怎么知道她的成绩不好，好不好是相对的，我还没有看到，你怎么就断定她的成绩不好呢？你先不要急，我了解一下情况，然后我来帮你做做工作。她谢了我，放下电话。我嘱咐了女孩几句，让她回到教室。第二天一整天，我一直在催教务处将成绩报给我。因为一门课的缘故，至晚间我一直未看到。

时间：2012 年 4 月 21 日

早上　到办公室一打开电脑，QQ 里弹出邱主任传来的成绩。我未及烧水泡茶，先看看她的成绩：名次是不太好，但差距仍在可控范围内。我再看看她的进校摸底成绩，名次退了 4 名，根本不算什么。今天是周六，我以为她已经回家。准备周一找她谈谈，然后要到她家长的电话再找她家长谈谈。

中午　吃过中午饭，我从食堂出来，在门口意外地见到她，她很高兴地告诉我，今天人多，她在食堂门口帮着拾垃圾。我表扬了她，因为有事，我来不及跟她多说。

16:50　此刻，她告诉我，就在刚才，她妈妈给她打电话，要来学校带她回家，不让她读书了。从她的哭诉中，我大约知道她妈妈批评她的原因，不单是成绩问题，大概还有平时表现的问题。谈话中我才知道她一个月才回去一次，12 岁的初一孩子，真的是不容易。所谓的"平时表现"可能有一点小毛病，她自己已有所认识，说现在已经改了。她说她爸爸妈妈还有舅舅等一大家子人马上要到学校来，要带她回去，她认为她"死定了"。她说家长已经给了她机会，不会再给机会了。她要我一定要帮助她，我问要帮什么，她说不让家长带她回去。这孩子真是天真，家长的一句气话她就当真了。她在那里一边哭一边发抖，我猜想她家长对她一定很严厉。据说，她父亲是军人出身，脾气可能有些暴躁。我尽力地宽慰她，答应一定帮助她。在等待的过程中，我帮她分析了学习状况，成绩虽然没有太大问题，但要引起重视，不能再下降，要努力缩小与最优成绩的距离。我问她，你明白家长每时每刻对你的惦记吗？你能体会家长的压力吗？她都认真回答我。道理她都懂。这过程中，只要我的电话一响，她就立即表现得很恐惧，哭着问我：我爸妈来了吗？我先躲起来，他们会打我。我说：你放心，有我在，他们不会打你。你也用不着"躲"，需要的话你可以"回避"。

17:17 快半个小时过去了，她家长仍然没来。我从她那里要来了他妈妈的电话。我让宿管老师进去陪她，我到室外给她妈妈打个电话。她妈妈说，她不好好读，我就把她带回来算了。我说你不要急，等会儿来了我先找你谈谈好吗？她答应了，表示感谢。原来她才到漳州市区。

17:30 我带她到食堂吃饭。她爸妈还需要1个小时才能到，不如先吃了饭，她说饭卡在宿舍里，我说用我的。吃好了饭，我带她到我办公室，拿了几本杂志让她看，我开始认真研究她的成绩，为与她父母谈话做准备。这中间，只要电话一响，她必定紧张地问：我爸妈来了吗？

这次期中考试，她的成绩与最高分相比低了16%，虽高于15%，但远低于20%，还在合理范围。她进校第68名，上学期期中考试第68名，期末考试第76名，这次第72名，没有明显的退步，较之期末考试还进步了4名。我还比较了进校成绩最高和这次考试名次最低的同学的成绩变化，确认她算是比较稳定的。我做好了与她父母谈话的准备。

18:06 她的班主任赶到我办公室，还未吃晚饭。我让班主任先带她到他的办公室，我先与她父母谈。

18:34 我给她母亲打电话，她才离开漳州。我下楼到班主任办公室，孩子很惊恐：我爸妈来了吗？因为还早，我让班主任回去吃饭。班主任说再等等。我到教学楼巡视，到操场走走，接着回到办公室继续等。

19:26 班主任电话：他们才到海澄，他先回去吃饭，等会儿再来。我让他把孩子送到我办公室。继续等。我问她：为什么要说跳楼呢？她说：我真的不想回去，让我回去我就死定了，只有跳楼。我说，你傻啊。天底下最关心你的人是你父母，其他人才懒得管你呢！你跳楼，害的是你父母，短时期内也会给学校和老师带来麻烦，而他们都是最爱你的人，你要对得起他们！她点点头。我又说，你要是摔不死，摔成半身不遂，你从此就生不如死。摔下去会很疼的！她笑了。从此别再说什么跳楼不跳楼的话，跳楼的人是心里真有了病，你好好的一个人，跳什么楼呢？她点点头。

20:00 我估计他们快到了。先带她到校办公室，算是先"回避"。廖主任在那里，我太太也在那里等我一起回家。

20:07 她家长被门卫拦在在南门口，她母亲给我打电话，我请门卫放行。

20:10　她母亲和婶婶到我办公室，未见其他人。我先听她们的想法。她妈妈说得很在理：成绩不成绩倒是次要，但不能学"坏"。但家长骨子里面还是很关心成绩的。

这些都是成绩非常优秀的孩子。他们到附中来读书，一群优秀的孩子在一起，需要有相当好的心理承受力，他们的家长也需要一定的心理承受力和理解力。我第一次给他们家长讲话时，开篇就说，你必须习惯你的孩子是班级的最后一名。最后一名没关系，但成绩不能太差。我要求不得公开他们的考试成绩，但这些孩子很聪明，有人居然可以破解电脑密码访问 FTP 服务器，有耐心地一个一个地试，排出考号和姓名的正确组合，通过查分系统，对全班同学的成绩进行排序。可见孩子和家长都很在乎考试成绩的。

听了她们的想法，我谈了自己的看法。主要有三点：（1）关于成绩，她并未大起大落；（2）关于在校表现，要搞清楚真相，要具体分析；（3）要严而得法，要给孩子宽松的心理环境，虎妈狼爸也是一种办法，但不一定是最好的办法。我们谈了半个小时，再确认她妈妈不会打她后，我带她们去见她，让她们好好谈谈。我相信她们会走得更近的。

20:50　我离开办公室。一场持续四个小时的"风波"暂时平息。

（2012 年 4 月 22 日）

我送你到医院

昨天（5月19日，周六）傍晚，我从食堂用餐毕，照往常要到操场走走路，和在操场运动的学生聊聊天，但昨天下雨，我只好开着车子绕过操场回家。在篮球场门口，遇到一群闹嚷嚷的学生，我停下车，放下车窗，几个学生赶忙凑近来对我说：一位同学打球受伤了，头上都是血，怎么办？几位同学扶着受伤的同学走了过来。原来是在抢球时另一位同学的牙齿磕到他的头顶，磕破皮了，流了一些血。我问了一下他有什么感觉，他说没有什么关系，我又问了一下磕到牙的同学牙有没有什么问题，他说没问题。我估计问题不是太严重，可以不必叫救护车，但因为下雨，他们冒雨打球，没有带伞，坐公交车不方便，我只得送他去。两位同学上了我的车。

我想，总得通知一下他的班主任。如果老师在公寓，走到医院也很方便，差不多我到她也能到。但手机通讯录读入不完全（经常出现的故障），我找不到班主任的电话。一时又想不起来值班干部是谁，年段长好像请假回家办事，电话就不必打了，我只好给德育处的钟主任打电话，让他帮我联系一下班主任老师。钟主任也不在开发区，他答应立即给我打电话。几分钟之后，年段长的电话来了，我开着车，坐在一旁的太太接电话。过一会儿，钟主任电话来了，他说班主任许老师今天办婚宴，他让德育处的林老师过来。我颇有些后悔，觉得不该打搅班主任老师，但我真的不知道她有这么重要的事。

我将车子开到医院大楼门口，太太带着两位同学下车，我去停车。回到挂号处，太太正在给学生办挂号手续。挂好号，到急诊室，医生先询问受伤学生的感觉，头晕不晕，有没有恶心，等等。学生答复一概没有。护士开始清创，消毒，口子不大，有一点深度。这时，林老师来了。他也要去赴许老师的婚宴。我说，没有什么问题，你先走吧，我们在这儿。他说等会儿他开车送学生回去。我说，不必，雨停了，我给他们钱，出门就可以坐公交车。林老师先走了。过一会儿，医生对我说，问题不大，最好打一针预防破伤风的针，我说那就打吧。但学生还没有吃饭，空腹不能打针，要吃点东西。我到马路对面的小超市里买了一个面包一盒牛奶，因为一直在和路遇的曾老师讲话，心里只想着那个受伤的学生，居然忘了多买一份给另一位同学。回到急诊室，物理老师钟老师已经来了，我搞不清是段长让她来的还是班主任让她来的。我问医生，打过针后需要不需要观察，他说要观察一小时，我急忙掏钱让另一位同学去买一点吃的，否则回到学校肯定吃不上饭。他说他手里有钱，估计是从钟老师那里拿的。而且，他将我太太给他们挂号以及充值的钱全部还了。我让钟老师走，她让我们走，推让了几番，还是钟老师留下了。我交代她有事给我打电话。

晚上将近十点，班主任许老师给我打电话，她忙完后给宿舍打了电话，学生在休息，没有什么问题，又打电话向我道歉，我连忙向她表示抱歉。当时，我只是觉得她如果在宿舍，走几步就到了医院，否则没有必要惊动她。

据我了解，几乎所有的值班干部、班主任和宿管老师都有过陪同学生看病的经历，尤其是每年的秋天，差不多每天都有。学校虽然有校医，但校医没法 24 小时上班，而且有的问题校医也处理不好，只有到医院或正规诊所才行。2009 年秋季开学后，高中学生和部分初中学生寄宿，学校没有校医，一间宿舍住四位同学，他们对空调房间的适应程度不一样，感冒发烧的特别多，学校虽然备了一些常用药，但没有医生不敢乱发，只能送医院。一学期里我送学生到医院就诊至少 15 次，基本都是在晚上，其他老师尤其是学校值班干部和班主任，次数不会比我少，而且经常要帮学生付药费。直到有一次，一位值班干部夜里两点钟开着面包车将生病的学生送回家，往返四五十公里，我才强烈意识到这不是办法。假如出了事，责任谁也担不起。如果学生在车上病重了，如果出了交通事故，作为校长，面对学生家长和教师家属我有推卸不掉的责任。所以，后来我们规定，学生夜里发病如果确实需要到医院就叫救护车；如果可以坚持，就等到白天上班后让科任老师或宿管老师或同学陪同坐公交车到医院，没有必要有一点不舒服就安排专车送医院。即便家住医院边上，一般也不会有一点发烧就半夜上医院，而且有些病我们是不能随便用车送的，譬如心脏病、癫痫、运动性休克、骨折等。有了校医后，不少小问题校内就能解决。今年我们要再招一名校医，如果有三名校医，就可以实行三班制，就能保证随时有一名医生在学校，老师们这方面的负担就可以减轻一些。

每当我看到瘦弱的女老师骑着电动车带学生去看病，感动之余确有歉疚。有一段时间，每天早上 6:50 左右，总有一位女老师用电动车从宿舍接一位女生到教室，女生的脚裹着纱布，女老师戴着大大的头盔，我至今不知道她是谁。距离最近的一次，我从她的眼睛里感觉到了她的微笑。当我准备一定要搞清楚她是谁的时候，女生的脚也许痊愈了，于是这就成了一桩"悬案"。

每当我脑海里浮现女老师的微笑，我就陡增温暖感、幸福感和责任感。我们辛苦着，我们也幸福着！

（2012 年 5 月 20 日）

我的课余随闻录

周三（5 月 23 日）

下午两节课后，我应政治教研组长李志源老师之邀观摩首届时事政治比赛初中组的赛事。因杂务缠身迟到了，只赶上尾声。周二我全程观摩了高中组的比赛，真是精彩纷呈。尤使我感到欣慰的是政治组老师全体出马，而周末讲座只要是政治组老师主讲其阵容也往往如此。组织这样一次比赛是极其劳神劳力的，对学生的影响力绝非一堂普通的课可比。

17:15 时事竞赛结束。吃饭尚早，回办公室又不值当，不妨登登亦乐园，虽说早晨已登过一次。途经图书馆，那里正有学生在弹钢琴。登顶环视，校园是一半寂静一半热闹。从排球场到足球场全是学生。下山先看高二的排球赛，高二 3 班与高二 6 班的决赛正热火朝天，学生球技之好颇出乎我的意料，居然还能吊球和扣球。拉拉队比运动员还辛苦。裁判是曾爱枚老师，因陋就简，站在课桌上。段长余俊鹏老师和几位班主任老师都在助威。不一会儿，3 班班主任黄海老师两次叫暂停排兵布阵，俨然专业架势。显然没 4 班什么事儿，班主任蔡乐平老师带着一班学生整齐地坐在台阶上，津津有味地助威。原来 4 班和 5 班分别是 3 班和 6 班的拉拉队，所以气氛很热烈。看了一会儿，转场至篮球场。几个篮球场满是打球的人，甚至有赤膊上阵的。高一年级有两个班在正式比赛，场上裁判是陈跃元和叶思明老师，周丽丹老师负责计分，一大群学生和几位老师在助威。田径场上，跑步的学生三四十人，一多半是高三的学生。足球场上，两个半场上分别有学生捉对厮杀，居然还有女生的身影。

18:10 在食堂用过晚餐后，我回到田径场。一群初中生还在一个半场里搏斗着。我沿着跑道倒走了 1000 米，不时与跑步的同学打着招呼。

18:35 离开田径场，沿乐山路、朝闻大道至南大门传达室，从报箱里取回报纸。此时，依然有走读的初中生陆续离开学校，他们总是热情地与我打招呼。

在夕阳的余晖里，国际部草坪上，星罗棋布着二三十位看书的同学。我回到办公室看报纸。

19:10　离开办公室到教学楼巡视。发现一楼有一个班级有些吵闹，本想进去说几句，看到老师坐在那里，也就罢了。另一个班没有老师，讲台上的包分明是老师的，我有些疑惑。值班老师上下巡视着。从五楼返回走到一楼，我又回到那两个班级。没老师的班级继续没老师，但纪律挺好；有些吵闹的班级，邱云主任正在训话。我在门外听了一会儿，本想等他出来请他了解一下另一班没老师是怎么一回事。谁知他谈兴正浓，半天不出来。我只好打电话给值班的余俊鹏老师。余老师说，刚才巡视时还有人。我请他落实一下。过了一会儿，余老师回电话，说看班的是连娜老师，正在洗手间打电话，他不好进去。我告诉余老师等会儿要批评她。我又给值班的廖主任打电话，让她了解一下情况，学校明文规定，上课（包括自习课看班）不得接打电话。如果不是非常特殊的情况，这就是教学事故。接着，余老师又打来电话，她请人将连老师从洗手间喊出来了，原来连老师正在做一位同学的思想工作，旁边还有两位同学。那位哭哭啼啼的女同学遇到了非常苦恼的事，据说是全班的同学都批评她，她觉得在班级里找不到快乐。一位刚参加工作的青年教师，又不是班主任，能够主动做学生思想工作，我觉得难能可贵。

20:00　离开学校。刚进家门，廖主任来电话，重复了余老师的话。我说，非但不要批评，还应该表扬。

21:10　连娜老师打电话给我，未等她开口，我就先表扬了她。她不是班主任，本可以不管这"闲事"，坐在讲台边看自己的书上自己的网，最多事后向班主任反馈一下。但她花了很长时间、费了很多口舌做学生的思想工作，我觉得这就是责任心，就是爱心。她向我道歉，我说我不仅不接受你的道歉，还要感谢你。她又说她也有不妥的地方，不应该置一班的学生于不顾。她本想在教室外走廊里谈话，但又觉得当着全班同学的面不合适，而候课室的门又是锁着的，最后只好跑到洗手间。她说她缺乏心理辅导方面的知识和能力，好像那位同学的问题还是没有解决。

周四（5月24日）

下午两节课后，我办公室斜对面的校办公室里，陈艺伟老师正在接待一位同学和她的家长。我没有走进去，也没有细看是谁。我不知道为什么她在做工作，或者是她分工这个年段，或者是该生的成长导师？

17:00 在走廊里看到一位女生向家长哭诉着。我认识她，并且知道她是谁。每次从他们教室外面走过，她总是微笑着。她就是周三晚上连娜老师谈话的那位女生。我装着不知道来龙去脉，走近他们，我说这不是某某同学吗？有什么不开心的，到我办公室里坐坐，把烦恼的事说给我听听。她的家长看我一口喊出她的名字也很开心。

在我办公室里，我们谈了50分钟。我以为这孩子既认真也敏感，是那种既愿意为大家做事又容易得罪人的类型。她的苦恼是真实的。她在很多方面作了自我批评，是非常懂事的。我觉得她自己自然有调整的必要，而同学们也应该肯定她鼓励她帮助她。我跟她说，晚自习的时候我到你们班去，我一定帮你。

我带她到楼下袁冉老师的办公室。袁老师是她的班主任，也一直在帮她。她的父母都在那里。

18:00 到食堂去吃饭。国际部草坪上又有很多学生坐在那里看书。实验楼一楼的陶艺教室里正热火朝天，一群孩子在教室外面走廊边的石阶上，系着围裙，手拿各种工具，正在摔着泥巴，甚是陶醉。走过图书广场，穿着跆拳道服装的同学三五成群地走过来。从图书馆和实验楼里传来的是悠扬的钢琴声。广场上的涌泉正在欢乐地涌着。

18:30 到田径场。今天稍晚，运动的同学少了不少。我倒走了800米。

18:50 离开田径场，直奔教学楼。

18:58 到了七年级2班教室。全班同学都在。我问我能讲几句话吗？他们齐声说好。我说，听说你们班最近几天同学关系有些敏感。因为下午时袁老师为此事还开过班会，他们一下子就明白了什么事。有不少同学用眼神在交流着。我请班长向我介绍一下情况。班长直奔主题，他很会说话，肯定了那位同学的优点，也指出了不足，并且表示全班同学欢迎她。我说，首先祝贺你们，你们有机会通过共同解决一道难题而获得成长……我一口气讲了25分钟。在我准备离开的时候，有位同学举手问我：校长，听说八年级实验班的同学每个人你都能喊出名字来，你准备什么时候找我们谈谈话？虽然出乎意料，我仍非常高兴。我说，现在我也不能一一喊出八年级同学的名字，但我确实愿意找你们聊聊。虽然不见得有多大意义，但我至少要请你们到我办公室里坐坐，并且觉得非常的愉快。他又说，你能告诉我电话号码吗？我将自己的手机号写在黑板上。我在掌声中离开了教室。督修老师邵子艳老师一直在班级里。

19:30　离开教学楼，到传达室取报纸，回到办公室，浏览了一下报纸。

19:50　离开办公室。在去图书馆车库的途中，遇到十几位厦门大学的学生，他们是"大中学生同做实验"的志愿者。下午五点钟就来了，快三个小时了。参加实验的附中学生也陆续回到教室。

20:00　在图书馆三楼飘来的钢琴声里我开车离开了学校。此时，图书馆学生阅览室的灯已亮，二楼几间美术教室的灯也是亮的，而灯火通明的教学楼好似轻纱笼罩下的水晶宫，一片阒然。

（2012 年 5 月 26 日）

欢迎你"告状"

昨天晨会后到办公室刚坐定，接到一位"家长"的电话，自然是匿名的。这于我很不公平，我在明他在暗，我感觉既未得到尊重也显然不被信任。既然自称是"家长"，我当然要洗耳恭听。但因为时常接到诈称家长的电话或者信息、邮件，我在这里忙半天，结果完全不是那么回事，所以我特别希望家长和学生反映问题时自报家门。你若不信任我，你给我打什么电话呢？

这位家长说，我们的孩子在你那里都退步了。我说，都退步了，那谁进步了呢？既无全市统考，更无全省统考，在同一个年段、同一个班级，没有进步的哪里有什么退步的呢？假如只是你退步了，第一个要问的是你自己。我说，你不要笼统地说，你说具体的事，我相信你，你也要相信我。他说，孩子们反映，某科老师上个星期讲错两个地方，然后自己又纠正过来，备课很不认真，刚开始的内容很简单（好像很内行），怎么能讲错呢，而且讲话的声音小，学生听不到。我说，我明白了，你是反映"某科老师备课不认真"和"讲话声音小"两个问题，我说我一定要落实这个事。他又说，学生要找校长调换老师，希望校长认真对待这件事，否则捅到网络或媒体（网络还能不是媒体）上不好，据说月考平均分比别的班低 5 分。话到这里我就不客气了，我本来就是认真对待这件事的。我说，这个我还真不怕，你要觉得媒体比我还管用你就去找媒体，如果媒体能帮我解决问题我给他送锦旗。你给我打电话不就是要解决问题吗？说这些没用的话干什么呢？最后我还是说，我先了解一下，一定会妥善解决问题的，你要多鼓励孩子，多和老师沟通，谢谢你的建议！

放下电话后，我立即研究月考成绩，首先这个班的总平均成绩属中等，某学科成绩确实最低，但只差 3 分，与分班成绩名次相同，不算异常。至于他的孩子是否退步、退步多少，我无从得知，因为我根本不知道他是谁。月考是同备课组老师轮流出卷，虽然一般不会有老师将试题直接告诉给自己的学生，但谁出题多少还是有些差别的。我打电话到教务处询问，果然是另一位老师命的题，但最高分却在那位家长的孩子的班。你说都退步了，那怎么最高分在这个班呢？我非常反感那种不讲良心的话，考砸了是老师教得不好，考好了是自学的，或者是请人辅导的，问题是开学以来你不就回家一次吗，谁有本事给你辅导一次你就能名列前茅。我做了30年教师，根本不信"邪"。我又请来班主任了解情况，大约是有个别学生不满意这位老师，主要原因是他们觉得原来的老师好，习惯了以前老师的教学方法，问题是400人的文理分班岂能按少数人的意愿来做。所谓不尽如人意之事十之八九，这可能还是其中最简单的一件事。今天上午我又找来这位老师，听听他的想法，因为我根本不相信他的课有什么问题。原来他想尝试一下新的教法，学生可能一时不适应。我给他的建议是，"干活不随东，累死一场空"，你得取得学生的信任才行。无论多忙，备课一定要深入，不能出错，上课的音量要适度，如果嗓子不舒服可以用扩音设备。至于月考成绩，我完全没有提。开学只有一个月，平均分接近120分，班级之间有个几分之差，而且还有一些特定原因，能算什么问题？如果家长只要成绩，不允许孩子有一点退步，受罪的是你的孩子；如果家长不给老师一点机会，哪个老师愿意教你的孩子？"亲其师，信其道"，在老师遇到困难的时候，家长要做的首先是给老师补台而非拆台，这道理一点都不深奥，因为这学校不是为一个人或几个人开的。

我对家长打电话告老师的状一点不觉得新鲜，一两年里总有一次，不会太多。我本人不算一个差劲的老师，但我不敢说每个学生对我都满意，年轻的时候或许也被投诉过，只是我不知道而已。我一向主张要给学生机会，当然也要给老师机会，何况老师还不一定真有问题。这个家长的电话让我感慨万千的是他对媒体是那么的信任，一个你孩子学习了一年的学校还不如陌生的媒体"亲"，真是怪哉。假设老师真有其列举的两条"罪状"，又有什么不可以直接和老师说的，这完全是学生自己可以解决的问题。假如你向我反映了，而我听之任之，你"威胁"我两句也就算了，何必上来就"恫吓"呢？除非你自己不想解决问题。现在的教育确实存在许多问题，但最严重的问题不是学校教育问题，而问题的根子尤其不在学校。

昨晚十点四十分，我接到一个学生的短信："尊敬的校长同志，我急于寻找一间空置的宿舍，与几位好学之同学同住。我现在的宿舍十分不适合学习，我曾尝试习惯，失败后尝试改变周围群众，但能力十分有限，均以失败告终。恨不能学，遂求助于您这位大朋友，希望能够圆满解决。期盼收到答复。在百忙中打扰，实在不得已而为之。完毕。"莫名其妙，你是谁呢？我发过去："请署名。"至于他为什么能用手机我也不想计较，因为我不愿意在这个问题上多费口舌。过了六七分钟没有回音，我将手机置于振动模式，防止垃圾短信半夜吵醒我。今晨一看，他自报了家门，我很高兴，但是否一定是他我也不能确信，因为我不可能存有他的手机号，不能排除有人搞恶作剧。今天上午，我找到他的班主任，让他先了解一下情况，看看里面到底有什么问题，要及时化解矛盾。我这个校长的职责是为"大家"服务的，但这个"大家"并不完全是每时每刻的每一个人，我不可能是每个学生的跟班。空置宿舍有的是，但不可能谁要一间就给一间。你要与"几位好学之同学同住"，愿望是好的，但"几位好学之同学"不一定愿意与你同住。今年高一编班，有个家长发短信给我，说有几个孩子要住一个宿舍，我觉得并不违反原则，就交代老师关注一下，刚交代完，其中一个家长打电话给我说不要分在一个班，更不要住在一起，他说了他的理由，我觉得挺好，听其自然最好。学会与人相处，这比学习教科书更重要，这个问题不解决，麻烦会越来越多。这位同学开始的思路是对的，自求"习惯"，他后来的思路是错的，因为你没有能力"改变周围群众"，而学校又不是你家开的，把你"伺候"好了，大家都攀比起来怎么办。（顺便报告一下，老师们中午休息也只能在办公室里将就，除非是值班老师有一张床，我这个校长在学校里至今也没有一张床，要休息也只能在沙发上躺一躺。）同学就是同路，好像睡在同一个火车包厢，是一种缘分，唯物地看具有极大的偶然性，没有人故意坑你。同行者是男是女，是老是少，是否脚臭，是否鼾声如雷，是否咂吧嘴，是否磨牙，是否有狐臭，只能听天由命。显然，你没有拒绝别人的权利，你得忍受，好在就那么一路，不会相守一辈子，列车员也没有义务给你调换包厢，别人更没有义务和你对调，就是这么个道理！

学校有责任服务好每一个学生，但这个责任是有限的，而且是有原则的。学校的唯一职能就是育人，而且是全面地育人，所以，学校的服务与列车上的服务是不一样的。在列车上，只要你肯出钱，你可以将一个软卧车厢包下来，只要不违法，你一个人在里面想干什么就能干什么。在学校，你这个"钱"不起作用，当然你可以在校外包下一幢别墅，这个我们不管。但是，虽然你有钱，如果你不会做"富人"，人群里你将是个孤独的人。"钱"不是什么时候都好使的。至于什么样的老师是好老师，远不是一两堂课就能判别出来的，那些最重要的知识是要等到十年二十年后才能体悟出来的。你非要每天都进步，今天第三，明天就不能第四，这是你自己的事，老师要面向全班，不是你的家庭教师，他不对你的个人名次负责，你也不必为难自己，毕竟日子还长。一节课的教育是教会一两个题，一两年的教育是掌握一点知识，十年的教育是让我们懂得做事，二十年的教育是让我们懂得做人，一辈子的教育是让我们懂得这个世界，一百年的教育是养育优质的生态，所谓"百年树人"。

尊重，宽容，理解，信任，与人相处你就会发现身边都是好人；相反，你就会觉得身处险境而人人自危，身边没有朋友，都是敌人。这位给我发短信的同学性情耿直，曾因为有几天学校没升国旗而义愤填膺，他给我写了一张纸条，对没有升国旗痛加指责，表示他可以担任升旗手，保证每日按时升降国旗。其实，那几天国旗杆出故障，正在联系维修，我比他还急。他关心升旗的事应该值得肯定，但解决问题的思路有问题。第一，他不了解我这个校长的性情，每天做操的时候我都站在旗杆边上，应该说这事他根本不必操心；第二，因为不了解，所以他也可以操心，但他应该善意地询问为什么不升国旗，然后再表示"假如没有人做这件事，我愿意承担"。当他了解了事情的原委，至少可以不必生莫名的气。我儿子两三岁时，住处经常停电，黑咕隆咚的，他很生气地说，我去把供电局炸了。我给他分析说，供电局是干什么的，就是卖电的，卖电的怎么可能有电不卖给你呢，所以，肯定是他没电了，你不能怪他，国家正在发展中，以后会好的。这句戏言本也无关紧要，因为电视剧里面都是这个思路，"炸了"是解决问题的最简单方式，两三岁的孩子没有别的办法，但这是个教育契机，它能升华出更好的解决问题的办法。我们现在的水电也经常出问题，有时也不能得到及时维修，没有人比我更着急，但有什么办法呢，全校的水龙头超过两千个，我们能够付出多少成本保证它全天候无故障呢？说起来容易做起来难。和谐就是妥协，谁都要做主，你死我活，针尖对麦芒，哪里有和谐呢？

（2012 年 10 月 23 日深夜）

蔡"教授"上课

蔡"教授"者，九年级 2 班蔡东龙同学也。因为还是个初中生，所以教授加了个引号。昨天下午我听了他上的一节化学课，内容是"物质的分类与转化"。

他们的化学老师罗老师到广西出差，向我请假时说明有一节课由蔡东龙同学上。此子酷爱化学，几乎天天到实验室捣饬那些瓶瓶罐罐，据说还颇有心得，早就摩拳擦掌，要上讲台一展身手。老师上课时，学生上讲台的事时有，并不见得奇怪，但老师根本不在学校，由学生完整地上一节课，这样的情况不多。我决定去听听。

上课铃未响前，东龙已上台做上课准备，全班同学很淡定，各忙各的，估计对同学上台讲课并不以为奇。铃声一响，东龙问了一句"要不要起立"，同学说"要"，于是起立，坐下。他打开课件开始上课，教材内容是高一化学必修一，按常规，他们现在刚开始学初中化学。他从"为何分类""分类的意义"两个问题导入，然后对照自制的课件就那么一直往下讲，中途也有少量板书，偶尔提问，也请同学回答，同学似乎没有一位主动回答问题的，他一气讲了 35 分钟，语气平缓，节奏合理，表达流畅，不乏幽默。然后又用 6 分钟展示了一些他在实验室制作的晶体图片。第 41 分钟他表示这节课该讲的都讲了，询问同学们是否有问题，见无人提问，他就开始帮助同学们预习。45 分钟下课铃响，本节课结束。我站起来说，我有几个问题。我走上讲台。

第一个问题提给同学们的：这节课的内容，蔡老师讲与不讲有什么区别？没有人回答。我点名林嵘灏回答。嵘灏说，什么什么如果他不讲，我不是太清楚。我说，说明这节课是有价值的，我们要感谢蔡老师。大家鼓掌示谢。

第二个问题提给蔡老师：本章节的重点和难点。蔡老师逐一回答。

第三个问题提给蔡老师和全体同学：蔡老师可否取代罗老师？以后的化学课就交给蔡老师上了。这问题先让蔡老师本人回答。蔡老师说，不行，如果罗老师偶尔有事，我可以帮忙讲一点具体内容。我接着问，你认为自己与罗老师有什么区别？他说，起码板书是不一样的，罗老师上课可能更全面，同学们更容易懂。也就是说，你能干好"化学"的事，但"老师"的事还不能完全做好，我总结说。他点头，不少同学也点头。然后我又问全体同学，蔡老师可否取代罗老师？没有人回答，我说同意蔡老师可以取代罗老师的举手，无人举手。我说，大家认为蔡老师暂时还不能取代罗老师，说明会做化学题不一定能当好化学老师。蔡老师上课，把自己认为要讲的讲完就行，他不必想哪个同学会了哪个同学可能还不会，他不必考虑针对谁开展个别辅导，不需要考虑如何面向全体。这些，罗老师上课都得考虑，罗老师还得将这节课的内容放到整个中学化学学科体系中去考虑，还得考虑高考会怎么考，问题常常会出现在哪里，要考虑选择什么样的习题来训练，如果哪个同学哭鼻子，罗老师还得找时间开导他，如此等等。显然，蔡老师是在"做事"的，罗老师"做事"之外还要"育人"。如果只具体到哪个题怎么做，我觉得蔡老师可以取代罗老师，一是你们每个人都有一定的自学能力，二是你们可以互相研究，三是可以借助网络等手段得到更多的支持。但为什么我们觉得老师不能少，或者换一个角度问老师，在今天这个时代，网络上有大量精品课视频，可以在很多论坛里讨论问题，又有大量的教辅材料，而各类习题集又附有答案及详解，我们老师的作用在哪里？

我给同学们讲了三个小故事。

第一个故事：我们学校招聘教师，笔试题目基本是高考模拟题，分量略少，难度略小。几年的情况都是这样，应届毕业生中，与高考成绩相比，英语成绩总体较高，数理化成绩总体较低，研究生总体考不过本科生。以数学为例，当年这些考上"985"大学的人高考数学成绩基本都在120分以上，现在学了7年数学，同样类型的题目，甚至难度还有所降低，考分能过100分的就不多，在百分制里，还有人考不到40分。因为他们已经7年没有做那种题了。考试就是这样，有没有应考训练结果是不一样的。本科生所以优于研究生是因为只生疏了四年，而成绩最好的往往是在职教师当中的高三教师，常常接近满分，原因非常简单，他天天做题。我们一般不会认为，招聘高中教师，宁要高中生不要研究生，这很不符合逻辑。

第二个故事：我本人当学生时有个体会，坐在教室里上课，感觉老师没讲什么，或者似乎他不讲我也会，但如果真的不到课堂上来，自己在家自学，好像又学不会。同样一个题，老师不讲我也能看懂，尤其是在有答案的时候，但听老师讲感觉收获又不太一样。好像自学是喝纯净水，不过瘾，而老师带着学是喝茶，过瘾，止渴。但当时说不清具体差别在什么地方。

第三个故事：我参加高考时，因为开始说文理不分科，所以历史地理没有学，最后半年又要分科，历史有 6 本书，多讲不可能，精讲也不可能，于是老师一节课从隋朝讲到 1840 年。显然，这等于没讲。然后就是我们自学，差不多每节课都是自己看书。高考 100 分的卷子我考了 74 分，算是比较高的。我估计，即使精讲精练，由于时间有限，高考成绩也许不高反低。该你花时间记的你没有记，老师讲得天花乱坠又有何益？

所以，我们怎么理解教师的作用？如果只做"经师"，未经任何师范训练的初三学生蔡东龙已可胜任高一化学的教学，那么，教师的专业性体现在哪里？我觉得教师的作用在于示范，在于引导，在于熏染，在于方法、思路的传授，在于品德、意志的培养，在于习惯和毅力的养成。教师应当有渊博的知识，在经过特定训练后也应当是解题的巧手，但老师主要是你人生成长过程中的导师，导师的职责甚至要延伸到你离开学校以后。

至此，我告诉同学们，老师是精神导师、情感依靠，同时也是朋友，师生可以共同成长。我们不难发现，有很多事包括艰深的课业学习我们都可以自己做，但这并不能表明与"我"朝夕相处的老师是个可有可无的人。无论科技多么发达，机器断难胜任"人师"的工作。人要生活在"人"当中，而老师是我们人生经历中不可缺少的最重要的"人"之一。柳宗元《师友箴》："不师如之何？吾何以成！不友如之何？吾何以增！"意思是不师从老师会怎样呢？我靠什么成就自己！没有真正的朋友会怎样呢？我用什么来增长才学！有教无类是教师的职业要求，但"师父请进门，修行在个人"，向老师学什么，如何向老师学，直接决定我们每个人的进步大小。如果只向老师学做题，我们何必到学校里来呢？对于老师而言，我们要清楚地知道我们远非解题机器，"传道授业解惑"一个不能少，即使单纯从知识角度来说，我们解决问题也要眼中有"人"，要立足于"这个班""这个人"而非一概而论，这才是我们工作的意义所在。

（2012 年 11 月 21 日）

你们都是 VIP

2 月 25 日是本学期开学集中报到的日子。我们第一次允许家长送孩子的车辆进校园。在几个部门的同志和高三学生志愿者的管理和引导下，整体秩序良好。快到中午的时候，我站在南大门，一位家长对我说："今年好，学校人性化，让车子进校园。非常感谢！"我说："也要谢谢你们，因为你们很配合。"我说的是真心话，如果家长不配合，非乱不可，一乱就只有关校门。尽管高三年级学生提前到校，但我们事先估计送学生的车子仍会有五六百辆。这么多车辆依次停在马路上可以绵延几公里，要想同时停放在学校里根本不可能。关门最省事。

因为基建，距离最近的东大门暂时封闭。西大门稍远，南大门更远。新学期开学，加上又是年后，同学们都带了不少东西，从大门外甚至在离大门很远的地方，拿着那么多东西走到宿舍，路程确实不近。几年来，我一直想让家长的车子开进来，但高峰时完全调度不开，只能关门。家长、学生甚至是一群大人扛着、拖着、拎着大小包裹，走到宿舍大多会汗流浃背。有不少家长送孩子要来几个人，其目的就是帮着拿东西。

在行政会上我提了个方案：就近停靠，即下即走，车停校外，再取行李。所有车辆都开到楼下是不可能的，而相当一部分家长还要帮助学生收拾东西，有些家长要吃过午饭才回去，车辆长时间停在校园内不现实。所以，我们允许家长车子进来，到达生活区最近的地方，先将行李放下来，然后将车子开到校外，再返回搬行李。当然，如果行李少可以不进校园，或者来的人多车子也不必进校园，我们还是提倡车子不进校园。

要保证有秩序，就要投入足够的人力。采用单向行驶，西门进，南门出。除了下行李，校园内一律不得停靠。哪里有那么多人？于是我想到了高三学生。我其实有些不忍，他们头一天还在考试，但不用他们没有别的办法。最后证明用他们是对的。他们很快就明白了工作的重点，一声"叔叔阿姨好"，确实比保安劝导还管用。虽然有几位家长不肯配合，非要将车子停在路边，但绝大多数都遵守规则。尽管3个多小时进来460辆车，但总体秩序良好。

在行政会上，我提出开放家长车辆进校的理由除了方便家长外，还有一个更重要的原因：每一次学生返校，尽管学校要求车子不得进校，但总有一定数量的车子直接开到了宿舍楼下。这些都是所谓"有办法"的家长，其中有些是因为日常工作的需要办有通行证；有些是因为有特殊情况需要经常到校，经过学校同意办理了通行证；还有些是熟人带进来的；也有软磨硬泡挤进来的；不排除还有硬闯进来的。平时，我也偶尔给门卫打电话，给某某人的车子放行的，但在集中报到的日子我很少开口。为了怕麻烦，我往往会关掉手机。其实，我不反对平常日子家长确实需要开车进校园的，在经过登记后或者有老师引导的情况下，给予放行。对开车进校园，我也能理解，有时就是送个东西，在校园里走十几分钟，确实麻烦。但如果一点不加约束，结果会很糟糕。现在车子是个寻常物，太多。假设整天车水马龙，发生交通事故的几率会大大增加。我越来越担心校园内的交通安全问题，因为明知道隐患就在那里，但并不能轻松地排除。

对需要有一点特权的人，给点特权我是能容忍的。平等是相对的。在公共交通体系里，必定存在一些特殊人群，我们普通人与他们的待遇有一点差距，我是能理解的。我多次亲历过因为重要人物经过而出现的避让、火车晚点、索道关闭等情况，我很淡定。中国人太多，而喜欢看热闹且虽钱不多但时间有的是的人也不少。在这种情况下，重要人物走VIP通道而我走检票口，我个人认为并不见得就不公平。但在学校，在拥挤不堪的时候，在绝大多数车子都停在校外的情况下，还有那么一些车子可以风驰电掣般行驶在校园内不宽的路上直达宿舍或者教室，我心里是很不舒服的。在我不太好意思拒绝"VIP"的时候，我干脆将大家全视作VIP，而这，恰恰是我们全面开放车辆的主要原因。

"挣扎"，是我们生活的常态，哪怕是在看上去很小的一件事上。其实，在很多问题上，我们并不能理直气壮地面对学生。我们也常常说的是一套，做的可能是另一套。

今年春节探亲，回来我们是乘火车的。火车的时间点比较可靠。一位住在车站边上的朋友执意要招待我们全家，几年不见，我们也想见见他们，于是就答应了。我将行李寄存在车站里，然后步行到他家。他一定要我们取出行李，因为他已与车站打过招呼，吃过午饭后，他开车送我们直接进站台上车。后因我坚决不同意而作罢。女主人对男主人说："怎么样，我说姚不会愿意的吧。"说真话，我从心底里不愿意。并非我高尚，而是我完全可以拿着车票从容地进站上车，干吗还要既麻烦人又太出格？如果我有票也上不了车，完全没有讲理的地方，斯文扫地，全靠拼抢，我还能那么君子吗？

我常常问自己：在银行里，当前面只有十来个人，等待不超过 1 小时的时候，我可以静心在那里等，而当需要更长时间等待的时候，我会不会用 VIP 卡去插个队？当我患小病的时候，我可以在门诊挂号就诊，而当我或我熟悉的人患比较大的病的时候，我有没有可能不找人？其实很难做到。而且有可能做了还有足够的理由为自己开脱：谁让我是 VIP 呢，而那位医生恰巧又是我的熟人！

假设我们可以从容地坐上火车，或者哪怕暂时坐不上但有一套可靠的规则能够保证我们在确定的时间可以坐上去，我想我们当中的绝大多数人都会是谦谦君子。充足的资源和绝对的秩序才能确保人的尊严。我们并不怕等，但一怕完全没什么值得我们去等，二怕缺乏一套规则保障"等"是在有序进行的。当十个人只有一碗饭的时候，谦让是不太可能出现的。所谓"仓廪实而知礼节，衣食足而知荣辱"也。

（2013 年 2 月 28 日）

带你去郊游

周六（3月30日）上午，我带七年级1班三位同学外出踏青。八点出校门，十点五十返回。游了静湖、黄金海岸，在去往普照寺的路上为一潭积水所阻，半路返回。我问他们是否清楚开发区的方位，能否将今天行程路线在地图上标示出来，他们摇头。我说哪天到我办公室，我给你们好好说说。

从生态园到静湖，一路郁郁葱葱。我偶尔要问一问路边一些常见植物的名称，他们知之甚少，基本答不上来。我故意问他们教学楼里红花怒放的树木是什么树，他们想了一想说是凤凰木，其实是火焰木。凤凰木现在不开花，这两种树从树叶到花形完全不一样，而且有挂牌说明。教学楼中间有三种树：凤凰木、火焰木、榕树，形态各异。

静湖的人文主题基本是围绕老子的，从"上善若水"到"无中生有，道之理也"，初中孩子是很难真正搞明白的。还有"曲则全，枉则直，洼则盈""上德若岩，大方无隅"一类碑刻，从文词到深邃的哲学内涵，一般人是看不懂的。我拣简单一些的稍作阐发，不知他们是否有"悟"（这"悟"是刻在山腰处一块巨石上）。胡政先生亲撰的《新精卫填海赋》，我是逐句诵读逐句讲解的。读通了这篇赋，就明白了开发区的开发史。

我是这三位同学的"成长导师"，所以抽一点时间带他们出去走走，顺便聊聊。我们给寄宿的实验部初中学生安排了成长导师，目的是让那些不经常回家的初中孩子能够有一些与大人亲近的机会。有多大作用，我也没有把握，但总不至于是坏事。我们奉行"教师生活在学生中"，但老师和学生都很忙，彼此接触的时间不是太多。我们原希望师生间每周有一次谈话，不拘形式，哪怕是利用在食堂就餐的短暂时间。大多数老师能做到，也有一部分老师做得还不够。成长导师活动是纯义务的，学校虽然通过一些手段推动这项活动有效开展，但不具有强制性，也没有道理强制。我本人从去年秋天开始担任七年级1班三位同学的成长导师，目的是亲自体验一下，深入了解一下这个活动存在的问题，以便更好地开展。因为我能自由支配的时间不多，他们的课余，我要么开会要么接待来人，就餐往往又去得比较晚，所以我也做不到每周坐下来与他们谈一次话。但每周都要在校园里碰到几次，那时就打个招呼问几句话而已。去年十月结对子以来，在我办公室里正襟危坐交流 50 分钟时间的大概也就六七次，作用有多大说不清。在我面前，他们总是比较拘谨，外出活动时仍然如此。

我不太可能长期固定做某几位同学的成长导师，一方面这会衍生其他问题，另一方面我也缺乏足够的精力做好这件事。我希望这个活动在我们学校能够长期实事求是地开展下去，希望得到老师们的支持，同时希望学生和家长对这个活动保持必要的热情和适度的期望值。现在的孩子有一个比较突出的缺点，就是不会客观看待世界，不会正确看待别人。所以，如何看待这个活动，如何对待成长导师，这本身就是教育。为什么现在的孩子不易被感动？因为他们不懂得感恩，对充满感情的生活细节已经没有了感悟力。现在大多数学校都奉行多一事不如少一事，如果我们的努力得不到应有的尊重和鼓励，迟早也会偃旗息鼓。对学校和老师来说，上课是最容易、成本最低的一件事，一位老师用一道难题可以控制一百个学生两小时，而开展活动要难得多。什么活动都不开展是最省事的。

在我开始工作的 1980 年代，我一直担任初中班主任，每年都要带学生春游。多数时候都是在市区的几个公园轮着逛。照现在的观点看，其实也蛮危险的，因为这几个公园都可以划船。一群十二三岁的孩子撒出去，要想实现有效控制根本不可能。有些不听话的，我们这边才解散，他们就结伴跑到另外一个公园，不玩到天黑不回家。那时打电话不方便，老师回家根本不知道，等第二天"卧底"报告的时候，已经事过境迁。既然没出事，说几句就算了。说来也奇怪，那么多年的春游、秋游，居然没出过一件事，也没听说别的学校出什么事。当时我们学校领导比较开明，元旦联欢必搞，春游必搞，但活动限于市区。我是属于不怎么发火、学生比较喜欢的老师，自然也是比较喜欢学生的，常常经不住几个学生的撺掇，就背着学校带他们出去玩。有几次是和年级的同事一起组织学生到外市春游，有几次是单独带着学生骑车到郊县秋游，差不多年年都有。

我印象里，到两百公里以外的南京和合肥各一次，到一百五十公里以外的滁州两次，都是乘火车，披星戴月的，学生都在三百人左右。好在乘火车方便，有不少家长都在铁路上工作，提供了很多便利。我们只坐那种管内的慢车，列车员一般要给我们单独留两节空车厢。学生兴奋无比，老师提心吊胆，往往身心俱疲。每一次回来都发誓今后坚决不干了，但到时候看到孩子们哀求的眼神又忘了已经发过的誓。

到合肥那次很让我后怕。我们是两个班去的，而且不全，只有六十多人。上午在包河公园划船，打闹的时候有一个男生掉到水里去了，幸好他会游泳，自己爬上来了。当时我不知道，但他一身的臭味引起了我的注意，一审，他才"招"了。当天气温不高，而且实在是臭，我和另外一位老师还有两个同学，每人脱给他一件衣服，让他将臭衣服换下来在厕所洗手池里简单地洗了一下。我绷着脸狠狠地批评了他。下午四点多钟从大蜀山下来，一点名少了两个人。因为有几处陡坡，我不敢大意，只好带着两个男生又返回山上找。仔细找了一遍，未见一个人影，只好垂头丧气返回。快到集合点时，远远地就看到那两个淘气鬼正在和同学们打闹，跟没事人一样。原来他们从侧坡下来的。我们和他们走岔了，我们刚上山，他们就回来了。匆匆赶到火车站，我们一上车，火车就发车了。

还有三次是我独自带学生到三四十公里外的郊县去玩的，一次是坐船，两次是骑车。1985年秋天那次带学生到凤阳皇陵去玩，也是让我想起来很是心悸的一件事。凤阳县不属于蚌埠，但与蚌埠相邻。皇陵并不是皇帝的陵墓，而是明朝开国皇帝朱元璋父母的陵墓，一处小山一样的大土堆。当年尚未开发，一过县城，全是崎岖的乡间小路。我们班45个学生，有几位不会骑车，一听说要骑车到凤阳，现买现学。经过我的简单考核，有一位女生我不同意她去，她除了会在操场上骑着走，既不会上车，也不会下车。她一方面苦苦央求，另一方面答应利用最后的两天苦练。秋游的那天，除了三个请假的，连同我43个人，浩浩荡荡地开拔了。刚开始绵延一公里，最后绵延几公里。我没有去过凤阳，以为大平原上是一路平地，不想进入凤阳县城处有一段下坡路。这个女生在这里出了问题。下坡她不会用车闸，车子越跑越快，一开始我没有反应过来，以为是她骑熟练了故意骑快点，等她喊起来了，我才明白麻烦了。好在我一直跟着她，我狠劲蹬车，一把抓住她的后车座，总算让她停下来。那天，我是一出发就后悔，度日如年。傍晚回到集合点的时候，骑在前面的同学已经在那里等了将近一个小时，居然悉数到齐。在今天想来，这是我干过的最不可思议的一件事。这批学生如今都过了不惑之年，现在聚起来，说得最多的就是这件事。

　　带学生到郊区玩的次数更多，有全班的，有三五个的，有七八十来个的。除了有一次野炊差点将山点着外，其他皆无险无惊。我还带他们编文选、出诗刊、办手抄报，还曾到乡下农民家搞调查，在农民家吃午饭。手抄报三年能办一千期，毕业的时候，每个人都执笔了二三十份。有不少学生经常到我家来聊天，尤其是放假的时候。我爱人能认识我的很多学生，直到今天，一说名字，她大多知道，现在学生打电话发短信问候我的时候大多要问师母好。

　　如今要想再回到当年的样子已经很难。怕出事，怕摊上事儿，怕摊上大事儿，只是一方面的原因；更主要的是大家觉得这跟考大学没有什么直接关系，既然无助于升学，尽可废除。

（2013 年 3 月 31 日）

我尊重你的"背叛"

前几天浏览培旺老师的博客，看到最新的博文《实验班学生有资格报考厦门联考吗》，想点开看看，因为这件事我也挺关心。不知何故，页面瞬间就关闭了。类似的问题似乎已有一段时间了，所以我也有一段时间没有看他的博客了。问他本人，他尚不知晓；问小刘主任，他也发现这一现象，推测是浏览器出了问题。今天上午，我请邱云主任拷下来发给我，我利用中午时间看了两遍，自认为看懂了他的意思。

这件事迟早要发生，如今果真发生！我不觉得奇怪，并且没有任何挫败感。但我很在乎老师们的感受，因为我最了解他们为之付出了多少心血，承受的压力有多大。我从来不将学生的成功归功于自己，同时，我也从来不简单地将学生的失败归罪于自己。我明白，影响一个人的成长因素太多，而其中最重要的因素是家庭，包括遗传和家教。毫无疑问，学校和教师的影响因素也很重要，但在班级授课制下，其作用远远小于家庭。所以，差劲的老师和糟糕的学校依然不能从根本上熄灭智慧的火花。

依我观察，家庭影响，或隐或显，或正或反，或立竿见影或慢慢见效，但绝大多数要在人的成长过程中发挥作用。澳大利亚昆士兰大学的一项最新研究显示，儿童的智力40%来自父母。此外，科学家的研究还发现，在同一个家庭中，兄弟姐妹之中老大的智商最高，他们的IQ值测试得分往往比弟弟妹妹们高出2～3分。更让我感兴趣的是下面的研究成果：由于老大夭折而"晋升"成为老大的孩子，他们的平均IQ得分也能达到103。科学家认为，这一现象并非源于生理因素，而是所谓"家庭动力学"的结果。这说明，虽然智力有40%取决于父母，但是对于智力的影响显然还是多种因素的共同作用。可见，仅就智商而言，不仅半数源自遗传，还有相当一部分需要依靠"家庭动力学"来完善。我所以提倡"教师生活在学生中"，是我一直认为类似家庭成员般亲密的师生关系，不仅有助于学生增长知识、提高能力，还有助于提高智商和情商。智商和情商远比知识和能力重要，智商和情商是种子，知识和能力是花朵，成功是果实。没有种子，什么都别谈。没有学历的农民，为什么也能生出有出息的孩子，正是因为知识、能力不等于智商、情商，而智商和情商能"生"出知识和能力。

厦门的"四校联招"由来已久，毫无高尚的理由可言，其实就是"抢"生源。没有依据表明，北大、清华从厦门招去的学生就比来自其他地市的学生更有发展前途。换句话说，福建省能上北大、清华的就是那些人，至于从哪个设区市考走的并不重要。要承认厦门的教育质量是相对较高的，但主要不是表现在升学率上，因为这样的升学率经不起推敲。也就是说，如果冲着升学率，倒不一定要到厦门。"四校联招"虽然没有省级许可，但是经过厦门市有关部门批准的，因此是"合法"的。"择校"为何屡禁不止，原因正在于有各种"合法"例外。一般来说，公平难以实现，一定是有利益集团在阻碍，尽管这不是全部原因。我甚至认为，厦门教育的发达也许正是福建教育发展还不够快的原因之一，因为它"挖走了"其他设区市太多的优秀教师和学生。我们的"六年一贯"也会被别人误解为"抢"生源，只有我们自己知道我们要做什么。诚如培旺所言："如果仅仅是搞一个噱头来扩大知名度的话，这就有些太过没有必要了。"要是"抢"生源，我们何必从小学毕业生中"抢"80个人呢？还要冒几重风险。从这个意义上来说，"六年一贯"完全不同于传统意义上的重点班。

"四校联招"之所以能够招到优秀学生，主要吸引力不在"教育资源优质"，而在借此成为"厦门籍生源"的就业"加分"优势。也就是说，今天花10万块钱，可能在10年后想到厦门找工作的时候能起某种作用。到底能起什么作用，我没有兴趣穷根究底。我揣测，其中最优秀的要么不回福建，要么根本不需要"加分"。做父母的，为了孩子未来的某种可能，别说花钱，甚至不惜牺牲自己的事业和幸福。从某种角度来说，我们应该能够理解。然而，依我观察，绝大多数"成功"的孩子都有"成功"的父母。那些以牺牲自己的事业为代价换得孩子"成功"的父母，早早放弃自己的努力，将光宗耀祖的重任转移给孩子，其结果未必很美妙。

回到"实验班学生是否能够报考厦门联考"的问题。从道理上说，不应该报考，因为你上的是"六年一贯"；从情感上说，综合各种因素，报考也不是什么不可理解的事。"六年一贯"探讨的是"高中招生多元化"的课题，也即学生在不必参加中考的情况下，实施"六年一贯"的教学安排，看看结果会怎么样。这是我们实验的意义所在。你既然进来了，就承诺与我们同行六年；你不来，要来的人还很多。如果从一开始就不打算坚持下去，或者中途并无令人信服的理由，在不合适或者说非约定的时间另作选择，显然是缺乏善意的。这个道理大约并无不通之处。

培旺说："假若你说我们有重大的教育教学偏移，请拿出证据。"我很欣赏这种直截了当。其实，问题并不在这里。我坚信，我们的方向是正确的。三年后以及更后面的未来，学生的"成功"将是最好的证明。一个人真正懂事是需要经历一些事的，当这些学生20年后还记着你的好，甚至才想起你的好来，这个时候才有真正的答案。年轻的"培旺"们，不要急于被人承认！现实生活中，大家都知道放眼未来，但绝大多数人都心动于眼前利益。你要明白，即便你圣贤如孔子，你培养出来的绝大多数人都是那"绝大多数"。这是上帝的法则，你我都改变不了。

培旺以及同事们觉得更为郁闷的是，在整个过程中未受到起码的尊重。尤其是在确定录取并决定离开的时候，缺乏必要的交流和真诚的沟通。当然，这点要求并不过分。对家长来说，这个过程是可以发挥其应有的积极的教育意义的，遗憾的是家长没能把握住。但我们也可以从一般的人情世故去理解。这样的事经常发生，一年多以前我也亲历过，不必太过郁闷。"六年一贯"说到底不过一种教学实验，它不是情感实验，也不是道德实验。可能是我误导了大家，某种程度上我以我的情感左右了大家。

现在重要的是我们不能忘记我们的责任，不能忘记众多家长的托付，不能忘记上级领导的信任，不能忘记我们的誓言和理想。培旺，我，都是家长，也是老师，家长与老师考虑问题的角度是不一样的。我同时还是校长，所以还会另有思考问题的角度。面对同一问题有不同看法是正常的，多数时候并不存在谁对谁错。

前天晚上，我接到一位高二的学生家长的电话，他建议我们高三的时候分快慢班，理由是有利于集中优秀师资培养拔尖学生。他还告诉我，某一中和另某一中都分了"北大清华班"了。我说，他们分了，我们为什么就一定要分？某一中尖子生较多，学生数较多，每年确实能考三五个北大清华的，但并未听说搞什么"北大清华班"。他们学生不寄宿，所以利用周末集中部分拔尖学生"开小灶"。另某一中学生过千，生源质量参差不齐，搞一两个重点班并不奇怪。但我知道，这另某一中十来年才出一个"北大"，然后就开"北大清华班"，岂非滑稽！

我不能保证附中永远不搞"尖子班"，但我可以肯定地说现在的高二、高一不会搞。主要原因是我们班级少，班额小，学风好，学生程度相对整齐。高二9个班，高一8个班，每班学生数四十多一点，高一录取时高分不过千低分九百三四，九科也就五六十分之差。（当时漳州市中考总分为1050分）三年下来，本科接近100%，本一或许超过70%，是另某一中的三倍。能考上北大清华的也许有，但远不到"涌"现的时候。升学率虽可恶，但我们都喜欢，然而取得高升学率需要靠实力，要靠十二年的积累，然后才是临门一脚。再说，我们也有一定的培优机制，不会耽误任何一位能上清华北大的学生。我对比了一下我校与另某一中今年高三的省质检成绩，发现与我们相比，它的优生数量较之入学时反而是萎缩的。而我校初三的蔡同学，昨天上午参加高中化学竞赛，与全市的高二尖子生同场竞技，居然取得第四名获得特等奖。其实并不奇怪，除了聪颖和勤奋外，他的口袋里有化学实验室的钥匙，他可以随时出入实验室。除了上化学课，他一周还至少有三四次是和化学老师在食堂同桌就餐。如此的个性化教学还能耽误谁上北大清华？

我估计这位家长的孩子成绩较好，他的孩子能够进入"北大清华班"，他先顾自己的孩子再说。其他孩子虽然也是孩子，但横竖不是他的孩子，也就管不了那么多。我对他说，如果我们搞一个"尖子班"，考一次滚动一次，一旦淘汰到了你的孩子你就要骂我们了。这样的事我们见得太多了。学校必须对全体孩子负责，要在能力范围内平衡各方利益，一定不要迷失我们的终极目标。

理论上说，将拔尖学生集中办班是有利于拔尖学生培养的，但实际上要看我们怎么定义拔尖学生。我的体会是，在任何一个群体里，若不采取特殊措施，排位靠后的往往是被牺牲掉的，我称之为"末端效应"或者叫"殿后效应"。宁当鸡头，不做凤尾，不仅是有权无权的问题，也有积极与消极的心态差别问题。一直处在末位还能穷追不舍的人是要具备超乎寻常的毅力的，绝大多数人都做不到。如果要办"拔尖班"，不仅会损害其他班的部分利益，而且有可能要"牺牲""拔尖班"靠后的这部分本来也是拔尖的学生。这部分稳定靠后的学生，如果能顶住压力，哪怕是远远地跟着，只要不被甩掉，将来多半也是有出息的。

虽然这位家长反复陈述本来根本不需要他说的理由，我还是明确地说，他的诉求我理解，但我们还是不打算做。分班，分班，分来分去就那么几种类型，我这个做了30年老师同时做了近20年校长的人还不明白这点道理？我们这样分自然有我们的道理。

傍晚吃饭的时候，我看到培旺和邱云老师在国际部草坪里与一位同学席地而坐谈着什么，远看去，大家的脸上都带着笑容。我吃完饭，在校园里转了一圈回到南大门，发现他们还在，而且分成两拨，培旺和邱云老师分别与一位学生谈话。我抑制住了走过去的冲动，从门卫拿走报纸走向办公室。此时已近6点半，我不知道他们的晚饭什么时候能吃上。我只想告诉两位亲爱的同事，老师的天然属性就是"爱"，不要后悔！

（2013 年 5 月 6 日）

舒乐和她的爸爸

昨天晚上（5月6日）9点18分，我正坐在书桌前写《校园故事传真（七）》，刚写好"对家长来说，这个过程是可以发挥其应有的积极的教育意义的"的时候，我收到一条短信："姚校长，您好！我是陈舒乐的父亲陈文泽，我想送一个匾和几幅书法给您，不知明天有没有时间见面，什么时候比较合适？"一看到"匾"我就想拒绝，准备回复"匾就免了"，但想想他是画家，也许所谓的"匾"也就是他本人的书法作品，于是重新回复道："谢谢！我在学校。欢迎！来之前再电话联系一下。"

文泽先生是美籍华人，旅美画家。三年前，他在开发区买了套房子，回国暂住，潜心创作。她的大女儿舒乐在美国小学毕业，到我校初一就读。开学之前，他们一家到我办公室，我见到了舒乐，一位很漂亮的小姑娘。那时，舒乐的中文还不怎么好，我有些替她担心。第二次见面是我请文泽先生给学生做讲座。他不仅无偿讲课，而且全家上阵，还送学校一幅他的获奖作品的复制品，作品的背后有赠我的题款，这幅画现在挂在学校接待室。他还送了一本天津人民美术出版社出版的《海外中国油画家陈文泽》，现存放在图书馆。书的第一页有一篇署名丽贝卡写的《我眼中最棒的油画刀画家》，译者居然就是舒乐，这使我对文泽先生尤其刮目相看。三年来，我与文泽先生一共只见过三次面，其中一次还是在静湖公园偶遇。

对舒乐的学习和成长我倒是很关注。从开始我就觉得，她的成长，对她自己、对我们都是充满挑战的。在校园里，我们彼此会主动打招呼，但一直没有较长时间的专门谈话。我一直担心这个地道的美国孩子如何才能适应中国的应试教育，所以最初见到她的任课老师总是要问她的学习情况。她没有寄宿，她母亲每天开车接送。她第一次考试七门课459分，排在班级中等。除了英语成绩领先外，其他学科成绩都比较低，数学、历史、生物三科不及格。同班同学最高分633分，相差174分。但我看得出来，她不会有太大的问题，因为她的心态始终是积极乐观的，她在努力适应而非成天抱怨。初一上学期期末考试她排58名，下学期期中排全年级41名，当时我远远地见到她就竖起大拇指。初一下学期期末已升至全年级25名。她就这样一直进步。初二学年期末考试全年级22名，地理、生物两科全市会考成绩分别是92分、94分，全为"A"。到了初三上学期期末考试，她已经到了年级第12名，其中数学和英语满分。我从来没有在她面前说过她的名次，她不会知道我这么关注她的成绩，她的家长也不会知道。我相信她还会进步。

今天上午9点35分，文泽先生给我短信："姚校长，我们现在过去可以吗？"我回复："可以。我的办公室在力行楼四楼。"发完短信，我给门卫打了个电话：等会儿有位陈姓学生家长来拜访，请放行。10点多一点，他们夫妇二人来到我办公室。看到他满头大汗地抱着块匾，我颇后悔没有下楼去接，这块匾比我想象的要大得多。这是一块金色牌匾，上面刻有他亲自书写的"厦门大学附属实验中学"，专门请龙岩的知名工匠刻制的。他还另外送了三幅字："思源感恩""功在千秋，利在后人""敬俭恕约"。前面两幅字已经裱好。他又送我一本中国国际出版社出版的书《当代最具世界影响力的八大艺术巨匠》，他与黄永玉、靳尚谊、刘大为（现任中国美术家协会主席）同列其中，扉页上他亲题"姚校长雅赏指教"。他还送了几份美国华文报纸《美中报导》的复印件，从中我多少知道了一些他的成就，在这里我就不多说了。

原来他们是来辞行的，下个月他们要举家返回美国，舒乐8月份要回美国上高中。我自然是舍不得，但也非常高兴。一个天真快乐的小姑娘出落成快乐的颇具知性的大姑娘，她人生历程中重要的三年是在附中的校园里度过的，怎么不让我高兴呢？一个在美国读书很好的小学生，在中国读初中也很好，我由此相信她求学的路会延伸到很远。我听说舒乐已在做回美国的准备，拍了很多照片，要向未来的同学介绍附中。她说她愿意做一个"大使"，我相信她必定是一位称职的"大使"。我想我们还会见面，她一定还会回到母校看望老师的。我觉得我们还应该为舒乐做点什么，我一直在想我们还能做什么。与文泽先生告别的时候，我说：我不知道您的这些作品价值几何，我们无法给您适当的酬劳，但我们会记住你们一家的。你们的故事也是附中的故事，"你们"也是附中的文化。附中感谢你们。

中午我在翻看那本书和几张报纸复印件时，看到他在复印件的空白处，用钢笔繁体工整地写了如下一段话：

尊敬的姚校长：雅正指教！

通过女儿陈舒乐这两年多在贵校的学习、成长的进步，让我眼见为实地感受到全校师生员工的团队打拼精神……很难忘！也将铭记在心里。故特落墨挥毫写下"思源感恩"、"功在千秋，利在后人"及刻下"厦门大学附属实验中学"金匾一并献上。这除了表达我们这一海外华侨一家人的心意外，也从心里时时祝福贵校越办越好，如同那金匾永远闪闪发亮在世界的东方……一句话：贵校是我们海外华侨心目中的——"爸爸妈妈可以放心的学校！"

——美籍华侨学生家长：陈文泽敬呈

2013.4

说实在话，看完后我实在惶恐。我忽而有一种被"错爱"的感觉。我自然相信老师们有一份特殊的爱献给了舒乐，但我们所做的都是职责所在，并无特别之处。尤其是我本人，做的就更少。那次静湖偶遇，文泽君委婉地提到学生跑步买饭的事，希望我们采取错峰就餐的方法来解决问题。我们认真地研究了一次，觉得不可行，解决不了问题。最后只是将食堂三餐的就餐时间分别延长到两小时了事。不知文泽君满意否？我非常明白，舒乐一直在努力适应，文泽君也在适应。我们的工作一定还有很多不能令其满意的地方，但念我们一直很努力，所以，他们将抱怨收藏起来，给了我们可贵的宽容。这份"宽容"应该成为我们前进的动力。

那块匾和那些书法作品我们会放置在合适的地方，让我们经常看到它，想起他们的故事。这里我也要将千万重的祝福献给他们，祝他们平安。

我会永远记住他们一家。

（2013 年 5 月 7 日）

我陪你吃饭

周六晚在食堂吃饭。我去的不算迟，大概是17:45。看到窗口里只有四五种菜，排队的学生十人左右。馒头没有，稀饭没有，周六周日总是这样。因为老师不上班，学生爱吃米饭，他们怕卖不掉。我感觉没什么胃口，于是要了碗面条，大汗淋漓地吃下。嗓子眼儿里一晚上都是咸味儿，夜里做梦都觉得渴。大多数学生和老师都已经放假，食堂就有些懈怠。特别是双休日，学生不太按时吃饭，高兴了溜到食堂看看，有可口的就吃，没可口的就走，反正三明治、汉堡加牛奶怎么都可以对付过去一餐。所以，周六周日的晚餐，餐厅总有点"萧条"。

昨（周日）晚，我去得更早些，17:35就到了。窗口里四个菜，看上去真不怎么样。排队买饭的只有几个学生，就餐的老师连我一共三人。我虽然很有些不悦，但还是心平气和地说：就这几样菜，学生怎么吃？马上还有学生要来。他们对我说，厨师还在炒，有人来马上再加。我补了一句：我不会走，等会儿我还要来看。我买了一份空心菜、一份西芹炒河虾、一小碗米饭，与两位快吃完的同事边聊边吃。食堂经理凑过来向我解释说，星期天下午，学生自由活动，用餐不集中，四点多就开饭了，稀稀拉拉，但菜肯定有保证，请放心。我又对他说，刚才我看了，菜不怎么样，至少让人感觉是这样的。我又对他说，人少，每一次可以少炒点，料备足点，无非是多炒几次。荤菜熟料可以冷藏，用不完下餐还可再用，蔬菜浪费一点也值不了多少钱，不要算得那么精确。服务工作就是这样，一百次好人家未必能记住，一次不好可能就成了永恒记忆。所以，每一餐都不能马虎。

我又将平时说过多次的话又啰唆了一遍：双休日的饭菜要比平时还要好才行。有不少家长要到学校与孩子共餐。我们不单是要服务好家长，更重要的是要让他们放心。他们的孩子，这三到六年的时间里，在学校吃饭比在家吃饭的时候多，不让他们放心怎么行呢？现在只有两个年级的学生在，工作不太好搞，但服务质量一点不能下降。满员的时候是该赚钱的时候，有个合适的盈利就可以了；

半员的时候保证不亏就行；人更少的时候就只能亏本经营。两千人吃饭你赚钱，两百人吃饭你还要赚钱，就属于不会算账，就是聪明人干傻事。我进餐厅的时候就碰到好几位家长，还有家长走上来跟我打招呼。今天晚餐的样子，我都不满意，家长怎么会满意？家长不满意，对学校有意见，学校怎么会满意？天底下没有比我们这个食堂更好经营的！设备是学校的，水电是学校的，又不收额外的管理费，还有那么多老师在校就餐等于帮你管理，经营有什么难的呢？也没有不让你们挣钱，但要合理合适。凡事讲个"度"，过了就不好。质量问题，说到底是管理问题。只要将特殊情况下的服务质量控制好，整体面貌就会大不一样。

我没有批评他，一直在和他探讨。末了我又去窗口看了看，多了几个菜。学生还是三三两两。作为承包方，他们不可能是"雷锋"，对他们的要求也要讲合理合适。他们的工作我们总体是满意的，我本人也是心存感激的。合作五年，帮我们解决了很多问题。到底是大型的餐饮服务公司，质量管理和财务管理都很规范，不至于"利令智昏"。这是我们选择他们的主要原因。前两天，实验部新生夏令营，每次吃饭我都要问周围的小同学是否习惯，他们都说"好吃"。我开玩笑说，但愿你们一直觉得好吃。从大多数学生以及老师、老师的孩子和毕业生的反映来看，食堂质量总体是不错的。有些问题属老大难，不是发现不了，而是很难解决。吃饭的事本来就是众口难调，何况里面还牵扯利益。和谐需要包容和相互理解。

昨晚回家后，看到一位朋友发来一个帖子《群众路线火热：××大学女教授炮轰校长》，说的也是学校食堂的事。一位教授（我觉得这事跟性别没关系）致校长公开信，火药味儿很浓。先反映的是教工食堂就餐的事。据说教工餐厅就餐要选择两个时段，一是刚开饭时，二是校长来吃饭时。这位教授平时很少去吃，这回连续两天中午体验了一下，结果两次都印证了这个"传说"。于是，"我用手机拍下了这一幕，并大声质疑，这是校长餐厅还是教工餐厅？怎么吃顿饭还吃出了阶级差别？本来我以为只要有点普通常识的领导，在这个时候至少应该表个态，然而令人遗憾的是，校长你一言不发，只顾吃饭，但是脸已经红到脖子根，一副窘态。""理性地说，教工餐厅这样的做法可能并非你的本意，但你错在心安理得地接受了下属的溜须拍马和侵犯教工权益的做法，对此你负有不可推卸的领导责任。"然后就是借题发挥，对校长和学校进行了一番痛批。据我了解，这位校长对师生的生活一直是很关心的，且教工的午餐也是免费的。客观地说，教工餐厅如果不特别下一番功夫管理，真的不容易办好，有可能连学生餐厅都不如。因为教工就餐的人数和时间无法估计。看到这个帖子，我觉得这位老师以公开信的方式发表看法有些小题大做，背后一定有其他原因。但就这件事而言，虽说99.99%的人都不会干这个事，但她干了你还不能说她错了。校长有可能一瞬间被这个"愣头青"搞蒙了，显然出现了危机处置不当的问题，结果就是火上浇油。该校教工餐厅这两个时间段饭菜质量较好，我相信是事实。如果刚开饭时都不行，这个餐厅就可以关门了。校长来吃饭时饭菜好一点，未必是巴结，更大的可能是担心挨批评。其他人发现了问题未必说，说了也未必有用；校长一般不会熟视无睹，发现问题后说了也许有点用。从这个角度设想一下，假如校长从来就不到餐厅就餐结果会怎样？正是基于这样的思考，所以我们学校才没有单独设教工餐厅。学生、老师、校长同在一个餐厅，很多时候甚至是同一个窗口。

食堂刚开办的时候，我也很担心炊事员"徇私"，譬如给老师的菜打得多一点，尤其担心给我本人多打一点菜少收一点钱。刚开始我确实碰到过类似的事，有意无意说不清，因为也有被多收钱的时候。在非自助的情况下，人工售饭，交割决于股掌之上，人情因素一点都不起作用是不可能的。所以，当时我本人不仅给食堂经理反复交代，还专门给食堂全体工人讲过一次话。我说的是道理。在众目睽睽之下，多予少取就是害我，尤其得不偿失。什么叫服务育人？让学生觉得公平就是服务育人。在这么点小事上还要搞点特权，还谈什么育人？这个道理非常浅显。而且我还特别强调，我会经常悄悄地让学生帮我买饭，如果有反差，我会追究的。我也确实不时让学生替我买饭。比较之后，感觉不出来有什么问题。今天中午，我刚进食堂，看到初三的高滨玮同学走过，我喊住了他，让他帮我买饭，一荤两素一个免费汤。他似乎知道我的意思，愉快地接过我的餐卡。我还特别交代他别说是给我买的，他说知道。结果他给我买了两荤一素没有汤，一共7块钱。两个荤菜都是我自己绝不会买的，一个是豆腐烧鸡，一个是炸豆腐块烧五花肉；素菜是土豆丝，我也很少买，我觉得土豆不像菜。感觉分量比我自己买的只多不少，我很高兴。只是五花肉中的肥肉块不少，比我几年吃的肥肉加在一起还要多。我从小几乎一点肥肉不吃，但凡吃一点胃就不舒服。今天的午餐未能光盘，而且未喝汤，结果一下午胃还是满满的感觉，但我心情确实无比愉快的。

我不太相信一个大学校长会为工作餐这点小便宜而心安理得、安之若素，更大的可能是管烦了，于是就听之任之了。吃饭大似天，小事不小，让所有人叫好几乎不可能。这里，我不由想起订定于1913年《复旦公学章程》第六条："食品或烹饪失宜，应暂容忍，一面告管理员，饬令改良。"复旦创始人马相伯本人在1935年11月1日写的《关于震旦与复旦种种》一文中说："我在复旦（以前也是这样）对于学生非常爱护，非常喜欢和他们谈话，他们在课余也喜欢来同我问难，有了困难，也常来找我给他们解决。有一次他们因饭食问题，几乎要起哄，我开诚布公地训诫他们，道：你们到此地不是来做大少爷，而是求学的；而且学生不应以家庭为家庭，而应以社会为家庭，等等。青年们到底是无邪气的孩子，被我一番义正词严的话教训过了，他们也就再没有什么说的了。"服务好学生的生活固然重要，而更重要的服务是育人。学校不比家里，学生要懂得宽容和理解。在个人权利至上的今天，要加强感恩教育的也许不仅是学生。

（2014年7月7日）

官僚主义离我们有多远

"官僚主义"，百度百科列在第一段的是《辞海》的释义："指脱离实际、脱离群众、做官当老爷的领导作风。如不深入基层和群众，不了解实际情况，不关心群众疾苦，饱食终日，无所作为，遇事不负责任；独断专行，不按客观规律办事，主观臆断地瞎指挥等。有命令主义、文牍主义、事务主义等表现形式。官僚主义是剥削阶级思想和旧社会衙门作风的反映。"

在解释官僚主义的"表现"时，百度百科引用了不知道哪位的文章，居然列出了20种。看完我们就会发现，官僚主义就在我们身边；官僚主义并非官僚的专利，我们自己有时也是官僚主义者。"20种表现"几乎罗列了与官僚主义有点关系的工作作风问题，本文如照录，必定涉嫌抄袭。好在官僚主义是我们"熟人"，没有人不深受其害，没有人不会判别，即使其本人也是个十足的官僚主义者。

在那一大段解释中，我觉得比较生动的是关于"第11种表现——机关式官僚主义"的解释，特别是这段："凡是机关大而人多的地方，必定要出官僚主义，这几乎成为规律了。那里的领导人即使精明强干，也会有官僚主义。因为那个机关本来不需要那么大，机构搞得那么臃肿，一定会有很多人不办事情，吵吵嚷嚷，很多事情在那里兜圈子，办不出去。把机关搞小，有事情一商量就解决了。"我是有这个体会的。于上，七年前我来筹建附中，管委会的部门比现在少很多，我觉得比现在好办事；于下，建校伊始，学校也没有几个部门，管理人员很少，但似乎比现在还流畅。所以，我觉得"机关"（无论大小）是官僚主义的批发市场。机关本来是"肠梗阻"的治理者、清通者、协调者，但往往却是最要命的"肠梗阻"。

先讲几个最近发生的故事。

故事一：2号宿舍已经有三年未使用，下学期要启用，所以假期要安排维修。木家具问题不大，电器可能有些问题。空调问题也不大，能制冷就行，不会有安全问题。必须严格检查的是热水器，要保证绝对安全。2号宿舍不是集中供热，热水器三年未用难免锈蚀，必须逐一仔细检查。一天，分管领导拿着一张纸找到我，说经过检查，48台热水器有23台有问题，不能用，不少已经没有了维修的价值，需要更换。建议要么暂时还是别启用，假如就用一年（因为我们原计划要将1、2号宿舍的热水供应系统改成热泵集中供应，但这个计划还要报批，不是学校想干就能干的），维修或更新都是浪费。我想，万一改建不成，这个宿舍还得用，而且越是不用坏得越快。于是我就想能不能将能用的热水器集中到下面三个楼层，先启用下面三层楼。我就问了一下报废的热水器的分布情况。分管领导对我说，上面三层楼坏了3台，下面3层楼坏了20台。这样看来，上三层几乎全部能用，下三层几乎全不能用，我很是不解。于是，我说明天我们去看一下再定。第二天上午，我和分管领导、总务主任到2号宿舍，物业经理、物业管理员以及两个电工已经提前到了。我提出只看有问题的。结果连看了两间他们认为有问题的却没发现什么关键问题，也就是软管老化。我又看了4楼以上两间，发现确实存在漏电或短路的可能，因为漏电保护开关跳闸了。原来上面三层是由一位电工自己检查的，而下面三层是另一位电工请卖热水器的"专业人员"检查的。还好，他们没有找来建筑商帮着检查，否则，房子都有可能要扒了重盖。我严厉地批评了在场的一群人。电工如非合谋就是"官僚"，其他从物业管理员、物业经理到总务主任、分管领导，不是官僚主义是什么？临走时我交代在确保绝对安全的前提下，再次逐一检查，我还会来复查的。两天后，反馈的最终结果是，只有两台我们自己不能修，其他都没什么大问题。想象当时在场的人，包括我在内，没有一个人是"官"，但官僚主义是无师自通的。其实当时只要物业管理员或物业经理到现场去看一看，官僚主义便蔓延不起来。

故事二：几天前的一个上午，一位办理调动的老师打电话给我，要开一张同意调动的证明。我告诉他，学校已经开会同意他调动，而且一直在催促他办理手续，所以只需要找办公室就可以了。他打电话给办公室主任没打通，又打给我。我说我可以给他写，但公章不在我这里。我虽然有学校办公室的钥匙，但他们并没有告诉我公章在哪里，也没有委托我代办，我不能"偷着"办，所以还得找办公室主任。过了一会儿，那位老师又打电话给我，说主任让找副主任，而副主任的电话他打了差不多有一百个（但愿是夸张）都没有人接，怎么办？我只好对他说：你接着打，发QQ；如果到十一点还联系不上，你就再找主任，说我在学校，让他打电话给我，我给你办。又过了一会儿，他又打电话给我，说副主任电话打通了，约好下午两点四十到学校来办理，并问我会不会在学校。我说：我随时都可以到，但问题是要我来干什么？你调动的事我们已经研究过了，不需要我再做什么了，一切都是办公室的事。此时，他似乎才明白是怎么回事。当然，这件事，调动者本人有责任，学校再三催促，你早干什么去了？而且他本人也不在开发区，也是委托同事来办。学校已经放假，哪里可能也没必要天天有人等在那里。而主任、副主任又不好意思麻烦我，加上这事也没有急到那种程度，于是就拖到了下午（我想，在中国，这也许还算是快的）。然而，当你为了一件事，打了一百多个电话，"皮球"被来回踢了几次，心里还能不骂官僚主义？我期待的本是主任直接给我打电话，告诉我公章在哪里，我直接给他办了就完了。

故事三：赴台夏令营临行前，我专门嘱咐带队的老师，每天写点新闻并选一点照片发回来，登在学校网站上。这种系列报道，家长很关心，老师也很关注；而且正是高中招生的时候，关注网站的人也比较多。等17日从台湾回来再集中报道，就成了明日黄花，影响就要小很多。根据前两年的经验，放假期间，稿子和照片直接发给我，在质量和时效上更有保证。事实上，前两年的赴台夏令营新闻都是由我本人修改、编辑并上传学校网站的。我虽然并不觉得合适，但我一有时间，二有新闻意识，三是他们都顾忌我的催要，所以也就习惯成自然地越俎代庖了。这一年来，我又进一步明确了学校宣传的职责，虽然还不时要在行政QQ群里吆喝，但亲自动手的少了很多。当然，假期可能还是个例外，人都不在学校，还怎么及时宣传？

夏令营队伍8号到台湾。按说，安全抵达后应该给我报个平安，结果没有。9号一天依然没有。我实在有些焦躁不安。晚上10点，偶然间从学生的QQ动态里看到了他们欢乐的照片。我随即在两个学生的空间里留了同样的话："××，我是校长。问一下你们老师知道不知道向校长汇报你们的行程？我在记挂你们！"这俩孩子后来都回复我："好的。谢谢关心！"10号上午，学校网站上刊登了他们到达台湾的新闻，晚上我才收到带队老师的QQ留言。虽然我有言在先，可以将新闻稿直接发给我，但既然有同样畅通的渠道，我也就乐得逍遥。但11

号、12号两天又没了消息。12号晚上我留言催要。他们说两天的新闻稿都已经发给谁谁了。我说你们直接发给我。他们又连夜发给我，但图片没有压缩，速度很慢。13日早晨5点钟我醒来第一件事就是查QQ和邮箱，一看两天的稿子都传过来了。这是9号、10号也即赴台第二天、第三天的活动报道，已经迟了两三天。因为7点半要从学校到市教育局办理招生，所以我6点10分就赶到学校。将文件从手机倒腾到电脑，再挑选照片剪切，修改稿件，编辑上传。总算在7点半之前完成。13号已经是赴台第6天了，新闻才发到第3天。当天从市教育局回到家已是晚上9点。我又在QQ里催他们。他们说第四天、第五天的新闻和照片同时发给××和××了。我说，光发不行，你们要催他们。我又说，赶快直接发到我邮箱。14日早晨我一看邮箱，只有第6天的，于是打电话催××。××事先不知道，此时才在家里电脑上下载，然后发给我。速度很慢，他只好拷贝送到我办公室。到14日早晨，总算将网站新闻与时间搞同步了。第7天、第8天的新闻稿都是直接发给我的，我都在次日早晨上传学校网站。第9天行程仓促，多半在路上，第10天返回。他们事先与我商量，最后两天写在一起。我觉得可以。17号是第10天，晚上他们才到家，当晚就将新闻稿发给我。18号早晨，我将最后一篇《赴台研修营第9天和第10天》修改成《赴台研修圆满落幕》上传到学校网站上。至此，赴台夏令营活动的报道也算告一段落。

这是一件小事，但能反映一些问题。可以说，如果没有一股坚决做成事的执著，则官僚主义可以发生在任何一个人身上。哪怕是一个平凡的门卫，他都有可能成为傲慢的官僚主义者。在网络时代，做好学校网站，时空方面构不成障碍，只要愿意做。一所中学，不可能有专职人员负责网站。如果兼职人员不把它当回事，网站就成了摆设。即使有专职人员，如果他不用心，照样做不成事。所谓人才难得，道理亦在于斯。7月9日，高中学生离校，这天开始基本就算放假。这天上午，市德育示范学校测评组在我校测评。我故意不提醒，果然就没有人为这件事给学校网站写个稿子。所以，12日正式放假后，我不得不花一点精力在网站上。我统计了一下，12日至23日，网站新闻栏目共发稿件21篇，其中18篇是我编辑上传的，其中又有9篇是我撰写的。23日后，有一定牵涉面的活动基本暂停了，网站进入了"休眠期"。我曾说过，不该我做的事被我做了，基本就是两个原因，一是别人的质量我不满意，二是别人的效率我不满意。

然而，我又怀疑自己陷入事务主义的泥潭，而事务主义又是官僚主义的表现形式之一。这是《辞海》定义的，但我不是太懂。我只是觉得，单纯就编辑校园新闻这件事而言，如果说我官僚，我确实想不通。而且，《闽南日报》《海峡导报》《厦门湾南岸报》以及开发区、厦大网站在报道相关事件时采用或依据的都是我撰写的稿子。我自然可以冒充大老板在那里等，但等是什么都等不来的。如果我有精力策划、沟通、协调，然后再修改，还不如我自己动手。百度百科中的"事务主义"是"指没有计划，不分轻重、主次，不注意方针、政策和政治思想教育，而只埋头于日常琐碎事务的工作作风"。对照一下，我搞不清自己是不是事务主义、官僚主义。欢迎有识之士点拨我！

故事四：8月份，我们要组织一批老师到华东师大学习。经过一番比较，觉得到华东师大办专修班是经济、有效、可行的办法。按说，我们有培训费的预算，而且无需专项报批，自己直接联系得了。但一则大批人马外出学习不报告不行，二则使用大笔经费，回来报销未必顺畅，所以就专门给管委会写了份请示。领导以及相关部门都很支持，很快就批准了。让我没想到的是，这样一份报告依然习惯性地报批到了最高领导。按华东师大的要求，培训费要提前支付，而车票也要预订，所以需要预借一笔钱。按财政新规，借备用金超过两千元需要管委会分管业务领导审批，超过五千元需要管委会分管财务领导审批，超过一万元则需要主要领导签批（先不说这个制度是否合理。我曾在一个座谈会上炮轰过）。财务人员制好单，先找分管领导批。第一次，领导说，为什么不将授课老师请到学校来呢？于是又拿回来。拿着批过的请示再去，又附加陈述一番理由。领导又说，为什么不分几批多去几个地方，回来一交流，成效岂不更好？于是又拿回来。我只好去电解释一番。领导说，那好，拿来签吧。我对会计说，赶快去签吧。十来天过去了，会计又打电话给我，说找领导找不到，一问办公室，说领导外出了，8月份才回来。原来会计当时未去找领导，延迟了几天。领导怎么可能在等我们呢？于是我又去电话，请领导指示有关部门先办理后签字。领导同意了，指示相关领导代为办理。我本以为是早办好了的事，结果事到临头才发现还没有办好。之前，没有一个人对我说。这么一件事，我觉得自己该做的都做了，但最后还"梗"在那里。我觉得，这个过程中，到处可见官僚主义的影子，但到底谁官僚，我也说不清。

在财务新规执行之初，部分高三老师因省质检阅卷需要，在漳州住了一晚上。按新规，在漳州的住宿费报销需要管委会主要领导签批。主要领导哪是那么好见的，所以会计就将"皮球"踢给老师，让报销的老师直接去找领导。我知道后批评了会计。会计的责任怎么可以推卸给老师呢？老师按要求在漳州住了一晚上，回来报销还要去找从未谋面的领导签字，而且有可能往返数趟还不见得能办成。一件小事搞到如此复杂，他还会唱制度的赞歌？显然，坑人的就是官僚主义。不是领导官僚，而是制度官僚，是本本主义绑架了领导。有的时候，领导未必有时间系统地研究某项制度，于是就不自觉地走进了制度的圈套，成了官僚主义的替罪羊。扪心自问，在"程序"面前，我本人何尝能够完全摆脱官僚主义的嫌疑？譬如前述那位老师开证明的事，他未必不在心里骂我官僚，然而，我错在哪里呢？

《辞海》释义的最后一句是："官僚主义是剥削阶级思想和旧社会衙门作风的反映。"显然，这句话带有明显的时代色彩，颇有些"栽赃"的意味。四十多年前，我上小学的时候，老师就告诉我剥削阶级已经被消灭；而今天在"衙门"里掌权的官员，基本都是生在新社会，即使还有生在旧社会的少数人在掌权，大概可以说一律是"长在红旗下"。所以，官僚主义产生的直接原因与剥削阶级和旧衙门关系不大，根源还在人性和现实制度的不完善，需要通过法治、德治的融合和强化来降低官僚主义的影响力。

我觉得，用专业的态度专注地做事的人，较少有官僚主义习气。领导和坐在机关里的人，"服务"是其工作的主要内容，即使运筹帷幄，其根本目的还是服务。也许是服务眼前的某个人，也许是服务视力范围外的众人；可能是某个具体人，也可能是抽象的群体。总之，就是"服务"。你只要时刻想到将"服务"这个事做好，实事求是，官僚主义作风一定是能够被遏制。哪怕能力不及，暂时不能提供优质服务，依然可以将"服务"做到更好。譬如，不遗余力地宣传既有的制度和程序，使其深入人心，让被服务对象依规办事，少走冤枉路，何尝不是抵制官僚主义作风的有效办法？如果能进一步增加认同感，岂不就更和谐了？

"专业"，体现在有可行的办法，规范而不教条；"专注"，有强烈的责任感和使命感，时刻思考并全力以赴地完成应当由自己完成的工作。大局当前，假如能够多从全局考虑，不过多顾忌个人利益、个人权利、个人面子，则官僚主义是很难找到市场的。官僚主义的后果是不做事和一事无成，甚至贻害一方，后患无穷。筹建附中至今七年，我觉得，在所有不能尽如人意的地方都能找到官僚主义的影子；而所以能够取得令人自豪的成绩，无疑都是因为实事求是的伟大精神战胜了一切阻力。我以为，虽然更新的时代大幕已然拉开，但官僚主义绝对不会自动收敛，需要靠我们用智慧去战胜它。

题外话：就在我写好这篇文章准备上传博客时，门卫给我打电话，说有位同学父女二人从南靖县过来办助学贷款，需要签字盖章。此时已是下午四点五十，等下去他们今天就回不了家。班主任昨天就知道这件事，但人在外地，又不事先联系好，就那么让人家碰运气。我也顾不得"程序"和"事务主义"了，主动打电话询问公章放在哪里，再次越俎代庖了。家长感谢学校和老师三年的教育，我则真诚感谢家长和学生的信任。临别时，学生天真地问我：校长，放假了你还不回家呀？我说：这不就是我的家！他们父女俩都笑了。家在情在，他们戳到了我的痛处。这里是我们的家吗？

（2014 年 7 月 27 日）

谢谢你来听课

经过一段时间的酝酿和心理准备，我的"阅读与观察——自由写作的价值探寻"作为校本课程本学期终于开讲。从第3周开始，每周讲一次，每次2小时左右。第一次原本安排在9月21日（周日）上午，在2号报告厅举行。因为周六晚上，1号报告厅安排有老师讲座，2号报告厅可能要放电影，我不想"搅局"。而周日上午学生自习，没有太大的影响。这次活动写进了周计划，后来又因为临时安排周五下午出差，周日傍晚才能回来，于是就提前到周四晚上。第一次，我不想爽约。既要爽约，与其推后，不如提前。作为一门需要开设一段时间的课程，我不希望参加的学生太多。经过一番斟酌，我觉得开在高二年级较为妥当，以两个文科班学生为主，让一些对写作以及对这门课确有兴趣的同学参加。自愿报名，人数在30人左右，相对稳定。我希望在这门课里有深度的交流，而不希望搞成心灵鸡汤似的休闲活动。我将自己的想法告诉给高二9班、10班的语文任课老师詹佩，得到了他的支持。9月18日（周四）晚，我在2号报告厅开讲。没有发布更改时间公告，因为我觉得学生看不到学校的周工作计划，而公告栏又没有公告这次活动，估计不会有太多的人知道。后来得知，周日还是有一部分初中学生为了听课而没有回家，我觉得非常遗憾。这些同学的家长非常重视孩子的学习，对学校网站上发布的周计划也颇为关注。原本只邀请9、10两个班学生自愿参加，结果是坐了满满一屋子。可能是因为校长上课的缘故，有些新鲜感。

所以选在高二年级，还有一个原因。我觉得就整体而言，他们可能是这门课的最佳听众。我讲的写作，侧重散文化（并非"散文"）、理性化的写作，会有一定的思维深度，初中生未必喜欢，而且这类写作也不是初中阶段的学习重点。高一学生刚进校，课业压力突然增大，需要有更多时间适应高中学习生活。高三学生要应对高考冲刺，而我的课未必能对迎考起到立竿见影的效果。我相信我的课，至少可以从哲学层面上充当思维体操。高二的学生，利用课余时间来听一听，多少还是有点益处的，至少不会是折本的"买卖"。

所以要开这门课，首先源于几位同事的"撺掇"。因为我写了不少文章，也公开发表了一些，讲写作也许能够做到理论与实践结合，谈起来内容会充实些，情感更真挚些，感悟会贴切些，对学生的启发会大一些。另外，我的文章多为对教育、人生、生活和社会的思考，对青年学生的思想砥砺和思维训练有一定的帮助。关于开课的建议一直有，但我一直迟疑不决。剥掉写作课这件"外衣"，作为校长和老师，我倒是一直有意愿就一些话题经常与学生交流。2011年秋季开学后，为了推动"周末讲座"持续开设下去，我当时以"周末100分钟——校长为您读博客"为栏目，拟定了一个共11讲的讲座计划。我当时给教务处负责周末讲座的同志说，只要找不到人讲了，你就安排我。如果有其他人讲，我的就暂不安排，不要干扰其他老师的讲座。2011年10月15日，第一讲《人与自然的对话——低碳生活的平民化理解》在图书馆讲座教室开讲。11月12日，第二讲《生活的哲学——理想与幸福》移师1号报告厅，因为参与的学生比较多，讲座教室坐不下。后来还开设了《关于信息技术的人本化解读》等。再后来，因为给学生开设讲座的老师比较踊跃；又加之一部分初中学生家长提意见说，校长讲座放在周末，初中学生听不到；但如果放到平时，甚至即使在周末，我本人又担心影响正常秩序，于是就未能坚持下来。

在我看来，"阅读与观察——自由写作的价值探寻"课程开设的目的是，引导学生体会自由写作的趣味，认识自由写作的价值，深切理解观察、阅读、思考、写作诸要素间的关系，明了写作能力的文化价值，养成终身写作的习惯，从而让自由写作丰富自己的人生，妆点自己的人生，使生活更多彩，头脑更智慧，思想更深刻，使之与他人交流更畅通有效。同时，让学生在写作实践中提高语言文字能力，以期对提高考场作文能力有所帮助。但我多少还是有些顾虑，于是从功利主义出发，将第一部分内容确定为议论文写作。议论文是高考写作的主要文体，同样也是大多数人在工作中用到的最多的实用文体之一，哪怕是从事科研工作。所以，我打算至少用五讲来讲"议论文写作之时评例析"，因为时评更接近高考作文的套路。而最近两年我又公开发表了不少的教育时评，且这些时评的写作背景、构思过程、评论角度以及结构都还能回忆起来，相关资料也能收集起来，因此可以将观察、分析、写作和阅读诸过程串起来，至少可以激发学生的倾诉欲望和写作冲动。

我概括本课程的特点是：（1）不专门、不过多讲授冗杂的写作理论，以作品分析和写作实践为主。例析之作品以教师个人的作品（习作）为主。（2）自始至终以论说文为主，以适合不同人群未来之共同需要。（3）建立公共邮箱和主题博客，承载作品交流之任务。（4）自由研讨为本课程的重要形式之一。（5）中期以后的课程安排由师生共同商定。（6）名为讲写作，但更多的是讲观察和思考，分享对生活的思考成果，提高思辨能力，借谈写作的方式交流思想。

9月18日（周四）晚自习第一讲的现场效果较好。我有点贪多，一口气讲了近两个小时，仍然没讲完。当天，有200人听课。课后，我对詹老师说，人太多。希望以他带的两个文科班为主，将人数压缩到30人。写作，对于一个立志将来在任何岗位上都要有所成就的人来说是很重要的基本功，但显然，大多数人都没有这个打算。这是门课，不是偶一为之的讲座，人多了我顾不过来。我决定将今后讲课的地点安排在9班或10班的教室里。后来詹老师给了我一个名单，50多人，我觉得先就保持这个规模，中途可以退出，我是不会点名的。第二讲是9月27日（周六）晚在高二10班教室里讲的，我一口气讲了两个多小时，依然只完成了教案的三分之一。好在是例析，少一点没关系，并不影响完整性。第三讲是10月11日（周六）晚在高二9班讲的。本讲我大大压缩了教案，130分钟，只和同学们一起讨论分析了一则背景材料、分析了一篇文章。原本要布置一个写作任务，后又怕增加学生的负担，犹豫了一下，没能布置下去。每次课后，都会有一部分学生走到我面前个别交流，总有几个同学送我离开教室很远。在与学生的交流中，我不仅受到了鼓励，也获得了不少好的建议。

三讲过后，我对开好这门课有了一些信心。我打算用至少一年的时间来摸索，然后再反思调整，希望能创设一门有特色的校本课程。我很感谢同学们，两个多小时，中途不休息，他们一直精神饱满、秩序良好，师生互动自然流畅。面对这样的课堂和这样的"现场"，站在那里两小时，不休息，不喝水，我是愉快的，我觉得时间过得很快。我承认，开设这门课会给我带来不小的负担，但我有自己的特殊优势。只要有心，大约还是可以胜任的。我一再对同学们说，我的课未必能够给你的高考写作提供技巧性的帮助，但也绝非一点帮助没有。另一个方面，分享一位长者的思想成果和生活热情，如果你真的听进去了，哪怕是当作故事，你也一定是有收获的，而这样的机会并非随时都有。

（2014年10月12日）

请尊重体力劳动者

双休日，学校请来疏浚工清疏化粪池。搞了两天。我一直在学校，不时要凑近去看看。他们在景行楼边一处化粪池清淤时，因为杂物淤积得太厚太硬，人不得不下到池子里面去，用手装，用桶吊，然后挑到车子里去。这情景令我十分感动。我用手机拍了几张照片，随手又发到教工群里，并写了这样一段话：在信息化时代，仍会有机器做不了或不能有效率、有质量完成的事。今天学校请工人师傅清理化粪池，有两幅照片可以分享。尊重劳动，尊重体力劳动者，应当是教育题中应有之义。

请人清疏化粪池是我多次催促要做的事。建校六年，大多数化粪池都没有彻底清理过，只有宿舍区发生过堵塞的一两处清理过。我们这个管理团队很年轻，不少人没有管理经验，没有经历过什么事，故很难未雨绸缪、运筹帷幄。我几次交代，化粪池隔一段要清一次，不能等到堵住了再清。经常清，机器即可完成。现在的卫生用品大多是化学品，很难化掉，时间长了就会板结，一板结，抽污机就无能为力。能板结到什么程度？一般人想象不到。记得以前单位的一处大化粪池堵塞，粪水横流，需要尽快清淤。疏浚工开来车子，一看，说干不了。四处找传统的淘粪工，找来了一看，说很难搞，要多少多少钱。总务主任定不下来，让我去看。淘粪工为了证明难度，当着我的面跳进了化粪池。我吓得不轻。他站在上面纹丝不动。他说再站上去几个人也没问题。我意识到问题的严重性，就对总务主任说，他要多少钱就给多少钱。自然，钱最好自己拿，但问题是我们能干得了吗？这以后，我们定期请他清理化粪池，工钱由他说。因为清理及时，所以他也经常请环卫处的车子过来，一般几分钟就能完工。这位淘粪工老蔡，我至今印象深刻。有一次，他自豪地对我说："校长你相信吗，市长过年都到我家来看我！"我说，我绝对相信，他应该去看你。在老城区，有些公厕车子是开不进去的，有些地方甚至还有旱厕。这些地方，离了"老蔡"是有大麻烦的。

我对"老蔡"们的尊重是发自内心的。这不仅是因为我们离不开他们，还因为体力劳动者的智慧往往也是极富魅力的。我从小喜欢看大人们干活儿，从道地的农民收割到各种匠人的做活、车间里工人操控机床，我都可以站在那里几小时不走，乐此不疲。很多体力劳动的基本流程我都清楚，即使不精通，也基本可以做到一点就通。我原来单位就有几位很有本事的工人师傅，他们的手艺都很好。一些在我看来很棘手的事，他们很快就能解决。我很愿意与他们交流，也很尊重他们，即使他们有点偷懒，我也从来不会呵斥他们。我最早的理想就是当工程师，盖房子、建桥隧、做机器，都可以。就是不想当老师，与人磨牙。显然，上帝找到惩罚我不听话的最好方式，就是让我当老师。

　　"农民工"是这个时代的创造。他们跑到城市里干着工人的活儿，但身份依然是农民。他们当中的不少人，昨天还在田里插秧、河里捕鱼、山上砍柴，今天就跑到鸟巢（国家体育场）、跨海大桥和摩天大楼的工地，戴着安全帽，俨然一位老工人。事实上，尽管同样是体力劳动，这之间的区别很大。所以，虽然我们现在不差钱，也不差关键技术，但干出来的活儿质量并不高。虽然满世界的都是闲人，但真正懂技术、有专业能力的工人、农民或者农民工还是太少。房地产业繁荣十几年，但并未造就一大批能工巧匠。第一代农民工老无所依时也许还可以回归田园，而生活在城市边缘的二代农民工或者说农民工二代，他们能去哪里？当我们还离不开大量体力劳动者的时候，引导一部分人（自然应该包括相当多的城市居民）自觉地从事体力劳动进而获得一份有尊严的收入，甚至能以此为荣，是建设和谐社会、建设现代社会不能不考虑的。

　　看到化粪池中满脸污水的淘粪工，我心里在揣测，他们会有多高的收入？我知道，在发达国家，他们的收入是不会低于大学教授的。很多最艰苦的岗位，工人只需要工作半辈子。前半辈子的积累足够养活自己后半辈子。我们经常说外国人素质发展全面，什么都会干，家里什么工具都有。其实，他不得不干，每个人都要学会服务自己。国外产品中的劳动力成本的比例是很高的。一条新的自行车车胎只要 2 欧元，但请人换一下工费要 20 欧元。你不愿意出 20 元，就得自己动手。我们的情况正好相反。不仅人力贱，而且人也"贱"，得不到应有的尊重。前不久发生的"宝马男"乱扔垃圾，不听劝阻，出言不逊，还连扇环卫工刘福香两个响亮耳光的事，再次给我们敲响警钟。如果在美国，如果美国也有这样的环卫工，我想她是可以开枪击毙"宝马男"的。如果不是过路人打抱不平，拍照上传引起公愤，刘福香就被人白打了，连家人都不知道，得不到来自任何一方的安慰。刘福香忍辱负重，自己掏了两百块钱到医院治疗，"宝马男"被拘留后，她又担心以后被其报复。类似的情景在各地一再上演。究其原因，除了目无法纪外，一个重要原因就是源于一些人对环卫工作的不了解不理解，源于一些人从骨子里对环卫工人的歧视。正如一位环卫工人有感而发："平时，我们没有休息日，逢年过节更是超负荷工作。希望大家能多一分理解，不要歧视我们。""理解环卫工作"这是包括环卫女工刘福香在内的许许多多环卫工的期盼。"我不想把打人者怎么样，就是想为环卫工人讨个尊严。希望通过这件事，让人们更理解环卫工作。"多么朴实的一句话，却听得人心酸不已。如何让人们更理解环卫工作，不歧视环卫工人，这已成为社会管理的一道现实命题。想必破题之举中应该包括"进一步改善环卫工人收入，提高环卫工人社会地位"，"消除制度歧视，让环卫工成为体面职业"，"大力倡导辛勤劳动诚实劳动，让每一位劳动者都有尊严"等等。

中国社会科学院社会问题研究中心主任于建嵘在接受《南风窗》记者采访时说："阶层固化和社会变动之间产生了新的下层，譬如第二代农民工、农民工第二代、进入不了主流社会的大学生。社会格局的变化也使得原来'上—中—下'阶层的区分发生了变化。现在下层标准不再仅仅是是否'有口饭吃'，而更多体现为一种心态——人们感到距离体制的庇护越来越远，可以通过权力和经济资源获得的利益越来越少，不得不通过出卖劳动力来获得利益。生活处于下层也并不意味着一定失意，但失意的阶层往往诞生于下层。比如上访群体，这群人最主要的问题是权益受到了损害，但并不是生活不下去。所以，失意的阶层一种是法定权益受到了危害去寻求救助的人，一种是制度安排本身带来的社会地位低下的人。""首先要解决利益均衡和利益表达的问题。""个体利益，要给他一个希望，我们要谴责街头的暴力、极端的行为，但他们终究要有一个利益表达渠道。渠道也是要有规则的，这个规则就是法治化。"

观念的转变非常重要。"社会下层"同样具有"受尊重"的需要。这里无需"革命"，只需要"改变观念"。《中共中央关于全面深化改革若干重大问题的决定》指出，"规范招人用人制度，消除城乡、行业、身份、性别等一切影响平等就业的制度障碍和就业歧视"，"加快推进职业院校分类招考或注册入学。"《国务院关于深化考试招生制度改革的实施意见》进一步明确了"加快推进高职院校分类考试"的具体办法。办好职业教育，不仅直接服务于生产，而且能推动普通教育提高质量。中国教育在快速实现高等教育大众化的进程中，未能切实发展好职业教育，不能不说是一个较大的失误。大家明知道一窝蜂挤进普通高校毫无意义，但谁也不愿意将职业院校作为自己的首选。如果要使考试招生制度改革深入推进，分流以及相应的职业指导、生涯规划一类的课程开设就成为必须。我服务过的学校曾在1990年代后期开设过中学生职业指导方面的课程，我个人觉得有一定的价值。我牵头的课题"中学职业指导实验与研究"获得安徽省第三届（2001年）优秀教育科研成果评比二等奖。遗憾的是，还没有来得及作进一步总结和推广，就在高校扩招和普通高中大规模扩张的洪流中寿终正寝。现在看来，无论怎么转圈，对青年学生进行职业方面的教育都绕不过去。显然，正确的职业观并不仅仅关乎个人的就业问题，更有利于社会稳定。

（2014年10月29日）

我愿意带去掌声和赞赏的目光

为期一个月的第四届校园文化月活动，以运动会开幕式为起点，以新年广场钢琴演奏会为终点，今天算是拉上帷幕了。因为这一个月出了几次差，错过了不少参加活动的机会，是举办文化月活动四年来参加次数最少的一次。之前三届文化月，我几乎参加了全部的活动，今年连运动会、"十佳歌手"决赛、戏剧节、新年环校园长跑（初中组）等都未能参加。新年广场钢琴演奏会已举办六届，去年因为出差漏了一届。九思广场校园音乐会已办三届，我都全程观看了。昨天下午的九思广场音乐会，我是最早一批到场观众。到场的同学没有我期待的多，场地上大约两百多人，还有一部分同学站在阳台和走廊上看。老师只有很少的几位，既有周日的原因，想必也有未受到邀请不便自来的缘故。今天的新年广场钢琴演奏会，作为文化月的闭幕式，学校按惯例统一组织，全体师生参加，现场气氛很热烈。老天也似乎过于热情，晴空下一轮暖阳刺得人睁不开眼，老师和学生的脸个个都是红扑扑的。

我特别希望老师们踊跃参加学生活动，哪怕只是作为观众。不必带去鲜花，只需给予掌声和赞赏的目光，假如能够倡导、策划、协助组织、指导、参与就更好。在一切教育教学活动中，相对简便的形式是上课。开展活动，即使是举行一次班会课，只要稍有点质量，就得付出比上一堂课更多的精力。学校不搞活动，除了因为一切围绕考试转的原因，怕麻烦、怕花钱、怕搞不好也许是更主要的原因。对普通高中来说，课堂教学是学校工作的主旋律，活动则是变奏。越是强劲的主旋律越不怕变奏的干扰。用强劲的主旋律统率丰富的变奏，就是一首气势恢宏的曲子。而变奏往往不需要动用全部乐队，只需要几个乐手或歌手参与就可以了。学校色彩的丰富，正是要摈弃大型团体操人工背景牌翻牌的整齐划一的做法。学校要做的是激发同学们的不同兴趣，为有不同兴趣和不同特长的学生提供发展和展示的平台。每一位老师和同学都是一个音符，都可以是一个在特定旋律里的精彩音符。不一定要人人精彩，也不一定要天天精彩。甚至"我"可以不精彩，能够生活在一个充满精彩的校园里就够了。

小贾老师多才多艺，主修钢琴，而且似乎没有不会演奏的乐器，也颇有作曲的天赋和制作的能力。昨天，他在九思广场音乐会上唱了一首汪峰的《怒放的生命》，很有味道；今天，他在钢琴演奏会上弹了一首《迷人的拉斯维加斯》，赢得师生喝彩。文化月里，艺术组的五位老师付出了很多，所以才会有接二连三的精彩；体育组、语文组、信息组的老师也付出了很多汗水；每一个教研组、每一个年段、每一个部门都做了精心的准备……我无法一一道出。"我不知道你是谁，我却知道你为了谁。"为了谁？为了学生！这样的情景又岂止是在文化月里？

拿专业的眼光来看，孩子们的表演显然是稚嫩的；但如果用母性的眼光看，孩子们的表演都是那么可爱而有富有魅力的。我们不必专业，只需要有父母心！我是卢宣齐的成长导师，他刚上初一的时候，我根本不知道他会唱歌，其形象也看不出有艺术细胞的样子。初二的时候，他们的乐队参加了学校演出，他是主唱，我很是诧异。上周四中午，我在演播厅看钢琴演奏会的彩排，他们乐队的暖场演出以及他的演唱水平提升之快让我吃惊。昨天下午在九思广场的演出，他上演了"四项全能"戏法：演唱、贝思、吉他、架子鼓，样样在行。期中考试，他在"六年制"两个班79人中成绩名列第四。如果不是个好学刻苦的孩子，他不可能有这样的表现。如果他始终有这股劲儿，则何事不成？见识就是学问，我们拓展学生的视野，为他提供各种增长见识的机会，其实就帮他养成学问。在很多领域，我们不见得能够给"卢宣齐"们以直接的指导，但至少可以用赞赏的目光为他鼓劲，哪怕只是静静地陪伴。作为老师，什么都不做地注视着他们，或许比读书、写论文、做课题都重要。

老师自然要有学问、要做学问，不然以何教人？但如果老师只做"关门学问""纸上学问"，也很难育好人。我们经常讲学校教育要讲究"熏陶"，如果老师不营造好氛围，用什么熏陶呢？如今，大家都很功利、都很实际，更多考虑眼前利益。老师们也很矛盾，学校既要升学成绩又要全面发展，我到底要抓哪个呢？并不是老师们一定要将两者对立起来，但在现有的教育评价和社会评价体系下，升学成绩似乎更重要。只抓升学成绩，工作似乎也更容易开展。所以，老师并不都主张学生广泛阅读，更不愿意他们"疯来疯去"。很多老师，自己也就这么过来的。有些班主任，不允许学生参加学生会工作，不允许周末看电影，不允许参加文体活动，连周末讲座也只允许一学期一次。我不赞成这样的做法，但能理解，只要学生不反对，我也只好尊重。就单个班特别是单个学生来说，我并不反对一心只读"圣贤书"；但从全校来讲，如果所有的学生都这样读书，这实在不是理想的学校。有老师问，初中教育教学到底应该怎么搞？学生在校时间如何控制，作业量到底多少合适，学校能不能做个明确的规定？我懂得老师们的潜台词：你又要成绩又要"轻负"，到底要什么你给个准信儿。坦率地说，我没办法确切地回答。如果将两者置于问题的两极，这就不是"制度"能解决的问题。对此问题，任何规定都会导致错误的结果，只有靠老师用智慧、耐心、忍耐力和包容心才能解决。

2014年第12期《中小学管理》杂志的"卷首语"发表了该杂志社社长柴纯青的文章《破除教育的"线性"》。文章提到的"线性"现象是我们都不陌生的："我们的教育其实一直在向线性妥协。而最大的妥协，莫过于向单一的升学目标的妥协。肯·罗宾逊爵士在TED的演讲中曾批判过'大学起源于幼儿园'的现象——个体从幼儿园开始，就在一个轨道上前进，每做对一件事，就会向后半生想要的生活接近一步。""这是一个巨大的线性体系，我们都被笼罩其中。""回到学校系统内，这种线性表现尤为明显。一方面，教师的教学形态高度结构化，从备课到上课，从导入到讲解、提问、练习，无一不是精心设计的。学校对教师的评价，也往往以上述环节是否完整为标准。教师没有多少专业自主的空间。还必须'制住'那些最'不安分'的学生。另一方面，学生的学习也必须按既定的规则进行，稍有'出格'，便可能被贴上某种标签。"文章的最后，他说："如果我们认同教育的目标是培养具有创新能力的人的话，那么我们就需要建立更加开放的教育体系。""而这一切的前提，就是破除线性思维对教育体系的束缚。"

我不认同教育的目标是"培养具有创新能力的人"，因为其同样源于功利化思维；但我赞同破除线性思维对教育体系的束缚。在竞争是生存的基本形态之一的情况下，线性思维之所以易为人们所青睐，是因为其直截了当，符合工业化和信息化的要求，也符合法治化和现代性。因此，通过制度很难破除线性思维。在现行秩序和现有的价值体系里，任何高明的规定最终都难免被蹩脚地执行。此时，破除困境只能靠天才的老师。就教育而言，一流的老师永远比一流的制度重要，甚至有一流的老师可以不要制度。也许有人要说，这样的老师只存在于你的理想中。我以为并不见得，并且进一步认为必须要有这样的老师。今天的附中老师，完全可以用"非线性"思维处理好升学教育与学生全面发展的关系，我们完全有能力实施我所说的人道的应试教育。我们完全可以为学生提供色彩丰富的成长背景，用美妙的音符、婆娑的舞姿、铿锵的节奏、五彩的画笔，装点他青涩的学生时代，帮他们奏响回味悠长的青春之歌。

（2014 年 12 月 29 日）

学校请你吃饭

这几天，不少高中毕业生返校，每天都有几十人。他们从大学放假回家，然后又结伴返校看望老师。一般来说，刚毕业的这一届人会更多一些。附中只有三届高中毕业生，人数刚过千，校友少，"友龄"短。校友中最年长的刚上到大三，远非学有所成，不比那些百年老校。与那些动辄号称已有千年历史的学校比，更是望尘莫及。至少在今天，我们还不能理直气壮地称自己为学生的"重要他人"。这个判断不能由我们自己来做。我们不过是在尽职履责而已，无望于成为学生的恩人，坚守为师者的道德良心即可。我曾说过，一个老师，特别是班主任，从教一辈子，没有一个学生记得你，我觉得算是失败的。一个在所有人心目中都是可有可无的人，基本就是可有可无的。

这些校友，我没有给他们上过课（也许当中有不少人听过我的讲座），所以绝大多数人我都喊不出名字来。加之在校期间身着校服，连表情都统一为"应试"型的，看上去都差不多。一旦奔放起来，颇觉得有些面生。他们都认识我，对我都很热情，远远地就打招呼。我从装束和表情上判断他们是校友，也要客气地说：放假了，欢迎回附中！

听说某中学建了新校区，校门的铭牌一直阙如，单等一位重量级校友履新后题写。后该校友毫无悬念地官至位极，如今不知校名题写了没有？有一句励志语：今日我以母校为荣，明日母校以我为荣。显然，这两句话在我们学校都不怎么合用。学校年轻得毫无令人骄傲之处，而出现可以引为荣耀的校友更需时日。所以，从"现实主义"出发，我比较看重学生对母校的感情，就是那种质朴的念想——他心里还有回来看一看的想法。来了或者暂时没来，都是对我们的回报和鼓励。也算是对我们秉持的"培育和提升一流的教育服务品质，用合适的教育办学生喜欢的学校"的理念的一种肯定。我相信他们是喜欢附中的。

这些校友，大多家住百里以外，最远者已是五百里开外，来一趟颇为不易。早起晚回，多的要花上一整天时间。附中周遭用餐不便，因此安排好他们的午餐就在情理之中。在第一届学生毕业时，我曾经说过：欢迎你们常回母校看看，学校请你们吃饭。特别是你们第一届学生，学校要一直请你们吃饭。我说的是真心话。2012年寒假，部分同学一放假就回到学校，甚至有同学家还没回就直接从机场跑到母校来了。后来还搞了次"师生"篮球友谊赛。我当时也只是随意吩咐总务处的同志：告诉食堂，如果有校友用餐，让他们记账签字即可，学校买单。其实，记账的并不多。有些同学的校园卡上还有钱，直接付了自己和同学的账；有些同学是老师付的账。后来感觉比较乱，有时来的人也比较多，学校就决定建个账单，凡校友来了一律签单，最后由学校来结算。每人费用大约在几块钱到十来块钱，随便他们消费。总计也许要花几千块钱，这点钱学校总归是能够省得出来的。不为别的，主要是解决了同学们到了吃饭的时候吃不上饭的尴尬，大家都觉得挺好。上周，居然有同学在微博上发了条《厦大附中校园新鲜事》，"通知：毕业出去的同学们回来母校，到食堂教师窗口可免费点餐，只需跟点菜阿姨说是从母校毕业的学生即可。"后面还配了张钟主任甜美用餐的照片。后来知道这照片是PS的。这个贴子传来传去，钟主任有些着急，怕影响不好。我对他说，马上放假了，随它去吧。我们要珍惜学生对母校的这份感情。谁稀罕这大食堂煮出的盒饭呢？如果没有一点情分，通知你去开个会，你会冲着几块钱的免费餐去吗？

我搞不清这几天到底有多少学生回来，但我中午在食堂就餐时，总能看到一群一群的。他们和班主任、科任老师一起边吃边交流。见到我还和在校时一样，远远就喊"校长好"。

这回我最早见到的是从中科大回来的嵘灏。他头天回家，第二天就跑到学校。见到我，他首先给我一个熊抱，下午又到我办公室聊了一个多小时。第二个到我办公室来的是2013年考到武汉大学的阮小真，她妈妈专门开车送她来的，出落得我差点没认出来。她居然还从武汉给我带回一盒湖北特产孝感麻糖，是用她的奖学金买的。我非常感动。那么大的盒子，带这么远的路。我也顾不得涉嫌收礼直接笑纳了。我们也聊了很长一段时间。记得20年前，我的学生吴静从南开大学第一年放寒假回来，给我带了两大盒天津麻花。那个时候，我还没有到过天津，根本不知道有那么大的麻花，我们一家吃了好几天。后来她从美国回来也不忘给我太太孩子带些小礼物。我觉得，在比较亲密的人之间，在走得比较近的师生之间，互送一点小礼物是一件温馨的事。我们不应该将本来很美好的事想象得那么龌龊。我儿子至今每年给他的小学班主任和中学老师写贺年片，他从美国和荷兰回来，都要给能见得到的老师带点东西。中国是人情社会，"人情"本是优秀文化，只是不能让人情左右真理罢了。

去年教师节，刚考上中国政法大学的沈锐怡同学和福州大学的沈璐同学给我寄来了明信片。锐怡写道："在附中，我度过了难忘的三年。这三年附中给予我的改变影响我一生，附中的风景也成了我心底最珍贵的回忆。"沈璐长什么样我都记不起来了，于是立刻从书橱里拿出他们的毕业照，一对，从此印象深刻，至今不忘。但因为没有具体的通信地址，也没有电话，我只好在第一时间请他们的班主任代我向他们致谢。如果可能，我更愿意直接给他们打个电话或发个短信，这样的事我是经常做的。我觉得教育就是影响，影响任何时候都可能产生，而且这种影响往往也是相互的。

我从小学、中学毕业后就没有回过母校，很感遗憾。那时交通不便、通讯不便，老师同学都联系不上，一毕业彼此杳无音信。我给老师写信，他们很少回信，现在想来，多半是懒于动笔的缘故，等到可以联系上的时候已过去很多年。学校几经合并搬迁，我们已"找不到"母校了；而老师，有故去的，也有老病的，还有联系不上的，记忆中多了一份凄凉。大学同学中联系较多的不过十分之一，虽毕业后聚会过四次，但也还有不少的人三十年未曾见面。同班同学中，有比我大十几岁的，都退休好几年了，这辈子也许难有重逢的时候。现在建了微信群、QQ群，在里面的人只有一半，但到底现在联系要方便多了。

当然，关心母校和老师的方式有多种，条件不许可，或者感觉时候未到，不能拜访、当面问候也没关系，在心里面祷祝也可以。人还是要有感情的，学生无情，学校和老师多少有一份责任；即便服务已经尽力，学生不懂感恩，教育的责任还是有的。我们经常埋怨学生这儿不好那儿不好，如果什么都好，他还到学校干吗呢？那些"不好"处正是我们教育的发力处。人类社会的理想境界应该是"有情社会"，但这要建立在"克己""爱人"的基础上。如果都想着占别人的便宜，也只好光依法治国了。

"办学生喜欢的学校"不能满足于学生眼下喜欢，而要致力于办学生终身喜欢的学校。这很难，但也未必做不到。

我觉得，我们可以成立一个类似"校友中心"的机构，搞一个专门的地方，有那么三两个人兼职但专门操操心，这对我们建立一所有温度的学校一定会有帮助。

（2015年2月5日）

和你一起学数学

首先摘录一段我在三年前写的《还有赶上的机会吗》一文的最后一段：

> 1979 年的高考题是将《第二次考试》改成《陈伊玲的故事》。后来，我们班也模拟了一次，几乎全军覆没。可见，即便是高二的学生也依然搞不清叙述角度的变化会给选材和剪裁带来怎样的变化。很多在成人看来很简单的概念，孩子是很难真正掌握的。我记得在初中学习"三角形"时，班级里的大多数同学不理解三角形内角和是 180°。他们认为一个大三角形和小三角形的内角和是不一样的。

写《还有赶上的机会吗》一文的缘由是，我那天听了一堂数学课——直线和圆的位置关系，发现有学生完全没有听懂。一方面内容很简单，另一方面学生没有学会，问题出在哪里？可能确实是因为数学不是什么人都能学好的。但我觉得数学教学中普遍缺乏儿童视角是重要原因，从教材到教学再到考试等环节，成人视角独霸其间。尊重儿童的口号，今天喊得比历史上任何时候都响，但教材编得却越来越脱离儿童趣味。数学恐惧症的病根子在小学就落下了。表面上看，花了很多时间在学数学，实际上很多时候单是深陷恐惧结果什么都没有学。可以说，数学教育的效率是不高的。

巧的是前天我又听了一堂数学课——圆。在北师大版九年级《数学》下册教材中，这是第三章《圆》中的第一节，《直线和圆的位置关系》是第六节。老师同样准备得很充分，课上得很好，师生互动也很充分。但我分明感觉到不止一个学生没听懂。我手里没有课本，搞不清具体是些什么内容。下课后，我问了几位同学听懂了没有，他们说没听懂。我翻了一下教材，大概悟到了问题所在。我就请出了他们班的数学科代表，问他有没有听懂，他说他懂了。我让他讲解给那几位同学听，但那几位还是没有听明白。我鼓励他们说，这个问题你们一定能搞明白。同时我又交代科代表，务必要帮他们搞懂。再到别的班级听完一节课后，我又回到这个班级，问他们懂了没有，他们说还没有。我觉得有必要亲自试一试。为了缓解他们的紧张感，我开玩笑地说，问题主要出在编书的人语文水平太差，他们连中国话也没说清楚。然后，我们一起逐字分析题意，辅之画图，最后他们说懂了。离开时我说，我这人认死理，过两天我还来问，你们必须真懂。因为时间关系，我不能确定他们几位都真的懂了。

昨天借了本教材认真看了一下，对教材的编写水平真的不敢恭维。单从教材内容看，让我觉得编写者视孩子既是哲学家、逻辑学家同时也是傻子。该讲清楚的不讲，无须讲的狠劲讲。我这里不想去讨论其内容拉杂、条理混乱、主次不清、学理逻辑不严谨的问题，这不是我的专业。我只想剖析一下那道令不少学生挠头的题。这道题是这样的：

设 AB=3cm，画图说明满足下列要求的图形：

（1）到点 A 和点 B 的距离都等于 2cm 的所有点组成的图形。

（2）到点 A 和点 B 的距离都小于 2cm 的所有点组成的图形。

从语文教师的角度来看，"画图说明满足下列要求的图形"是一个病句，应改为"画出并说明满足下列要求的图形"方简洁明晰。当然，教师可以先帮同学分析题意。这里的分析就需要"儿童视角"，那些在老师看来是"当然"的在学生未必"当然"，"啰唆"一点没有坏处。譬如，画图的时候，AB 可以不必在一个水平线上；按要求画图，但能画出什么样的图形并没有说；注意"都小于2cm"的条件限制，"小于"是范围，范围要有边界；仅画图还不行，还得"说明"，这里有玄机，如果不"说明"有可能画不出来所要的图形；什么是"所有点"，"所有点"是多少点；等等。这些细微处，对学习数学已形成心理障碍的同学来说很重要。他们的障碍也许只是薄薄的一张纸，我们帮他捅破了，他可能就豁然开朗了，也许从此障碍就逐步消失了。

教师要督促学生亲自动手画。据我观察，那些未搞懂的差不多都是未认真动手的。设计这道题的目的是考查学生是否真正理解圆的定义。看起来简单，实际不简单。教材给出圆的定义是"定点的距离等于定长的所有点组成的图形"，当然是在"同一平面内"（教材中没有这句话）。初中生完整理解这句话是有难度的。我承认这个定义是抽象的、严密的、富有逻辑性的表述，无懈可击。但同时也属于"你不说我还懂，你一说我更糊涂了"的定义。《现代汉语词典》对"圆"的解释有 8 条，其中与图形"圆"有关的 3 条：圆周所围成的平面（名词）；圆周的简称（名词）；形状像圆圈或球的（形容词）。我们一看就懂。当然，作为严密的定义，从逻辑的角度看，3 条都有同语反复的错误。但这丝毫不影响我们正确地理解"圆"这个图形。两岁孩子都知道什么是"圆"，何况十五岁的初三学生。因此，从上帝教会我们认识的"圆"出发来理解"圆心到圆周上的每一点相等"，要比从"定点的距离等于定长的所有点组成的图形"的描述来认识"圆"要简便得多。

只有懂得了"圆"的定义，我们才能分别画出到点 A 等于 2cm 和到点 B 等于 2cm 的图形，然后再找出同时满足到点 A 和点 B "都等于 2cm"的图形。将题目分析清楚了，思路就有了，接下来画出图形就不是难事。

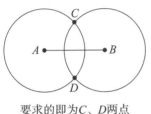

要求的即为C、D两点
组成的图形

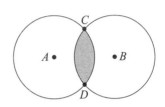

要求的即为阴影部分除去
边界所示图形

结论：（1）到点 A 和点 B 的距离都等于 2cm 的所有点组成的图形，只有 C、D 两点；（2）到点 A 和点 B 的距离都小于 2cm 的所有点组成的图形，只有阴影部分除去边界所示图形。显然，这两个所谓的"图"都有些抽象，只有在脑海和模糊的表述中才有完整的确定无疑的图形，所以还要有文字"说明"。我以为，用这样的题目来强化学生对"圆"的基本性质理解很有些大而无当，是教材编写中儿童视角缺乏之典型。如果教师在授课中不能及时弥补教材的缺陷，教学就不可能有效。

北京教育科学研究院儿童数学研究所所长吴正宪老师是位小学数学老师。她说，小学数学教学，"一是学习内容要贴近儿童实际，教学方法要符合孩子的认知规律。二是把数学变得简单些，容易些，朴实些，用'熟悉'的解释'陌生'的，用'具体'的理解'抽象'的，把人为制造的难点降下来，减少整齐划一、千篇一律的统一要求，从抽象、严谨、枯燥的形式中解放出来，走下金字塔，走向生活。"我很赞成她的说法。我觉得，在尊重儿童、确保儿童视角的前提下，严谨的学科体系不妨因之作些调整，甚至可以先让让路。只有当儿童有兴趣学习，学习才会是有效果的。

另外有一点也值得商榷，这就是通本教材的句号都用圆点"．"。中文标点的句号是"。"，只有在科技文献中才用"．"。将中小学数学教材看作科技文献，我觉得未必恰当。甚至该册课本的前言部分《走进数学新天地》一文，所有句号都写作"．"。我不知道这算哪门子科技文献。

（2015 年 3 月 4 日）

一万次的回眸

力行楼边门外的护坡上，爬山虎俨然一片瀑布。它曾经用两年时间才从土里"伸"出头来，又用了两年时间才"爬"向四周，之后才渐渐"爬"成一片瀑布。虽在冬天有一段短暂时光只有干枯的藤蔓紧箍住护坡，但我已不再怀疑它"冬眠"后的生命勃发。如今，除非你连根刨掉，否则无法阻挡它成长。

我曾经一千次的凝视，到如今我已然有一万次的回眸。我不仅无须再担心，反而从它那里源源不断地获得了坚持的信心。

食堂门口那处的爬山虎生长得也很艰难！那是一处直上直下的墙壁，而且涂有外墙涂料，虽褪色但却很光滑。这样的墙壁本不是为爬山虎预备的，但是，在什么都不易生长的地方人们总是想到爬山虎；在一切难看处，人们总是用爬山虎来"遮羞"。那一处建有花池，土层倒挺厚，爬山虎生长得很快，但总是爬不上去。爬到一半的地方，就由于自身的重量，又重重地摔下。2010 年的暑假，总算有一部分爬上了上边的栏杆，结果到 10 月份被一场大台风彻底掀下来。当时我在惋惜之余，并没有敦促相关人员认真处理。于是，不知道什么时候，绿化工一刀子将其割去，它便只得从零开始。我发现绿化工对刀子总是情有独钟，不是割就是砍，就是不肯耐心扶养。其实，那爬山虎当时还是可以"扶"上墙的。这之后就是秋冬，它便没了生机。第二年春天过后，它又长起来了。我嘱咐总务处和物业办，提前拉上铁丝，便于爬山虎攀缘。他们拉倒是拉了，但不是网格状，就那么直上直下的几条。我也不想再顶真，就那么着吧！那一年，它终于一鼓作气爬上去了。上帝保佑，这两年没有太强的台风，它总算"扒"住了上面台阶边的扶手，算是拉上了一只"手"。

亦乐园从荒山到光山，再到今天这个样子也是个故事。设计的时候，原来的山头是准备保留的。等地造好了一看，小山太高太陡，既不安全也不好绿化，然后又削去了十几米。施工的时候，我曾开着那辆丰田霸道地上去过。我是糊涂胆大，跟着工程车就上去了。但下来的时候我担心车子会滚下来，只好让同事炀宾扒在车子的后面，以尽量取得平衡。毫无疑问，在附中，开车上亦乐园的只有我一人。那个光山是没有办法绿化的。后来采用三维绿化工艺，花了几百万，从外面运来土，通过机器将土喷上去，前后用了半年时间。为数不多的几棵树，差不多都是经过爆破才栽下去的。同事们都很着急，巴不得立马长成森林。也有自告奋勇要植树的，拿着锄头挖了几下就不吭声了，因为根本挖不下去。我觉得不能急，先让它胡乱长几年，等土层稳定了再慢慢绿化。前年、去年种了一些相思树的种子，大多长起来了。现在看上去，虽然树不多，但也是漫山遍野的绿了。今年，学生家长林博士几番盛情，定要义务绿化亦乐园。从购苗到施工，他不仅出资而且亲自动手。他是专业人士，有个宏大计划，想建成生态循环的植物园。我的想法还是量力而行，慢慢来。他这次栽了近三百棵桃树、李树、梅花，后面还有一些计划，但愿来年能桃李满园！

附中的花草树木都是这样从无到有、从小到大艰难成长的。一草一木均非土著，全是"移民"及其后代。如今虽然也有几棵几十年、一百多年树龄的老树，但绝大多数树木都是从树干不及学生胳臂粗的样子长起来的，而那些灌木更都是从小苗甚至是种子长成的。十年树木，其言不虚。有个十年，虽未必能参天，但足可遮阳以及愉悦人的心情；虽算不上旷世之材，亦不失为栋梁。人之常寿不及百，为何宽于己而严于人，动辄要与千年古木为邻？

附中校园里没有珍贵树种，最常见的是榕树、香樟、凤凰木、小叶榄仁、盆架子、火焰木、南洋楹等，尤以各类榕树为多。几年前有一位领导到学校视察，很高明地指示我，不要栽那么多不值钱的榕树，搞一点大树，种一点珍贵的，要四季有花。四季有花简直是真理，这个真理在附中是早已实现了的。巧的是那一天他走的那一条线路那个时候正好花不多。于是领导的玉言便无可辩驳，我只得谨遵指示。至于榕树，我实在不知道有什么不好。生命力旺盛，长得也不慢，四季常绿，少落叶，树型也好看。在我看来，在附中这贫瘠的土地上，唯一不要费神管理的树就是榕树，可以不施肥不打药，甚至也不要浇多少水，它就是死不了！这里要的就是它！珍贵者固然高贵，但这里不是它的家。我的想法是什么好长种什么，若有余力再追求百花齐放。在这块土地上，能生长已是弥足珍贵；还能长大，就得烧高香。何必还问出身和来路？我们的老师来自天南海北，我曾号召他们带一点故乡的特色树种来。今年开学后，就有同事从老家带来了几株红豆杉，种在南门边上。现在附中校园内的植物品种有一百余种，再过十年，我相信一定能变成名副其实的植物园，但首先它得是校园，是孩子们的乐园。树可攀缘，花亦可摘，草亦可踩。当然，不随意摘随意踩更好！

《孟子·公孙丑上》："宋人有闵其苗之不长而揠之者，茫茫然归，谓其人曰：'今日病矣！予助苗长矣！'其子趋而往视之，苗则槁矣。"此成语揠苗助长的出处。可见，中国人自古就很着急，于今尤甚。嘴里喊着功成不必在我，但实际上少有那个耐心。目睹遍地的变色龙，我忽然有些说不上来的疲倦。随他去吧！

那一片瀑布，虽已自成天地，但我愿意再一万次地回眸！

（2015 年 4 月 13 日）

我也来"喊楼"

今天是个很顺的日子。早晨在给一位高三学生签名留言时，顺口说了一句"六六大顺啊"。走了两步，又想来起今天是周六，"六六六"，还能不顺？虽说今天下午高三学生去熟悉考场，似乎要开始一件大事，但对绝大多数人来说，今天不过是无数个平凡日子中的一天。

早晨6点半我就到了学校，不到7点我就到了高三楼层，大多数学生已经在教室或走廊早读。我走了一圈，很慢；接着又走了一圈，走过每一处有学生的地方。"关键时候有我"或者是"关键时刻我在"，是我的一个重要工作方法。每天临睡前我总要想一想第二天要做的事，每天早晨起床前我还是要想一想当天要做的事，特别要在脑海里标注一下那些"关键时候"。"有我""我在"，绝大多数时候就是我的真实存在，也有的时候是通过一定方式将我的关心、关注送达。学校里面的大小事无数，大多是周而复始的平常事，但就这"平常事"中仍蕴涵着许多永恒的"关键"。当然，作为校长，我的"关键时刻"有一定特殊性，但多数是与同事们重合的。临近高考、中考、学生离校这几天，毫无疑问是我的"关键时候"，其中还有许多不能尽述的"关键时刻"。我必须待在学校，守在学生身边。

我是个很"刻板"的人，日常工作有着很强的计划性，一般不会随意调整。一旦自己的计划被别人打乱就很烦，一定要设法调整到我的节奏上。附中的管理风格带有我个人工作风格的印记，总是尽力追求井然有序。偶有"越雷池"之举，势必设计得周到又周到。说是如此，但其实每个人都有自己的个性，我到底能影响到几个人也不好说。譬如，有些人"关键时刻"就不在，但他不在乎，他要求学生如何如何但他自己做不到。有些人虽然能经常做到，但做不到一以贯之。而对学生来说，"意外""例外""偶发""个案"甚至"小概率事件"都会在不同程度上消解教育的力量。有些人不可谓不忙，他一天到晚在转，但他的转轴错位，故功效和价值也就大打折扣。站在每个人自己的角度看，转轴可以是自己的利益；一旦置身某个集体，这个转轴就得是集体利益，我们必须调适好其中的"关系"。因此，不错，我们像个陀螺一样在学校里转，但要明确那个"轴"在哪里。"轴"在，就不会太离谱。

我从来不笼统地认为那种上课迟到早退、中间遛弯儿的老师是不拘小节、洒脱不羁。那些揣着明白装糊涂的角儿，多半是搞错了"轴"。通俗地说就是"自私"。当然，通常情况下因不太过分，似乎也并无大碍。太过分的人是很难经营好自己的人际关系的，于是就不会有好的"人缘"。人缘不好，四处树敌，活得就累。其实责任还在自己。做一位令人尊重的老师不难，做一位让学生喜欢的老师也不难，难的是让人既尊重又喜欢。那些"能吏""干将"，颇能成事，为什么其中不少人终遭唾弃？根本在于那个"轴"或者说成事的"目的"出了问题。用纳税人的钱和别人的利益来满足自己的好奇心，以成就所谓伟业，是必定要遭到谴责的。类似的情形，在学校里也不少见。所以，有一类"好"老师，桃李天下，师生间却经年少有联络，这是很值得玩味的。我们要明白，孩子是会长大的！

善良是为师之本。不善良就不可能有爱，没有爱哪里来的教育？但是，任何时候，教师都必须是非分明。我们可以原谅犯错误的同学，但绝不能原谅错误。所以，我对马云学生时代打架还自诩为"讲义气"颇有异见，对他人的啧啧称赞尤为不齿。打架不是"讲义气"的唯一方式。少年马云正是缺乏智慧才选择了这个方式。今天的马云断不会如此。做老师的一定要帮学生树立好是非观，而教师的榜样作用是树人的最好方式。所谓桃李不言，下自成蹊。

附中有一种很好的风气，这就是老师以学生为"轴"且拼力而为。我常说，附中老师是天底下最专注于自己事业的人，我以为丝毫不为过。不唯老教师，便是刚走上讲台的人，也都实实在在地奉献出了自己的青春年华。我不想妄测都是无怨无悔，因为这并不重要。我也知道初中部有少数青年教师还存在方式方法问题，但我一方面原谅他们，另一方面觉得有责任帮助他们。而我能够给他们的忠告是，任何时候都不要伤害学生的自尊！我们今天的努力再努力，会在明天开出意想不到的美丽花朵；而我们的偶一任性，就有可能断送一个孩子的前途和一个家庭的幸福。这绝非言过其实、危言耸听，只是我们没有碰到或者不了解那些实际已经发生的极端情况而已。

昨晚高一、高二、"六年制"学生为高三学长学姐"喊楼"加油。开始一直有雨，我很担心安全。后来天公作美，没下雨。站在楼下的学生都拿着伞，热情而有理性。虽然也喊出了"学长考北大，学妹马上嫁"的"惊悚"号子，但场面一直是令人吃惊的文雅。我站在人群里张望，发现至少有几十位同事置身其中观望，态度安详。我之本性是不喜欢这种热闹场面的，但在一片沸腾中，我几乎难以控制自己的激动。我想，竭心尽力不过如此吧。今天上午调上周二的课，课后，高一、高二、"六年制"一部分同学被家长接回，另有一部分同学乘坐20辆大巴回家。三十余位同事、十余位保安组织学生上车，摆放行李，点名，督促系好安全带，然后告别。中午不能休息，有些从教室直接到南门口的老师连午饭也没顾上吃。下午开始到周二上午放月假，但有一批同事不能休息，要参加送考和考务工作。下午，老师们又陪同学生集体熟悉考场，晚上还在教室答疑。像附中这样，全体高三学生早操一直做到6月1日甚至更晚，晚自习上到6月7日，8日晚还开班会的学校，在中国并不多。这里面倾注了老师们太多的心血。我忽然觉得自己的责任异常重大：不仅要和同事一道为学生搞好服务，还要引导学生懂得感恩。两者并进，教育才算成功。

6月9日上午将要举行简洁而不失隆重的毕业典礼。对学生来说，真正富有挑战的人生也许从那一刻才拉开帷幕。

（2015年6月6日）

揪心的 120

昨天下午 3 点半，我在办公室听到一声（就一声！）救护车的喇叭声，就习惯性跑到窗前向外看，刚好看到救护车进了学校大门。我心中一紧：谁出事了？赶忙问几个相关的同志，都说不知道，也没听到救护车的声音。我说我亲见车子进来了。然后又打电话给医务室，一次，两次，要么占线，要么无人接。后来知道校医在紧急救护，给氧，输液，打 120，忙得没空。我只好在 QQ 群询问："救护车进了校园，什么事？"有稍微知情的同事立即回复："有学生晕倒了，似乎。""休克，不过现在醒过来了，还能说话。""刚在教室吧。已经抬到医务室了。"我稍微松了口气。两位干部从行政楼迅速赶到了医务室。过了一会儿，救护车出西门，拉着警笛路过南门消失在我的视线外。紧接着，接到同事电话说"无大碍"。又说："是高三的学生。通知家长了。家长在云霄县，一会儿半会儿到不了。老师、同学陪过去了。"又过了一会儿，校医来到我办公室，告诉我原委。学生患有先天性心脏某某病，初三时犯过一次。在体质健康表的"既往病史"一栏中他没如实填写。这种病还是挺危险的，不及时救助有可能要出大事。

傍晚 7 点多自学校徒步回家，走出厦大北门，远远看到在教育局路口有一辆车掉头停在那里，车窗摇开，似乎等着问什么。我走到跟前，一位女士下车问我："厦大医院在哪里？"我第一个反应她可能是我们的学生家长。赶忙问："您是附中的学生家长吗？"她说："是！"我说："我是附中校长。您是来看孩子的吗？医院就在前一个路口左拐。您不要着急！"我指着医院说。这时，她接了个电话，我隐约听到她喊电话那一头的人"曾老师"，然后又说了一通话。总之我旁听出的意思是，"曾老师"因为有晚自习，也不知道学生到哪儿看病，没办法给家长说清地点。我就觉得有点奇怪了！下午那个学生不是高三4班的吗？班主任不是韩老师吗？怎么又冒出个"曾老师"呢？我打断了家长："您和谁通话呢？"她说："曾老师。"我说："哪个曾老师？我跟他说。"我接过手机一听是继成老师。听了半天，才知道此生病的学生非彼生病的学生。这位同学在快上晚自习的时候感觉有点不舒服，想出来开点药。班主任继成有课，请另外一位家在本地的同学陪他到第一医院或者厦大南门附近的诊所。到底他们到了哪儿他也不知道，学生又没有手机，联系不上。继成又说，应该在南门的某个诊所。我听后，就给家长仔细说了一下路线，让她到那儿后再问人。于是告别。

再往家走。在人行道树荫遮蔽的昏暗的灯光下，远远看到有两个学生模样的人。走近了，他们喊"校长好"，我也认出了他们。他们说"出来看病"，我说"你妈妈来看你"，他有些莫名其妙。估计他本人还不知道班主任通知了家长。我回头一看，那车子还在那里。就说："你看，在那里！"两个孩子一边说"谢谢"一边跑过去。我远远地看到他们母子见面后才继续往家走。

回到家不久，接到同事电话：下午送医院的那位同学已经回到班级。现在没问题了，家长也来了，让我放心！

每年秋季开学初学生生病的情况比较多。一方面是天气忽冷忽热，另一方面是寄宿制集体生活需要一个适应期。几年下来，大家也都有些应对经验了。

我现在对救护车的喇叭声有些过敏。因为家住在医院后面，所以即使在家里听到救护车的喇叭声，也往往不自觉地伸头看看，然后就等着会不会有电话。四年前一位同学的外公在学校出事，今年的"622"事件，我都在接到报告前即赶到现场，指示我的全是救护车的喇叭声。

今天中午在食堂吃饭的时候遇到继成，他向我还原了我不清楚的部分故事：昨天临上晚自习的时候，学生说胃胀，不舒服，要到医院或诊所开点药。继成有晚自习，没法送他，就让一位本地同学陪他去。他们离开后，继成给家长打了电话简单说了一下情况，并告诉家长没什么关系，不必来。因为家离得近，家长不放心，又跑过来了。继成在班上，并不知道这个情况。家长给继成又打电话又发短信。临近晚8点课间的时候，继成看到短信后给家长回拨了电话。这正是家长当我面接的那个电话。

（2015 年 9 月 5 日）

我帮你断案

学生在我的报箱里投了一封信。全文如下：

> 致敬爱的姚校长：不得不向你反映一个不愿承认的事实。最近3、4号女生宿舍开水房接连不断地丢东西，我也深受其害。而且开学至今，竟越发猖狂。甚至同学在充卡处找回的卡也竟花了100多元。愤怒之余，我也不禁心寒。恳请校长加强校风惩治，整顿宿舍风气，杜绝此类行为发生。
>
> （原文照录。匿名。日期为9月9日）

总之，就是自己的东西被人拿（偷）了。至于"窃"是否算"偷"，拾到东西据为己有是否算"盗"或者可文雅地称为"不当获益"等，此处没有咬文嚼字的必要。总之自己的东西是不翼而飞了。虽然，拾金不昧的事不绝于耳，实际上偷窃行为确实存在。曾经还发生过老师放在候课室里的财物课间被人"拿"走的事件，而且还不止一次。后来知道是谁了。据了解，她家里不缺钱，她也不缺钱，还很大方，但见到别人的东西就想拿。我们知道这甚至似乎与品德关系不大，是一种心理疾病。最终未作任何处分，只是让老师与她深谈了一次。为了避免无谓的纠纷发生，学校将个人财物保管作为入学教育的内容之一加以强调，要求不要将贵重物品和大额现金带到学校，柜子要上锁，宿舍门要锁好。但现在不少的孩子防盗意识不强，这与他们在家里拥有独立、自主、自由的空间有关。譬如我家里所有家具没有一把锁，家中房门几乎不锁，所以我儿子小时候这方面意识也很弱，以致初中第一次独自出门就将他妈妈的新手机弄丢了：敞着旅馆的门，手机就放在床上，跑到隔壁同学的房间，一会儿回来就没了。事发后还瞪大眼睛表示不可理解。并非他完全不懂此类世间险恶，只是一事当前，孩子很难想得那么周全。

我记得在原来学校，经常出现学生自行车中午丢了，下午又失而复得；或者晚上丢了，第二天又失而复得。后来调查发现，有不在少数的学生是不知道锁自行车或者不记得锁自行车，尽管自行车上有锁。仔细一问才知道，这类学生，他们的家长经常在小区门口接放学的孩子。孩子一到家门口，车子就交给了家长，孩子就直接回家了。车子由家长送到存车处锁好。上学的时候，家长又提前从存车处推出来，孩子骑上就走了。到了学校，他往存车处一放就离开了，根本想不到还要锁上。看车的人有时要将车子挪来挪去，位置一变，他找不到了，而另一位马大哈也是不锁车的，在自己存车的大概位置，看到一辆似曾相识的车子骑上就走了。也许到家发现了，也许骑了一个来回还没发现。这样的故事年年上演。真正丢掉的也有，但很少。有些失物，招领了几个星期也没人要，只好处理掉。

因此，培养学生妥善管理好自己的财物，形成必要的防盗意识和防盗能力是学校教育的应有之义。

在我印象里，这样的教育以及习见的失物招领和寻物启事应当已经引起我们重视。食堂充卡处同时就是失物招领处，而且有醒目的提示。即便如此，还有很多同学依然贵重财物随便放。读了这封信，知道她"愤怒""心寒"，又敦促我整饬校纪，我岂能不重视！但一时间又没了主意：这从何整起呢？此类问题常有，但收到这样的信我还第一次。我的工作习惯是，来信来电必复，学生反映的问题更是一定落实。这一次我有些束手无策。考虑了半天，也只有先请德育处的同事在早操时间再次集体强调一遍。不然，还有什么办法呢？当然，我还是准备周一晨会时亲自说一说。

我要说的无非还是三个方面。

第一个方面是重点：既不必愤怒，也不必心寒，要承认这样一个事实。我作为校长，不仅承认，而且并不觉得奇怪。我以为，这位同学之所以"愤怒""心寒"，主要因为她觉得虽然"天下有贼"但附中应该"无贼"，如今居然也有，简直是岂有此理！爱之深责之切，她心目中的附中不应如此！这位同学显然犯了逻辑错误。附中的初中是对口免试招生，假如某一位同学在小学已是"名偷"，附中不仅不能拒绝录取，相反还要待若上宾；他如果不来，我们还要登门延请；敦请还不来，我们还得挨"罚"。这就是当前义务教育的"法"子。高中虽是择优招生，但大家都知道我们只看分数不看其他。圣贤在分数面前并无优势可言。这就是当前"公平"的招生制度。所以，在升学率极高、总体校风优良的厦大附中，有那么几个品行不端的学生，不仅正常，简直是太正常；没有，反而是极不正常了。而与一流大学比，厦大附中学生的平均知识素养无疑"相形见绌"。然而，清华有"朱令案"，复旦有"林森浩案"，最近又有中国传媒大学的"周云露案"；而那些落马高官、丑闻不断的文人学者，有几个不是师从名门？这就是我们生活的真实世界。这个道理很浅显，学生也懂，只是激动之余就发生了认识偏差。时刻拥有这样不失偏颇的认识，对我们正确判断外在世界有帮助，对我们平衡心态、不断提升个人修养也有帮助。之所以有教育有学校，根本原因是人从"动物"而为"人"需要教育需要学校。如果生而为"人"，教育和学校就没了存在的必要。

第二个方面：个人是保管好自己财物的第一责任人。你自己乱放乱扔，东西没了，未必是别人"偷"了，也可能是被人给扔了。更进一层，人家本为"圣贤"，为你保管不慎的财物所"诱"，一失足而成"盗贼"，你还有推脱不掉的责任。人之本性是利己的，只有道德、教化、情感以及法律才能使人适度利他，直至"毫不利己，专门利人"，或者不敢损人利己或损人不利己。"仓廪实而知礼节"，不吃"嗟来之食"的人是少之又少的。银行里的门不仅要上锁，更要有监控，还得有人看；运钞车得武装押运。你将银行里的钞票堆放在马路边试试看！自己的财物不好好保管，随意丢在公共场合，考验谁呢？

第三个方面，我得重复我在初三毕业典礼上讲过的一段话：附中文化中的一个重要因子就是"规则意识"。附中教育成功与否，一个重要标志就是附中学子是否养成规则意识。我以为，不讲规则的人，别处可以有，附中不能有；不讲规则的事，别人可以做，附中人不能做。我很自豪地说，附中学子已经做得很好。我常说，附中是"共产主义"校园，一个重要依据就是路不拾遗、夜不闭户。很多教室、功能室、教师办公室、教师候课室经常是敞开的，很少发生丢失东西的事情。只有我一直在以小人心理反复督促要关好门，于是有了个"三关政策"，并且纳入了量化考核。我觉得关门、关窗、关电正是风气好的明证而非反证。显然，这还不够，我希望全体同学都要做到，还要做得更好。还是在初三毕业典礼上的讲话中，我有一句话，就是"希望你们守规则，讲原则，尽本分。任何时候都不作非分之想！"

是的，在后天（周一）的晨会上我要与学生和同事们分享我的看法！

（2015 年 9 月 12 日）

我们站在一起

9月2日，开学第二天，同事克军到医院检查，一个不好的消息很快传到我这里：他的脑部长了一个瘤。在此前两天，我在食堂吃饭的时候隔着一张桌子听到他对另一位同事说眼睛看东西有些模糊，我准备凑上去劝他尽快去检查一下。因为我觉得，对成年人而言，眼部功能是比较稳定的，如果突然出现问题，多半是脑部引起的。后来因为另一位同事找我有事，一打岔忘了。未曾想，结果真的如我所担心的。知道了初步诊断后我就催他入院治疗，并且安排几位同事周日陪他去做进一步的检查。他不想麻烦大家，但我很坚持。后来他又给我短信，说周日准备到上海，票都买好了。我回他短信，尽快入院治疗，有什么情况及时与学校联系。

在复旦大学华山医院的门诊部，他爱人就得到了确切的结果：左丘脑胶质瘤及脑干，恶性，晚期。每一个词都很要命。他本人很快也就知道了大概。他没有立即住院，8日回到了安徽老家，因为他外公突发脑溢血住院。听说他的情绪很不好，甚至有放弃治疗的打算，我在8日下午给他发了一条短信："克军好！听闻病情出乎意料，我也很难过。但情况并未有想象的那么严重，恳望你尽快从消极感伤的阴影中走出来，振作精神，积极治疗。我的想法是，要尽快住院接受系统治疗。当然，治疗方案还要多听医生的。你自己不要想太多，还是积极配合为好。早一天就主动一点。我为你祈祷和祝福！待住院安顿好后，我会抽空去看你的。你要加油，我们也为你加油！祝早日康复！"他的手机可能关机了，直到第二天的中午才收到他的回信："谢谢校长关心，我会积极面对的。"我嘱咐有关同事密切跟踪。如果做手术，学校一定要有人在场。11日获知他返回上海准备入院治疗，12日上午我在办公室召集中心组会议，决定在教师中发动捐款。虽然有医保，但这种病，无论怎么治疗，都得有一笔钱供预付和周转。他才工作几年，不可能有太多的积蓄，大家能帮一点尽量帮一点。我们又不想让他知道，所以不能在学校群里发布倡议，只好分组或个别通知。原计划捐款截止日期为 14 日，有同事建议延迟到 16 日。我明白是因为 15 日发工资，由于按揭扣款等因素，此时有些年轻老师已经捉襟见肘，于是我就让财务室提前将工资发了。15 日下午，在获知他的确切住院信息后，我就决定 17 日到上海去看望他。17 日，我们早去晚归，在医院和他们夫妇聊了两个小时，还见到了他母亲。他外公刚去世，办完丧事，他母亲就赶到了上海。他俩告诉我母亲还不知道具体病情，我想母亲能感受不到灾难的到来吗？在见到他母亲的那一刻，我的眼泪差点掉下来，赶忙转身走到病房外面。晚上 11 点半，我接到他发来的短信："校长，不知道你们有没有回到开发区？很感谢你们百忙之中还来探望我！有这么多人关心我觉得很温暖很幸福。不管结果如何我都会积极面对。再次谢谢你们！感恩。"我回了几句宽慰的话。他将在下周开始接受放射治疗。

第二天早晨早操时间，借举行逃生演练点评的机会，我代表克军向全校师生致谢。这次捐款，在职老师捐了 9 万多，包括还没有拿到一分钱工资的新老师（我们是明确不让他们捐款的，因为工资核发需要一段时间，他们暂时还没有拿到工资）；在校学生、离职老师、毕业生等捐了 9 万多，是个不小的数字，可解燃眉之急了。我不赞成学生捐款，因为他们没有收入。但几位同学悄悄地将信息传出去了，在一天多的时间里，仅高二、高三两个年级加上"六年制"九年级两个班的学生就捐款 7 万多元。每一届毕业生中都有捐款的；调走的同事中，有几位得知情况后也慷慨解囊。有不少学生，给克军发去短信慰问。我前天去上海，还帮着学生带去了好几封信。克军爱人含着眼泪说："当老师多好哇！"有家长托人转告我，她可以提供一些帮助；有调走的同事打电话告诉我，她可以找到一流的专家帮助诊治。所有这些，都令我感动并难以忘怀。

今天，我忽然觉得无计可施，不知道从什么地方可以帮到他。于是，就只剩下祈祷和等待。

当校长，比别人多一份担忧，这就是来自同事甚至学生身上的疾患和灾难。因为一直在规模比较大的学校工作，我在这方面的经历就更多。今年 6 月份以来，我的心情一直都不好。开学初，在得知同事元壮爱人病重后，我们也捐了款。同事们以及调走的同事、已经毕业的附中学生一起捐了近 10 万元。我本来要亲自到三明去看望他爱人，后因走不开，只好委托其他同事代表。短短一周，两件事接踵而至，我确实不能释怀。我想，同事们也如我一样，于是交代工会研究，开展一些活动，借此驱散大家心头的阴霾。

筹建附中前两年，我差不多忘了曾经还有这样一份忧虑。直到同事海军老师因腰椎间盘突出住院手术，这份忧虑才被重新勾起。那次是我来附中后第一次去医院看望生病的同事。那以后我就常常莫名地担心，生怕"狼"来了。这回，"狼"真的来了。

教师节之前，负责微信公众号的同事约我写篇小文，我没有明确答应，因为心里有压抑感。后来一次在食堂吃饭，抬头猛然看到一位年轻的女同事，突然蹦出一个念头：假如我有足够的能力……这位同事，说年轻其实也不年轻，差不多快成"剩女"了。我当时就一个想法：如果我手里有一位帅哥，而我又有权"支配"，我立马给那位同事"发"一个。但一瞬间我就觉得自己的想法可笑。然后，我就想以"假如我有足够的能力"为题构思写一篇小文。我设想着让所有的同事和学生都很幸福快乐，我差不多都快白日做梦般地笑出声来了，但我其实没有这个能力！

人是生物体之一种，生老病死固然！但人是有感情的，即使没有任何交往，感情也是相通的，所以我们会为陌生人流泪，何况朝夕相处的同事和师生关系！我说"人性美是创造幸福人生的动力"的道理也全在于此。当我们每时每刻都想着为别人做点什么并在其中感受到人性的美好时，我们就很眷恋这个世界。"附中人"让我感受到了这份美！

（2015 年 9 月 19 日）

一个偏离工作计划的上午

这个上午，按头晚的计划，我要修改经过教代会审议的五年规划。

早操一结束，疾步回到办公室，先将昨天傍晚会计放在办公室桌上的厚厚一沓报销单据签了。接着，打开电脑，打开文档，着手修改。

一个字还没看，QQ 里传来高三月考成绩。这是我催要的，下午要参加高三月考质量分析会，我必须先了解一下考试情况。于是开始研究高三月考成绩。我的习惯是要看过每一位同学的成绩，虽然不可能都记住，但每次我都能发现问题。这回也是。我一边记录问题，一边在 QQ 上与个别老师讨论。这之间，初三、高二的成绩都传来了，我自然也要如此这般一一研究。看完这些接近 10 点。当然，其间还不时接电话、发短信、签字、回答同事的咨询。

去趟洗手间回来坐下，回到文档，拿出教工代表的建议清单。

一个字没看，一位挂着眼泪的女生走进办公室。我问她："找我？"她点点头，递给我一张皱巴巴的纸，带着哭腔说："我说不出来，都写在上面。"她眼泪汪汪。我请她坐在沙发上。"你先坐，我看看你写的，可以吗？"她点点走，坐到沙发上。

她在信中反映了自己因为座位的事与班主任发生的摩擦。她称自己"是个性格比较怪异孤僻的女生，在人际交往上不愿意与人深交"的人。与同桌有点矛盾，经过友好协商，她决定单坐在教室前排。班主任开始也同意了，后来觉得座位不美观，又让她搬回去，她不肯，老师坚决要她搬回。僵持不下，直至课桌被搬到教室外面，自己站在教室后面听课；无计可施，班主任"威胁"要打电话给她妈妈，还威胁说"不行就退学"。在信的最后，她请我帮她与班主任沟通一下，让她一个人坐。我还没有看完，她站起来说了一句："校长，我喜欢附中，不想退学！"我笑着说："你坐。不会让你退学的。老师是吓唬你的，她一定舍不得你！"看着她天真的表情，那一刻我的眼泪差点掉下来。我一时说不清这在眼眶内打转的眼泪包含了什么样的感情，但当时脑海里立刻浮现出了我儿子两岁时肩膀上搭着浴巾高喊着"要出走"的情形。

我坐到她的对面。我说："你怎么会认为自己性格怪异孤僻呢？我一点也看不出来呀。你的成绩也很好，我是有印象的。"我虽然不认识她，但名字和成绩我真的有印象，何况刚才我才看了他们年级的月考成绩。她又将事情复述了一遍，我没有插话。她讲完后，我说："具体情况我还不完全了解，我可以去了解，而且一定会帮你。我现在可以肯定的是，你班主任一定不是存心要整你，她一定是喜欢你的。她这样对待你，一定有她的理由。你有自己的选择权，而且老师一开始也尊重了你的选择权，老师后来变卦了，一定有她不好说的理由。"她说："同学们都没意见的呀，就是老师不同意。"我说："因为座位不整齐，老师让你搬回原位，于老师而言，理由足够了呀。但我猜这背后可能没那么简单。在处理同学关系的问题上，老师有时不能将真实的幕后情况告诉给你，这个你也要理解。"她瞪大了眼睛，有些不理解。我一连给她讲了两个我亲历的故事，她的表情渐渐放松下来。我说："看得出来，你是个有主见的孩子，老师的话你也未必全听。老师没辙了，只好请你妈妈帮忙。从你的态度上看，老师找你妈妈找对了。"她问："为什么？"我说："因为你很在乎妈妈的感受。"她笑了。我说："找你妈妈是老师的权利呀，而且也没什么不好嘛。老师有老师的理由，你有你的理由，你妈妈未必就站在老师一边。我觉得，你们老师一定不会为这事打电话给你妈妈，她一定能够处理好这个问题，她不过是吓唬你而已。你看，你还真的被吓到了。"她笑出声来了。挑明了这件事，她明显轻松了许多。

她问："校长，我现在怎么办？我还是想一个人坐。"我说："你要是想单坐，现在只能回到原来的位子和同学坐在一起，后面再找机会。你要给老师一个台阶，给自己一点时间，不要急着解决这个问题。类似的事今后会经常碰到，你要学会应对。我可以帮你，但我现在不好直接找你班主任，但可以通过其他人。你们数学老师正好是年段长，我委托他来处理，保证你能满意，让你和老师都不失面子。我不会说你来找过我，你放心！"她点点头，一边致谢一边微笑着告别。她离开后我立即发 QQ 给段长，也没明说事情的原委，段长答应他来处理。

再次回到五年规划的文档。依然是一个字还没来得及看清，一位年轻的女教师哭着走进来。我笑着说："你还有哭的时候？坐吧。"她说："校长，这班主任真的是干不下去了。"我说："怎么会呢？我听听是怎么回事。"她说："还是那孩子，作业不做，躲在厕所里两节课不出来，我真的是很紧张。"

"那孩子"是初一学生，前不久在餐厅超市"偷"东西被抓现行，经理要罚他钱，我不同意。我不觉得在管理失之于松的超市，一个孩子一念之差偶尔拿了一袋食品就是"贼"。当然，学校要有一定形式的处理。子曰："不教而杀谓之虐，不戒视成谓之暴。"银行钱库敞开大门，好人也会进去拿钱。我要求他们重在管理和防范。德育处和班主任让"那孩子"写个认识材料，几天过后他一个字都不写。早操的时候我正好碰到，也单独批评了他，他点头称"是"，过后仍置之不理。最令老师们束手无策的是他根本不做作业，一个字不写。班主任好话歹话说了一箩筐不起一点作用。最终，他倒是很淡定，班主任却被气哭了，而且哭得很伤心。说到底，老师的真诚并未将其封闭的心灵撬开一点点缝隙，老师感到很委屈。无计可施，压力依然在那里，怎么办？

一个问题孩子的背后往往是一个问题家庭，而问题家庭中的最大问题是"教育无力"乃至"教育无能"。这样的问题之于老师就像癌症之于大夫，现状和后果再清楚不过，但无能为力。"那孩子"的爸爸精神有问题，妈妈离家出走不知去向，幸好爷爷还健在，叔叔多少能照顾一点。但对一个半懂事的孩子来说，生活在这样的家境中，心也许比孤儿还苦。面对这样家庭的孩子，老师连脾气也不知朝哪儿发。一位负责任的年轻女教师也只有请"眼泪"帮忙排解心中的苦闷了。她没法儿找他爸，只有找他爷爷和叔叔，而爷爷除了哀求想不出任何办法。真的是黔驴技穷了，她就想到了我，我得感谢她的信任！

我有什么办法呢？如果班主任没辙了，校长通常没有更好的办法。我只能劝她，谁让咱摊上了呢？就权当做好事。教师工作的难点和价值正体现在这种地方。我们就和他一起成长吧。为今之计，我们得"松"一点，一直这么紧下去不会有效果。我们做一做任课老师和其他同学的工作，要用博爱之心同情他、关心他、帮助他，让他慢慢进步。当然，我们要做好思想准备，他也许会越来越糟糕，也许你给了他很大的帮助也永远得不到他的感谢。为师不可急于图报，否则心里很难平衡。我们要对自己的教育职责和教师良心负责。我们拯救不了普罗大众，但使自己心安就好！她问，那他"偷"东西不写检查怎么办？我说，批评还是要批评，是非不能混淆。他不写，也许是真的不会写，你就教教他，写一句

"下次一定不做"也行。如果真的还不写，你就退一步说，你欠我一张纸条子，想起来再还我。老师笑了，接着又谈到几年来班主任工作的经验和教训。在谈到一些失误的地方，她又哭了。我劝她，你能想到这些，就是好老师，坚持下去，一定能成为更好的老师。她还谈到了与同事的关系问题，我说这个我也许能帮点忙。她笑着与我告别。

送走她以后，我沉思了两分钟，我问自己：你尊重法律了吗？

不久前我写了篇《请尊重学校》，谈到有一些力量在阻挠学校的管理，举了几个例子。有人匿名写信给我，告诉我"请尊重法律！"他认为，学生在学校打架（案例中并未致伤）就是流氓行为，这样的行为学校无权处理，应当报案。他痛责"老师就是不懂法律！""那孩子"在超市"偷"东西，我们要不要报案呢？或者说，如果学生的手机丢了，我们要不要报案呢？其实，相关人员应当想一想，为什么中国的老百姓丢东西不愿意报案呢？无非是利弊权衡的结果。我从教三十多年，从事学校管理二十年，当真不懂法律？

再回到电脑前，看了一下电脑，关掉文档，到食堂吃饭。

倾听，也许正是校长的重要工作之一。

（2015 年 12 月 19 日）

马上就办！

今天上午快到午饭时间的时候，我到亦乐园上转转，看看我们小组种的那些桃树长得怎么样，看看新种的什么菊长出来没有。毕竟是冬季，桃树没什么明显变化，菊也不见踪影。上下转了一圈，走到植物园处发现路边排水沟的水泥盖板碎在沟里，一个窟窿张着大嘴，好像随时准备咬人。此处虽非热闹的马路，但来来往往的人还是挺多的。如果走得急，如果不注意，一脚踏进去的危险是存在的。我立刻掏出手机拍了张照片，随后发到"厦大附中平安校园群"里，并注明了位置。接着我就到食堂吃饭去了。饭刚吃好，物业的姜经理也到食堂吃饭，告诉我盖板已经处理好了。我说："谢谢！"今天是周六，又是午饭的时候，处理得这么及时还是有些出乎我的意料。

回到办公室，看到群里的记录是这样的：我是 11 点 13 分发出信息的；11 点 16 分，有两条记录：廖校长发"已经电话通知姜经理组织抢修"，姜经理发"收到马上去"；11 点 25 分，姜经理发"已修好，请知悉"，并配发图片。随后有老师点赞，我也跟着点了个赞。姜经理又留言："谢谢各位领导！这是我们的工作，应该的！"我接着将这段留言截屏发到学校群里并留言："从反馈到修复一共 12 分钟，这就是服务！""给物业的同事们点赞！"随后有一批老师留言点赞。

今天是周六，大多数老师不在校，但全体高中生都在学校。如果等周一处理可以不可以？当然没什么不可以的。一干人等似乎都没有义务在周六的午饭时间火急火燎地换这么一块盖板；甚至诚如有同事说的"校长真是闲的，一天到晚就在学校里"，几乎成了好事之徒。我想，这个窟窿，即使忽略其危险性，也应当在第一时间处理好。如果没有盖板可换，就要做个简单封闭，总之不能视而不见。这个水沟盖板的质量很差，断裂的已有不少块。刚开始出现损毁时，总是不能及时更换。一问原因，说是不好换，买不到。我说，买什么买，我们自己不能做吗？你们做不好，我来做。后来物业的同志做了一批。我们与其坐而论道，写一通檄文痛责之，不如老老实实做一批盖板以备不时之需。现在方便多了，有问题马上换。

说实在话，这么大一个校区，又是个寄宿制学校，后勤服务工作量真的是很大。学校仅卫生间就有500多间，水龙头好几千个，维修量很大。好在全体师生的主人翁意识都很强，发现问题立即报修，大多能够得到及时有效的处理。今天物业的同志工作之迅速令我感动，而其他同事的点赞举动同样令我感动。在学校里，特别需要提醒的是，老师和同学在享受服务的时候要懂得感恩。知识分子的"精致的利己主义"的一大表现就是被服务的当然感很强，举手之劳不愿为，牢骚和批评成了口头禅。我时常感叹，要让知识分子感动起来真的是不容易。

为了进一步搞好服务，使信息反馈的渠道更畅通，又不至于太打搅大家，去年5月份，我们又建了一个厦大附中平安校园群，成员是学校干部、教研组长、年段长等值班老师及物业、食堂的负责人。这是一个非常活跃的群。在绝大多数师生看来，学校是那样的平稳有序，但这个群却是昼夜繁忙。目的就是一个：搞好服务！

法国作家圣埃克苏佩里在其小说《夜航》中写道："生活中不存在解决方法。存在的是各种进取力量。必须创造这些力量，办法随后会来的。"作为校长，我要做的就是与志同道合者一起创造"进取力量"。这个"力量"实际上就是一种工作热情。有了"热情"，办法总是有的。前几天，力行楼山墙上的校牌中"实"字有一半不亮，大家发现后立即反馈。但因为缺一个配件，无法立即修好。可是如果大家想到这可能会影响学校的形象，补救的办法马上就来了。很简单，在配件到位前，电闸全部关掉。这就是"进取力量"在起作用。

我们的学生宿舍楼都有几个楼门，但没那么多的人看。不锁，刑警说不安全；锁上，消防说不安全。什么都与国际接轨，就是社会治安与人的素质没能与国际接轨。怎么办？因为是玻璃门，我们在门上贴上"紧急情况下可以敲碎玻璃门"，旁边挂着铁锤，平时门锁着，防君子不防小人，只能如此。说到底，心里只要装着服务对象，服务总是能够搞得更好的。"马上就办"是"一流服务"的一个重要标志。办得怎么样是一回事，办不办又是另一回事。如果不理睬或拖着不办，服务能力再强也没意义。

前天，我在行政群里发了这样一段话："各位辛苦！我想再重申一遍，干部永远是一个单位的中坚力量。一个糟糕的单位必然有一个差劲的干部队伍。厦大附中要建成优质学校首先需要有一支优秀的干部队伍！我们要讲理想、讲奉献、讲服务，可以谦虚，可以低调，但重要性不言而喻。这次工作调整的幅度比较大，一定要衔接好！未尽事宜要做好善后，不可拖泥带水。干部固然不能是课堂教学的外行，但大家首先是学校的管理者。管理工作必须放在第一位！如果不想在行政岗位上'浪费'时间，可以辞职，让愿意服务的人来干！学校干部也不是什么官，本来就是来去自由。但只要在干部的位置上就要以干部的标准严格要求自己。各位谨记！"如果不愿意服务他人服务学校，不能感受到服务的快乐，那根本就不要当干部。

（2016 年 1 月 9 日）

给未来的你们留下什么样的记忆

历史与现实的交界在哪里？我们无法回答。现实不断成为历史，两者间几乎找不到界限。一切可以认知的"历史"都有待时间的淘洗。只有当过往的脚步缓慢到近乎静止，我们才能看得清"历史"。什么样的历史可以存放在记忆中？什么样的情景可以激活已经尘封多年的记忆？痛苦或者快乐，酸楚或者甜蜜，带着生命信息的记忆如何指向？也许与曾经的"编码"有着很大关系。

作为从教三十余年的老教师，近年来一直有一个问题萦绕在我的脑海中，这就是：我们今天能给学生什么样的校园生活，我们又能给未来的他们留下什么样的记忆？想清楚这个问题很重要。

过去的一年，我接到过不少的学生来信。其中有在校学生，也有毕业生。在校生给我写信一般都是反映问题的，更多的学生是面对面地反映，但也有学生为了将意思表达得更清楚准确，提笔给我写信。毕业生来信多是表达对老师的问候和对母校的怀念。学生来信我一概认真对待，从来不会置之不理。而校友来信，我不仅认真阅读、及时分享，还要妥善保管这些信件。在"拇指一族"和微信大行其道的时代，青年人还愿意写"长信"特别是提笔手书，背后一定有真感情和倾诉的愿望。感动之余我很是珍惜，他们的来信让我更坚定了自己的教育价值观。

2015年5月3日，林斌同学通过微信发给我一封信。信的前三段是这样写的：

尊敬的姚校长：

我是2013届高三5班毕业生林斌。想给您写这封信已经很久了，也提过几次笔，但最终都没能完成。因为觉得自己写得有点语无伦次，没有中心，不敢给您寄。现在想想，您是我非常尊敬的老师、校长，我又有什么理由担心自己在您面前出糗呢？担心给您的信写得不好呢？我只想跟您分享一下我在军理工学习将近两年的一些收获。

首先，我想表达一下我对母校的思念。离开附中两年了，然而我在附中的生活仿佛就在昨天。高中往事仍历历在目，在我的记忆里显得那么的清晰。我还时常在空闲时间浏览母校的网站，了解附中的近况。每每附中取得什么成绩，有什么好消息，我都感到十分高兴。附中也时常走进我的梦境，我发现自己离开她后，变得更爱她了，更能体会到"母校"的含义！

接下来我想跟您分享一下我在大学的学习生活中最深的一点体会。通过在解放军理工大学接近两年的学习，我有很大的收获，其中最主要的就是对党和国家、民族有了更多的认识，对我国的时事政治有了进一步的了解，对我国所处的国际环境也有了进一步的认识。

接着他用了很长的篇幅谈自己在大学的学习体会。

信的结尾是这样写的：

您是我认识的唯一一位我可以直接交流的校长，您也是我最尊重的一位长者。尽管我上面所言有很多不到位、不严谨的地方，尽管我的这些想法略显幼稚，我还是想和您交流，愿意跟您交流。思想不够深刻是因为我的能力还不够，阅历还很浅，我当前也只能将问题讲到这个层次，我也非常希望您能教予我更好的学习方法以及您的一些体会，这样我将会受益匪浅。

就我而言，在附中度过了我人生中最美好的高中时光，在此我要再次感谢附中对我的培养教育。其次，我也想给母校提一个小小的建议，就是希望能更注重对学生的政治、历史教育，让每个学生都能从学历史、学政治上有更多收获，能在他们心中播撒下社会主义优秀文化的种子，从而在将来能更好地成为我们伟大的社会主义中国的栋梁。我也建议学校能多开与国际时事、国际形势、军队国防相关的一些讲座（对一个国际事件，从其历史渊源、文化、政治、经济、军事、地理等方面进行介绍），这样能更好地帮助同学们了解世界、认识世界。在这里我也想向您推荐一部纪录片《较量无声》和一本张维为教授写的《中国震撼》。我认为《较量无声》这部片子很有警示意义，也希望您能向学生推荐一下。

> 以上是我心里一些想法，有不当之处，请您批评指正。

这样的信或者说这种交流不仅带给我愉快，也于我很有教益。我觉得我们之间的关系不是师生关系而是朋友关系。

2015年教师节前夕，接到2012届（首届）高中毕业生吴必萍同学的来信。她是福建师大数学学院2012级学生，同时也是福建师大名师实验班的成员。"名师实验班"，顾名思义，就是要培养"名师"的。"名师"客观存在，但关于"名师"的说法以及各种培养工程，我基本持不赞成态度。然而，在师范大学淡化"师范"及弱化教师专业能力培养的当下，我觉得成立"名师实验班"还是很有意义的。有为当中小学老师做有针对性的准备和没有这个准备是大不一样的。这几年我的感触更深。如果我们的青年教师，拿出研究生阶段的一半时间从事教师的专业训练，其所获得的实践能力的价值也远高于半油篓子的学术能力的价值。哪怕只练习说话和写字！

必萍每年都给我写亲笔信，篇幅都很长。从她的来信中我能看到她成长和成熟的历程。作为师范生，我从这次的来信中欣喜地看到她对教育已经有了较为深刻的理解。

摘录如下：

> 大三学年的结束意味着我大学四年所有理论课程告一段落。9月8日开始到福州第十八中学进行为期3个月的实习。由于我被推荐参加省教师技能大赛，其比赛内容是初二教材，所以实习期间将会担任初二的数学老师兼实习班主任。对于角色的转变其实蛮期待的，但又觉得充满着挑战。期待着我将走上教师岗位，能够与那么多的孩子在一起快乐学习，能够服务他人。然而，我深知作为教师的责任与意义重大。可能我们的一句话对学生的影响会超出想象；可能我们的教学方式、教学态度、教学理念对于学生的学习之路乃至人生之路的影响超出想象。或许我说得严重了，那就让此压力成为动力，让我为教育理想"革自己的命"。曾经有人说过这样一段话："懂你的人会用你所需要的方式去爱你，不懂你的人会用他所需要的方式去爱你。于是懂你的人常常事半功倍，他爱得自如，你过得幸福；不懂你的人常常事倍功半，他爱得吃力，你过得辛苦。"对于教育应该也如此。作为教师，如果采

取学生不喜欢、不需要的教学方式，那也只会降低学生对教学内容的好感和兴趣，给学生造成不必要的压力。我一直很庆幸高中阶段能在附中学习。老师对我们的辛勤付出我铭记在心，附中对我的支持、帮助我心存感激。附中的老师们是我遇见的最"可爱"的老师，如亲人一般。平常与附中同学交流时，总不忘提提在附中的点点滴滴或者近期附中的变化。（我）对附中充满着思念与赞美，很希望自己也会努力向附中老师看齐，做一名受欢迎的老师。

身为校名师实验班的成员，多次参加名师班研修，也多次观摩余文森教授关于能力立意及素养立意的有效教学课题相关讲座，有着颇多的收获。"纸上得来终觉浅，绝知此事要躬行。"曾与本专业同学去（福州教育学院）四附小教校本课程之福尔摩斯训练营，在备课的过程中也会想到如何设计，让课堂充满正能量，做到能力导向的有效教学，让孩子们在乐中学、在学中乐。但有时设计的"亮点"会被老师否定。毕竟没有经验，真实课堂不是我们想象中的那么简单。在老师的指导下，（我）慢慢地去寻找适合学生的、学生需要的教学方式。笔尖落到此处，突然想到一句话：既然选择了教师，便只顾风雨兼程。饱经风霜，沐浴阳光，待有较足经验时，便可根据学生的实际情况，在课堂中融入自己预设的、希望的能力、素养培养。

显然，必萍对教师这个职业已经获得了令人鼓舞的感悟。我在她这个年龄时，对教师的职业理解是空白的，还在不切实际地做着"学问家"的美梦。信的后半段，她说："能否稍稍'抱怨'下大三这一年压力真的蛮大的。"接着她介绍了自己一年的忙碌。现在，她已经保研。我希望她能够尽早定位，不负三年读研时光。在收到她来信的第一时间，我给她发了一条短信："必萍好！来信收到，非常感谢！对你的进步由衷高兴！不必有太大压力。读研一事，能保则保，不能保就考，上不了就工作，你一定能成为好老师！参加技能大赛一事，如需老师指导，可以回附中听课试讲。祝好！姚跃林。"我还在附中教师群里转达了必萍对老师们的问候，同时也祝我校参加教师技能大赛的同事们在师生同台竞技中同获好成绩。教师技能大赛是在职中小学幼儿园教师的赛事，大约也只有必萍他们的名师实验班成员才能破格参赛。

12月14日，是附中第一个校庆日，她一早就给我发来一条长长的短信："姚校长，您好！普希金曾说：那过去了的，将变成亲切的怀念。常想起教室走廊外开放的长春花，带给我们快乐回忆；常想起五六月份校门口盛开的凤凰花，流溢着离别与思念。附中自'赋予名字'以来已度过八个春夏秋冬，值此校庆之际，祝母校生日快乐！从附中毕业已三年多，心中一直想念着母校，感激母校，也曾多次'回家'，重温家的温馨、美好。曾看过哈佛大学的一句名言：大学的荣誉，不在于它的校舍和人数，而在于它一代又一代人的质量。或许这句话真正地注解了一个学校的内涵。想说附中正是如此，不仅传授给我们知识，更秉承立德树人的教育理念，激励我们做幸福的平凡人。高中三年的努力坚持，大学四年的充实进取，未来的日子等着我去努力，去拼搏，相信越努力越幸运。感谢师恩，祝福母校！莘莘学子无论走多远，都会心系母校！"校庆纪念日是在10天前的12月5日召开的教代会上才确定的。可见，必萍真如其所言，一直关注着"近期附中的变化"。

去年4月初，我收到2014届朱艺芬同学的来信。她在信中说："在附中的六年，所学所知的财富胜过千万。去年6月份我顺利完成高考，也真的就离开了附中。离别当晚真的是百感交集。不过，天下哪有不散的筵席？保留一份对母校的永久的眷恋也是好的。人也不能只停留在同一个地方，也需要多看看外面的世界。有时候，我总觉得附中留给我印象最深的不是它的外在到底有多美，而在于她的教学理念的特殊，让人轻松愉悦，给人一种归属感。学校似乎成为了第二个家，让人感觉踏实自在。至今我耳边常常回想起《有多久》这首歌，能勾起无限的回忆，近乎每次都眼眶湿润。记得最深的一句是：'当别人在乎你飞得高不高、远不远时，我只在乎你飞得累不累。'"《有多久》是我校师生的原创歌曲，在附中校园和校友中传唱甚广。

去年12月初，我收到2015届高三毕业生洪欢婕的来信。

敬爱的姚校长：

您好！

我是2015届高三8班的洪欢婕。想写一封信给您的念头已经太久太久，但苦于有太多太多的话想对您说却总无法清晰明了地表达出来，故一次次提笔再放下，写完又作废……

校长，对于我们来说，毕业至今已经有六个多月了。而在附中度过的六年时光仍然历历在目，清晰地印在脑海里。对老师的想念，对附中的怀念，在毕业后的这段日子里都不曾减少半分。

　　接着，她花了较多的笔墨叙写在附中六年的生活细节，特别是许多老师给予她的鼓励和帮助。"校长，记得高考后我曾对您说，高考那会儿，进场时我远远地看见您和其他老师站在一块儿，心里就充满了安全感。这确实是我的真心话。""直到现在身处大学的校园，我还经常想起您在早读时一次又一次地走过我们的窗边，走过正在读书的我们的身旁。"

　　她又写道：

　　　　爱因斯坦曾说过："当你把所受过的教育忘记了，剩下的就是教育本身。"当我对曾经学过的知识的记忆逐渐模糊，当我已经不再记得老师反复强调的解题方法时，当我最终忘记曾经为了高考而背的理论和要点时，我所能记得的，是这么多可亲可敬、辛勤付出的老师们，是学校对我们的尊重、理解和爱护。六年前，我还只是一个贪玩、不懂事、不爱学习的小孩子，是附中浓厚的学习氛围改变了我，让我能够投入地学习，养成良好的学习习惯。我在心里确立了以后出国读研的目标，因此在大学我仍然努力读书。同时我也清楚，大学是要靠自己的，老师已经不会再过多地管你，只有自己才能决定大学的四年要怎么过、毕业后走上什么样的道路。而这一切，都是母校所培养的。让我即便在毕业后，依然能保持良好的学习习惯，不至于荒废了时间，浪费了四年。

　　　　校长，六年过去了，我在附中学习，在附中成长，附中就像我的另一个家，所有教过我的老师，都像我的亲人一般。毕业后，我仍常常被空间里关于母校的动态"刷屏"，就像其中一个同学说的，每一个已经毕业的，或尚在附中读书的人，内心都有一个附中情结。

　　上周，我收到2014届许丽娜同学的来信："自从毕业以后，才越发地觉得附中特别好，也发觉自己真的特别喜欢这个待了六年的地方。每每和大学同学谈及母校，都会收获无数的羡慕与称赞。这也使我们特别自豪。""我一直觉得，附中给我更多的不是学习，而是如何有素质地做人。"她学医，想回母校搞一次义诊活动，希望得到学校的帮助。我想，我们有什么理由不"帮助"她呢？

我特别不愿意说当老师不好，但说实在话，今天做老师，开心的事不多。而看学生的来信，是我最开心的时候之一。将来退休的时候，我会将这些学生来信赠送给学校。

这两天，有一位湖北女校长的开学讲话在网络上很火。我本不想看，因为我能猜得出来大概内容，无非是"狼性"和"丛林法则"。不谦虚地说，做这样一个讲话，我是不需要稿子的。由于网络上、QQ上、微信里到处都有，我就仔细看了一遍。果然如我所料，并无新意。我想说的是，正确的话不一定是合适的话；正确的话，如果在不合适的时候由不适合说的人说出来，有可能就是错误的话。真话在什么时候什么地方讲大有讲究。如果我们的家长、大中小学幼儿园的校长（园长）、老师出口就是"狼性"和"丛林法则"，孩子还能活吗？而且这也不符合生存法则和人类和平发展的崇高理想。

我当了二十年校长，不知道给学生讲过多少次话。我现在觉得这是个负担。要用不同的话语表达相同的意思，太频繁了难度很大。但讲话似乎也是职责，不讲还不行。

上学期开学典礼，我作了《我缘何而教，你因何而学》的讲话。与湖北女校长的讲话不同的是，我要将我以及老师们放进去。我认为师生是平等的，不要一味地训斥学生。这个思想深入我的骨髓，我不需要装。其中有这样几段：

> 尊敬的老师们，百年大计，教育为本；振兴教育，教师为本。我们从天南海北来到厦门湾南岸这块充满希望然而尚在开发的土地上，所为何来？首先固然不排除是因为劳动和生存的需要，而更重要的是我们带着崇高的教育理想而来。我们应当有开拓者的勇气和自豪，要勇于担当。要做有思想的学问，做有情怀的老师。学校因学生而存在，有学生学校就有价值。我们要坚定地实践我们的教育理念，以德育人，以德启智，用强有力的教育实践能力为教育事业贡献自己的智慧。我相信，只要带着对教育、对学生的真挚感情，我们的理想就一定会像东海旭日冉冉升起，照亮星空。因此，要问我们老师缘何而教，我觉得是为了圆我们心中的梦：用"爱"点燃学生的智慧，

用"智慧"装点学生的人生，用个人"人生"推动人类社会进步。

同学们，我们从四面八方来到具有坚定文化追求的厦大附中，问过自己"所为何来"没有？我想，无非也是为着一种崇高的追求而来。人为什么要有崇高的追求？因为苟活不是人类生存的目的，而况大自然的赏赐足以支撑人类更诗意更高尚地活着；更重要的是人们希望明天的世界比今天更美好。如果所有的人都留恋物欲，停留在物质满足的层面，在财富争来夺去的人间地狱中苟延残喘，则明天就意味着更大的灾难。我认为，财富首先属于全人类，这是基本属性。如果道德和制度不是用来保障每个人的生存，就不是好的道德和制度。如果社会失去基本的道德自觉和调节能力，富人越来越富，穷人越来越穷，这个社会就不可能太平。所以，古往今来的圣贤，都以极大的责任感倡导追求崇高的精神满足。并非他们不食人间烟火，不懂人情世故，乱弹高调；相反，他们的选择恰恰是他们因"哀民生之多艰"、立志拯民于水火的情怀驱使而生成大智慧，同样也是一种有效的、理性的自我拯救。如果失掉崇高的精神追求，人类物种的健康而长久的延续将变得非常困难。显然，这不是我们的理想。所以，要问我们同学因何而学，我觉得也是为了圆我们心中的梦：用良善对待世界，用道德提升境界，用知识赢得未来，用奉献描绘人生，用人生报答"天恩"。

我们师生都是为了圆梦而来，为了心中的理想而来。无论是今天还是未来，我对各位同学都有着良好的期待和无尽的嘱咐，过去说过，今后还要说，今天就不说了。但我必须要强调的是，环顾世界，令我们不得不忧虑世界并不太平。有一种诡异的力量以各种方式将人类推向灾难，正义的人们必须携起手来，坚定维护世界和平。为了建设全人类共有的美好世界，我们每个人都应当有所奉献。今年是世界反法西斯战争和中国人民抗日战争胜利70周年，后天将要在首都北京举行盛大的纪念活动和阅兵式，纪念先烈，纪念在战争中失去生命的同胞，纪念旷日持久的惨痛岁月，珍惜今天的和平，警惕各种非人道、反人道的势力的增长。爱国是稳定世界的不朽力量，爱国就是全球胸怀，爱国需要实力。我希望附中学子，一定不做"精致的利己主义者"，一定要有家国情怀，要立志成为国之栋梁。我期待，我祝愿，我相信你们一定"能"！

本学期开学，我作了《追求卓越，拒绝平庸》的讲话，最后一段是这样的：

　　最后我想说，无论有什么理想，无论做何选择，我们都应当追求卓越，拒绝平庸。追求卓越就是不可自甘落后、流于一般——务必自强不息，止于至善。拒绝平庸就是不负天资——务使天生我材，必尽其用。我们追求一流的教育服务，就是希望给未来的你保留一份美好，为未来的你奠定良好的发展基础。希望未来的你不仅快乐幸福，还能给更多的人带来快乐幸福。

当天晚上，一位老师给我留言："初一学生今天为校长开学致辞点赞，回教室问我：'校长教什么学科，他讲话我们都听得很安静。'"我能感觉出来，2700名师生安静地听我长达20分钟的讲话，我觉得是我的平等和真诚赢得了大家的共鸣。

生活是多面的。我们完全可以用美好的一面引导学生完整地认识生活，并因此能够智慧地应对不美好的一面。

在写这篇文章的中间，有两位女生到我办公室送给我一封信。我说为什么不直接说而要写信，她们说怕我不在办公室，准备将信从门缝中放进来。我说有什么事吗？如果需要我帮忙，你们就要署名，因为我要向你们反馈。她俩说，您现在有时间吗？我说没关系，你们讲。她们讲了个大概，我说我一定去落实。她们走后，我就联系相关同志了解情况。

（2016年2月23日）

下　编

理性的温度

高考改革要找准逻辑原点

在众多关于高考改革的文章中，近期发表在中国教育报上的三篇文章给我留下较深刻的印象。其一是清华大学教授谢维和的《高等学校的三种入学形式——从高考制度的"兼顾原则"及其变量说起》，其二是天津市教育科学研究院院长张武升的《高考改革要对症下药》，其三是厦门大学教育研究院刘海峰教授的《文化国情决定高考模式》。

我亲历的高考改革举其要者大概有这么三项："3+2"科目改为"3+X"，全国统一命题改为分省命题，部分大学实行小比例的自主招生。这几项改革的初衷都是好的，但实际意义非常有限。"3+X"其实就是"3+3"。"X"就是三科拼盘，当时设想搞成"水乳交融"式的综合，但实际上根本不可能搞成功。分省命题的本质及其意义我到现在也没有搞明白。至于自主招生，现在差不多成了三大联盟为掐尖而提前举行的"定亲"活动。"定亲"跟"结婚"是两回事，自主招生入围与录取也是两回事，最终还要看高考成绩。自主招生入围的学生，几乎"裸考"都能考上，但既然有自主招生，他如果不参加，能够考上的几率就有所下降。

为什么高考改革乏善可陈？就深层次而言，高考改革不是简单的教育改革，而是复杂的社会变革。仅以教育之力，怎么可能胜任社会变革？就表层而言，近年来的高考改革一直没有找准改革的逻辑原点，换句话说，就是不知道为什么而改。认真分析起来，这个"逻辑原点"并不难找到。我们一直认为，教育改革有一个瓶颈，这个瓶颈就是高考。为什么说高考是瓶颈？是因为有高考就有应试，有应试必然就有应试教育。"3+2"科目改为"3+X"，全国统一命题改为分省命题，这些都是改革，但都不是用来解决"应试教育"这个问题的。只有自主招生是可以解决应试教育的办法之一，但在实践中还是走了样。

我赞成谢维和教授的"兼顾原则"，即高考改革要兼顾"高等教育与基础教育的特点和诉求"，但高考改革首先要考虑基础教育的特点和诉求。我们通常将普通高中的任务概括为两个方面：为高校输送合格人才，为社会培养合格的建设者。如果说现在的基础教育培养出来的学生有问题，或者说基础教育质量有问题，那么仅靠在高考形式上作些无关痛痒的改革，是解决不了任何问题的。学生素质已然如此，怎么挑还是这些人。因此，高考改革首先要考虑的是如何推动基础教育改革。基础教育质量提高了，高校就不愁选拔不到合格的生源。

刘海峰教授认为，影响中国高校招考改革的文化因素"最主要的还是教育价值观"，这种教育价值观还较多地包含"书中自有黄金屋，书中自有颜如玉"一类的实用主义的价值追求和急功近利的浮躁心态。显然，中国人独特的教育价值观才是问题的核心。这种教育价值观虽然不会一成不变，但当前的教育价值观就是"升学观"，就是"应试教育观"。毫无疑问，高考制度必须坚持，而应对高考的专门"训练"也必然存在，甚至"应试教育"也不可能得到根本改变。基于此，我认为基础教育改革的着眼点是变近乎疯狂的应试教育为理性的应试教育、人道的应试教育。切实减轻学生不必要的课业负担，使学生尽可能地自主学习，并且有一定的自由时间发展爱好，这应当是高考改革的逻辑原点。如果达不到这个目的，不如暂时不改。

从减轻负担、还学生自主学习的权利这个原点出发，笔者认为高考改革依然要走综合改革的道路。首先要减少学习的科目，大幅度减少教材的容量，降低教学难度。其次，高中实行分类教学，实行学分制。在已经实行义务教育的地区试点初中两年制、高中四年制，以尽早实行分类教学。再次，实行全国统考，难度相当于水平考试。"985"或"211"大学全额自主招生，其他所有大学一律按统一考试成绩结合学分、综合素质评价自主录取，在条件成熟的时候全面实行高校自主招生。各级招生办不再划定各批次线，只划定录取参考线，允许各高校在招生计划范围内补录。公平问题交由各高校负责，各高校也只需对本校招生公平问题负责。这样做的目的：一是使学生学得简单考得也简单，从而有一定的自主学习时间；二是在基础教育的最后学段解放大多数学生，通过学分杠杆，促进其全面发展；三是使大多数高校层次模糊化，鼓励学生按兴趣选择学校和专业。

（原载 2013 年 4 月 19 日《中国教育报》）

导师应是学生最亲密的朋友

报载武汉建港中学本学期起实施"成人导师制",为家庭困难、行为偏差、身体有疾病的高中生配备了"导师"。导师均由该校任课老师担任,每位教师与一到两名学生结对子,为这些特殊学生建立档案,完成成长手册的记录。导师要经常性与结对学生谈心、家访,进行学业指导、行为训练、心理疏通等。"导师制"在课堂外重构了一种新型的师生关系,无疑是更具个性化、更有针对性的教育形式。

一般来说,我们在学生时代,尤其是在中小学时期,很难体会到亲密无间的师生情谊。师生间大多有一道看不见的且又难以逾越的鸿沟,彼此很难走进对方的心灵深处。林语堂之所谓"人人必须自寻其相近的灵魂",不独为读书言,孩子成长尤需要"相近的灵魂"。当老师真正成为学生最亲密的朋友时,孩子的灵魂就有了"同伴",他在成长的路上就不再孤独;而老师也将一改"经师"而为"人师",进而回归到教育的本质。

"成人导师"名为导师实则朋友。如果你不能成为学生最亲密的朋友,你就不可能成为真正的导师,你就只能是"另一位"老师,就很难发挥独特的作用。学生并不缺乏"人生指南",缺的是可以真诚倾诉的对象。他们渴望在成人世界拥有推心置腹的朋友。所以,导师既非同情或施舍于学生,亦非无所不能、永远正确;不能扮演救世主,而应当是学生与之共同进步的朋友。

实施导师制的难点是导师队伍建设。要使导师制不至于成为昙花一现的"创举",必须将导师培养与教师的专业成长结合起来,使导师工作成为教师专业成长的重要平台,成为其教育人生不可或缺的重要领域。

"成人导师制"无疑会受到学生和家长的欢迎,但毕竟要增加教师的工作量,所以全员全程实行导师制存在困难。因此,于学生方面,可以选择需求显著的人群;于教师方面,可以要求全员参加,但确实不是所有人都能胜任;在指导周期上，针对不同对象制定不同周期；在指导方式上，可以采取集中与分散相结合之类更灵活的方式。指导、监督和评价导师工作质量是一项比较复杂的工作，尤需审慎。必要的行政推动是"成人导师制"得以长久实施的重要保证，但要避免行政的过度干预，不宜硬性推广到所有学校。不是所有学校都有实施"成长导师制"的前提条件和必要性，滥用行政手段，致一哄而上反促其夭亡。

"成人导师制"是学校德育工作的形式之一，它只是班主任工作的一种补充，班主任应当在导师制实施过程中起主导作用，应当了解本班学生和导师的活动情况。"导师制"关键在"导"，不是带孩子。成长导师不是课外辅导老师，不必直接辅导学生的功课，更不能随意点评任课教师的教学情况。所以，中学生的导师与大学生、研究生的导师有着本质区别，其工作模式仍需要在实践中不断完善。

（原载 2013 年 4 月 26 日《中国教育报》）

归于平淡的"黄冈教育"也许才是真正的教育

自高校招生制度恢复以来，黄冈中学（以下简称黄高）创造了一系列教育神话，因此迅速成为中国最负盛名的中学之一。黄冈市委书记刘雪荣概括黄冈神话有"三大法宝"：奥赛、高考和教辅。神话不再，主要是"法宝"不灵。但诚如黄冈教育局长王建学所说，黄冈的升学率并未下降，"问题在于尖子生的数量在下滑"。有人认为，黄高以及一大批县中是高考改革的失意者，从某种程度上说不无道理，即高考改革使黄高在拔尖生教育方面失去了明显的优势。

黄高创造"奥赛神话"的最重要原因是起步早。当别人还不知道奥赛是怎么回事的时候，他们已经在国际上频频获奖。而奥赛一旦在各地引起重视，黄高就不可能独步天下。当教辅成为脱离课堂的单纯产业时，不良的市场环境以及分省命题的高考改革，必定使"黄冈教辅"的市场大幅萎缩。因此，可以说"黄冈神话"是可以复制的人间神话，而不可能是永恒的神话。盛极而衰是自然规律，"黄冈神话"的破灭是必然的。

从另一个角度来说，黄高虽盛极一时，但并无令人称道的独树一帜的教改理念，因而缺乏核心竞争力。"黄冈神话"说到底仍然是应试教育的产物，对"真正的教育"并无独特的贡献。我们固然要承认它的价值所在，但不应视其为不二楷模。今天黄高最强劲的对手，很多恰恰曾经是它最虔诚的"学生"。但愿这些新兴"牛校"能从"黄冈神话"的破灭中受到启发。

当前教育改革的一大"怪圈"就是，我们反对什么，什么就最有生命力。当"均衡教育"的口号喊得最响亮的时候，最妨碍实施均衡教育的生源大区域流动反而成为普遍现象。十年以前，跨市招生的情况很少见，现在很普遍。市里的学生跑到省城，县里学生跑到市里，农村高中基本"沦陷"。"超级中学"不仅垄断了优秀学生，也垄断了优秀教师。"黄冈教辅"和"黄冈教师"也成了教育的金字招牌，于是教师外流成为不可遏制的潮流。在城市化和教育现代化的进程中，经济对教育的作用趋于直接。与隶属政府经济实力相对应，"县中"不敌"市中"，"市中"不敌"省中"，是一件再自然不过的事。

神话既然是人创造的，那么，黄冈能创造，别处也可创造。在一些地方，建设"超级中学"是政府的政绩工程。当奥赛获奖人数、考取北大清华的人数成为无可替代的政绩后，生源掠夺就成为必然。在生源大战中，黄冈不是武汉的对手，黄高又哪里是华师一附中的对手？多年来，那些屡创教育神话的"超级中学"基本都是大规模选拔生源的学校，这些学校成了北大、清华等名校的生源基地。而30年前，北大、清华在一个省录取的学生不太可能集中在几所学校。当获得北大"校长实名推荐制"资格成为一种荣耀的时候，扶植"牛校"成长就成为一个地方的"政治"。当"牛校"遍地开花时，黄高焉能一枝独秀？

建设"牛校"的另一个现实依据就是"老百姓对优质教育资源的渴望"。当普通高中教育规模迅速扩大而地方经济实力不足以支撑时，"面子工程"就应运而生。实际上，正如教育均衡是相对的，教育资源优质与否也是相对的。即使教育投入倍增，优质教育资源依然是不够的。所以，一两所"牛校"是无法从根本上满足老百姓这种"渴望"的，甚至相反，其在某种程度上扰乱了教育生态。

黄高校长刘祥说："这几年，我们好不容易淡出了人们的视线，只想喘口气，静下心来，做自己该做的事情。"此言不谬。用应试教育的思维建设一批"黄冈中学"，于中国教育未必是好事。端正办学思想，实施科学评价，归于平淡的"黄冈教育"也许才是真正的教育。

（原载 2013 年 8 月 12 日《中国教育报》）

分班：事关公平的"技术活"

近来，关于中小学分班的话题引发公众热议。中小学学生分班问题看似小问题，却是关系到教育公平的关键"小"问题。小则小矣，但于公平很"关键"！"怎么让你们给孩子调个班比我们调整个县长还难！"这是我拒绝某领导为其下属孩子调班要求时亲耳听到的话。在义务教育阶段，从某种程度上说，"择班"比"择校"更实际、更重要。

分班的首要原则是均衡教育资源。硬件均衡和机会均等都不是难事，难的是关于"人"的问题。显而易见的头等问题是均衡教师配备的问题。怎样的师资配备才是均衡的？我的体会是，当本校教师子女选班也举棋不定并最终选择不同班级的时候，师资差不多就是均衡的。所谓"好"教师"差"教师，其实大多是同事的评价结果，新生家长一般不会很清楚。如果学校领导本着公平和实事求是之心，尽可能将师资力量搭配均衡了，接下来，分班就只是"一般"的技术活儿。

分班的"技术"含量首先体现在科学合理地均衡生源。平行编班的原则需要借助平行编班的科学方法。分班是现有生源的不同组合，学生自身就是最重要的资源。如果要实现科学地平行分班，是需要尽可能多地采集相关数据并作相应分类的。得天下英才而教之乃师之本性，绝大多数教师并不刻意关注学生的家庭情况和家长素质，学生自身优秀才是关键。对小学一年级的教师来说，关注学生的家庭，其实是在无法实施评价的情况下借以推测的一种途径。对中学来说，依据升学成绩或举行必要的分班考试，然后综合成绩、性别等因素平行编班，班主任随机选班，这是一件相对科学和简单的事。电脑随机编班并不排斥人工合理干预，其前提是要有利于"均衡"和"公平"的实现。对起始年级来说，教师很关键，但集体中每个个体的禀赋也很重要。集体的认同感、荣誉感和自豪感对个人成长的促进作用同样是巨大的。因此，尽可能均衡生源整体素质是平行编班的关键所在。

如何衡量生源质量是另一个"技术"问题。这是一个既复杂又简单的问题。说复杂，因为准确地评价一个人并非易事；说简单，一张卷子几道题足可达成模糊目标。事实表明，在现行的评价机制下，依据这种模糊结果分班并无太大问题。通过测试并根据测试结果编班，这种做法本身并无过错，问题出在如何编班、编成什么班。如果从促进均衡和公平的角度了解学生家长的学历、职业等情况并据以平行编班，或许并非坏事；但据此"贴标签"，分快慢班，且有区别地配置资源，其做法不仅有违政策和规律，更重要的是与教育的根本宗旨背道而驰。

　　长期以来，教育部三令五申不得在中小学尤其是在义务教育阶段分重点班，但为什么重点班以及各种改头换面的"重点班"依然存在？一个重要原因出在教育观念和教育评价上。在过度关注升学"重点率"的评价维度里，"优生率"成为好学校的标志，教育对社会的综合贡献率得不到及时而科学的评价。当价值取向发生偏差时，"潜规则"可以堂而皇之地成为"规则"，于是，各种令人不可思议的怪事就会次第发生。

　　还有一个不能回避的问题是，我们在谈论教育公平时往往忽视了拔尖学生的成长规律。事实证明，简单以"公平"的教育替代"合适"的教育，不能有效解决当前教育当中存在的诸多实际问题。所以，转变人才观念和教育观念，建立切实可行的科学的质量评价机制，构建适合全体学生身心健康成长的公平而有选择的教育体系，是实现更高层次的教育公平的必由之路。

（原载 2013 年 8 月 16 日《中国教育报》）

挂牌督学要做深入学校的"片儿警"

国务院教育督导委员会办公室日前印发《中小学校责任督学挂牌督导办法》,规定在年底前,按照1人负责5所学校左右的标准,全国中小学要全部配备责任督学,并在所有学校挂牌公示。毫无疑问,"挂牌"责任督学制度将使中国教育督导制度快速走近大众,走进民心。

应当看到,虽然教育督导工作在教育改革和发展的过程中起到了极其重要的作用,但毋庸讳言,教育督导制度仍然是"象牙塔"里的制度。不仅普通公民不了解,甚至绝大多数一线教师也说不清道不明。很多人并不清楚督导、督政、督学以及作为行政官员的"总督学"的具体内涵,也未深切地感受到督导的具体作用。一项旨在推进依法治教、规范办学的督导制度及其责任部门居然长期不为大多数人所了解,其职能发挥的有限性可以想见。因此,《中小学校责任督学挂牌督导办法》的实施至少要注意下面的问题。

督导机构独立行使教育督导职能。教育督导制度只有置于老百姓的视野中,才能得到大众的理解和支持;教育督导部门只有在充分运用"民意"这柄尚方宝剑时,才能逐步摆脱事实上已沦为各级教育行政部门"附庸"的尴尬地位,从根本上独立地发挥作用。责任督学只有走近大众、走进民心,才能真正为民办实事,为教育办实事。督学应当拂去"神秘"的面纱,像"片儿警"一样,走街串巷,从小事做起,从百姓的难事做起。老百姓有困难能想到你、能找到你,你才有可能发挥作用。正所谓有为方能有位。

要在法治的框架下督导。"挂牌"责任督学制度有利于推进教育督导工作深度进入教育热点和难点问题领域,有利于在法治的框架下根本解决为社会广泛关注和诟病的教育热点和难点问题。"挂牌"公示,以前所未有的视觉影响凸显依法治教的必要性和紧迫性。在进一步推动政府和学校规范办学行为的同时,应弘扬法治精神,促进依法办学。建设法治社会,当从教育抓起。"挂牌"责任督学制度的有效实施，将促进学校成为法治社群的样本，从而更好地将法治精神植入孩子的心灵，进而推进依法治国。

"挂牌"责任督学制度要预防挂"空牌"。是否拥有一支素质过硬的督学队伍是教育现代化与否的重要标志。义务与权利对等，督导机构应当接受人民群众的监督。人民在赋予督导机构权利的同时，同样有必要将其置于公开的监督之中。督学"挂牌"，责任包干到人，可防推诿扯皮；定期考核，使督学、学校共同为学校发展负责。只有当督导形成巨大力量，才能促进管办分离，还基层学校办学自主权，从而保障教育更好地为人民服务。

督导制度之于学校当如空气之于人，学校习惯被督导当如人之呼吸空气。在学校，督导应被视为最自然不过的事。教育工作者没有理由不支持"挂牌"责任督学制度，因为只有依法治教，教育才有尊严，教师才有尊严。只有在充满尊严的教育环境里，学生才能成长为有尊严的公民。同时，督导不仅监督，还要指导，因此，督导制度必定有利于从根本上解决学校面临的一系列实际困难，从而推动学校规范化、制度化建设。

（原载 2013 年 9 月 28 日《中国教育报》）

最严校规减少成长机会

近日，陕西省乾县某中学出台校规：男女同学交谈，不得使用 QQ、手机；教室里没有其他人在场时……被网友誉为"最严校规"，而诸如学校当众摔手机、集中砸手机之类的事情，经媒体再度曝光后，也是引人注目。此类事情并非奇闻，说"雷人"，实则因媒体的周期性反应导致我们再次被"雷倒"而已。

据说，"早恋"为当今汉语所特有的词，说明外国人认为此说法于理有不通之处。《中学生日常行为规范》一共 40 条，可谓细致入微，但没有禁止早恋一条。故以禁早恋之名巧立校规于法无据。而且大多数老师对"中学生早恋"的态度很理性，认为正常、少数、大多有别于成年人，属于蒙昧的好感。它是一种现象，无所谓好坏对错，既没有办法杜绝，也没有理由提倡。所以，学校不必针对个案制定内容浩繁、意义不大、落实不了而又有可能戕害学生心灵的"法典"。

这些根本无法得到有效执行的"雷人"校规，使学校与学生的"战斗"进一步白热化，反映的是极不明智的本领恐慌，是无可奈何、黔驴技穷的表现。学校赤膊上阵，直接摔碎学生手机，慢说违法，至少是有辱斯文的一件事。说明教育者不仅极度缺乏教育智慧，还有违现代教育应尊重人、尊重法律的基本原则，显然偏离了正常轨道。

引导中学生不要谈恋爱当是教师的责任所在，其意义超越正确处理恋爱一事本身。人生漫漫，在正确的时候做正确的事必定事半功倍，否则事倍而功不及半。生活是自己的，别人的经验和教训不见得对自己有什么意义，幸福或痛苦往往需要自己去经历才能深切体味。很多时候，"试错"是无法回避的成长过程，而育人也不仅仅是学校的事。

中学生能否"早恋"？要不要容许学生带手机进校？这一类的话题没有太多辩论的必要。因为要与不要不是关键问题，关键问题在于此事反映了全社会缺乏基于共同价值观之下的普遍教育原则。成人首先没有将其中的利弊想明白，故而缺乏明确的价值取向。在国家层面上又无明确规定，即便有规定也多是含混不清。我们说"雷人"校规立规无据，但也拿不出违规依据。假如没有行政干预，学校显然有权在不违法的前提下坚持自己的校规。"千校一面"源自缺乏个性和独有的灵魂。所以，在强大的"民意"中政府主管部门应该暂缓介入，要相信学校有能力度过"危机"。没有第三方干预的客观"斗争"更有可能催生真理。在法律面前，学生和学校应当平等地受到尊重。如果校规违法自当叫停；如果只是不接地气，不妨任其自生自灭。

当然，这不意味着"雷人"校规值得保护，更不是值得推崇。制定几条"雷人"校规，也许能够减少一些问题，但同样减少了成长机会。客观地说，人生道路是可以优选的，也即我们可以做得更好、过得更好，只要我们愿意。因此，我们常说，人生漫长然而紧要处只有几步，往往一步走错全盘皆输。虽然我们不可能不走错路，但作为教师，以自己的人生经验引导学生，正是为师者的责任和使命。因此，校规一词应该指向学生的未来，而非为眼前的管理省事；相反，只有教育者更费心，学生的未来的脚步才可能走得更顺利。

（原载 2013 年 10 月 18 日《中国教育报》）

学校教育切勿"绑架"家长

有网友吐槽：孩子班主任在班级 QQ 群里将家长分成三档，称资质相同的孩子摊上不同的父母，其发展就不一样。有家长说是逆耳忠言，也有家长说看了辛酸。我以为，老师"当着全班孩子及其家长的面"说这样的话颇有些挑拨的嫌疑。教师在推卸自己责任的同时也帮孩子推卸了部分责任，结果徒增家长心理负担，于事无补。

家庭教育的重要性不言而喻，其地位丝毫不逊于学校教育。然而家庭教育和学校教育的主要职能有着明显的侧重点。家庭教育在确保孩子健康、安全的同时，应着眼于习惯、心态、意志、品德等方面的教育，不应过多介入具体的学业指导。而学校教育应在尊重学生身心健康发展规律和教育规律的前提下，促进学生德智体全面发展。在现代教育体系里，两者虽可互补，但学生的文化课学业教育的责任应当且只能由学校来承担，除非孩子"逃离"学校。

老师"绑架"家长的事情多半发生在低学段。分析其原因主要有三：一是分数至上以及"绩效主义"沉疴依旧。在"即学即考"的教育评价体系里，家长参与辅导会有立竿见影的效果。同时，教师借助家长的力量，可以更有效地控制学生的课余时间。说到底是应试教育思维作祟。二是低学段中学科少，容量小，内容相对简单，绝大多数家长能够插上手。三是小孩子听老师话，家长又拗不过孩子，老师的话往往经由孩子而成为家长不得不听的"圣旨"。中学生或心理逆反或思想渐趋成熟，家长和老师的话未必全听。所以，老师"绑架"家长也好，或者家长、老师"合谋"也好，一概难以奏效。然而，良好的学习习惯正是要从小养成，待其被动学习的坏习惯"生根"，学习主动性就很难激发出来。

家长如有能力科学地指导孩子的学习自是好事，但要有限、有度，不能越俎代庖。要意识到学习是孩子的事，教书是学校的事，家长无法替代。家庭教育如果拘囿于具体的课业辅导，随着年级上升，必然是功效递减而副作用倍增。那些没有能力或没有时间督促和辅导孩子学习的家长也不必"辛酸"和焦虑，要相信孩子有自我矫正和修复的能力。如果孩子有好的习惯，所谓的"问题"终究不成其为问题。我们不要剥夺孩子的自由空间，要有长远目光，要学会等待。

对于老师来说，如果要成就良师，就必须坚持立足于课堂解决问题。如果长期依赖家长这个"助教"，不仅教学效果好不了，而且人格力量大为削弱。中国的父母大多双双忙于生计，耗费太多精力辅导孩子学习实在勉为其难。老师"不作为"逼迫家长"为"，还言之凿凿，家长对老师和学校是不会有好评价的。"亲其师，信其道"，家长怨言不断，孩子耳濡目染，老师不可"亲"，教学效果必然打折扣。倘若布置给家长的"作业"很重要，老师何不亲为？以老师一人之力解数十家长之围，此第一等功业，老师为何不做？

人可以选择什么样的未来，但无法选择什么样的出身。人生而有用，生命不因"无知"而丧失其独立价值。教师有责任教导学生尊敬父母、懂得感恩。如果当着孩子的面无端指责其父母，或者陷家长于不能自拔的伦理困境，实非明智之举。

总之，学校教育和家庭教育均要恪守各自职责。

（原载 2013 年 11 月 15 日《中国教育报》）

海外名校录取率不该成学校兴奋点

近来，有媒体记者在采访中发现，在一线大城市的一流中学里，若还有人喋喋不休于一本达线率甚至"北清率"是会遭到嘲笑的。现在要比就比升入世界一流大学的人数，比有多少学生考入耳熟能详的世界排名前 20 位的大学。

升学率与升学教育好似一枚硬币的两面，有升学教育，升学率即客观存在。但当前陷入这种无休止的升学竞赛而无力自拔的，不仅包括几乎全部的中小学学生，还包括他们的老师、家长，甚至政府官员。升学率比拼从高考达线率到专科以上达线率，再到本科以上达线率，再到一本以上达线率，再到"985""211"录取率，再到北大、清华录取率，再到如今的世界一流大学录取率，升学率比拼的版本随着高校大幅扩招和教育国际化的快速发展，终于迈进"7.0 时代"。

在经济全球化的今天，教育国际化势不可当。2012 年中国出国留学人数达到 39.96 万，为全球最大的留学生输出国；预计 2013 年出国留学人数会达到 45 万人。从 1978 年到 2012 年，中国总计送出留学生 264.47 万，其中 90% 以上为自费留学生。研究表明，近年来留学生呈快速低龄化趋势。从 2012 年中国国际教育展期间进行的调查报告中可以看出，计划出国留学学生的学历层次方面，本科生占 51%，高中生占 38%，约 5% 的研究生有出国留学计划。值得关注的是，其他有意向出国留学的 6% 的群体中，有不少的初中生甚至小学生。2005 年以来，赴美读书的中学生增长了 10 倍以上。在被调查有出国留学意向的学生中，有 59% 的人选择高中毕业后即出国留学。2012 年，人大附中、北京四中均有近 70 人拿到国外一流大学的录取通知书。有人开玩笑地说，在上外附中，学生会问高考是什么。2013 年该校应届毕业生 250 人中，参加高考的只有 47 人，其中"裸考"的只有 10 人。放弃高考的学生中有相当一部分直接被国外一流大学录取。

在用升学率衡量学校质量的惯性思维中，即使高考竞争已不再激烈，人们用依然固执地版本不断升级的升学率统计模式对各类学校进行排名。这种排名学校需要，家长和社会需要，教育主管部门和地方政府也需要。一旦失去了升学率，几乎所有的人都很不自在。事实上，能够通过SAT考试并经正常渠道录取到全球排名前20位的学校非常不容易，能够进入美国"常春藤"名校且获得全额奖学金的更是少之又少。这样的学生原本可以考上北大清华，现在他放弃了高考，对于"传说中像神一样"的母校来说是巨大的损失，所以在升学率统计中，其贡献率是不可能被忽视的。这也是"海外名校升学率"比拼集中在普通高中阶段的重要原因。对此类成绩统计，很多地方政府也是默认的；有的地方教育主管部门直接单列为排名指标。他们大多称之为新的增长点，实际上就是新的兴奋点、关注点、评比点，是学校的又一个"牛鼻子"。

在留学大众化的今天，高中毕业直接进入国外高校读本科的学生中，更多的人在高中阶段的成绩并不出色。在国际高中以及普通高中国际课程班中，有相当比例的是成绩中等偏下的学生。由于对中国高等教育质量存在疑虑，有不少家庭经济条件好的学生，在不能考入国内"985"大学的情况下，选择留学。也有一部分人认为，"全球视野"和熟练掌握一门外语对未来的发展很重要，所以留学是必定的选择，迟出国还不如早出国。这类学生几乎全为自费留学，学校的类型也是五花八门。有不少的国外二流甚至三流的高校，招生基本不设门槛，名为"抢人"实则"抢钱"。无论是凑升学率，还是赶时髦，"留学生"自然堂而皇之地榜上有名，名不见经传的海外三流学校居然也莫名其妙地被套上了耀眼的光环而成为海外名校。因为这在一定程度上满足了相关利益方的需要。

片面追求升学率以及升学率排名是中国教育的痼疾，区域、城乡、校际的巨大差距是实现教育公平的最大障碍，诚信体系不健全以及评价科学化水平低是教育改革举步维艰的又一绳索。应试教育思维不改，则留学潮也无法改变升学率崇拜。一旦"7.0版"失效，"8.0版"随之而来。在学校上方，升学率尚未"松绑"再遭"紧绑"。让简单统计学替代科学的教育测量学，用升学成绩的高低掩盖教育服务品质的好坏，国际化以及留学潮当然无法触及中国教育的根本灵魂。因此必须通过深化教育领域综合改革，从强化人才战略和民族安危的角度，回归立德树人的教育本质，切实提高各类教育的质量。如此，教育才能真正让人民满意。

（原载2013年11月29日《中国教育报》）

端正大学学风究竟靠谁

日前，上海大学顾骏教授发表《端正大学学风不妨"关口前移"》一文，指出，"尽管学风问题表现在大学内，其形成却是在中学里"。他又说："今日中国基础教育中的许多教育工作者，忙忙碌碌在为学生进大学准备一块敲门砖。他们很少思考，一旦学生成功进入大学，敲门砖失去意义之后，还有什么东西可以支撑学生进行学习？"言下之意，今日大学的学风问题，根源于中学教育。

顾先生撰此文缘起于北京师范大学校长董奇关于大学学风问题的相关言论。顾先生虽然表示"大学当然有责任"，但"不在中学阶段解决问题，进了大学木已成舟，再要改进就事倍功半了"。

学风乃学校、学术界或一般学习方面的风气。董奇校长所列之不良学风似乎不完全是"自主学习和创新思考"的能力差所致。换言之，即使能够"自主学习和创新思考"，校风不见得必定优良。这是两个不同属性的问题。自主学习与自觉学习并非同一概念。"自主学习"固然可被视为一种优良学风，但更准确地说，它指的是一种学习的方式方法。简言之，"自主学习"的人照样可能存在学风问题。由此可推论：端正大学学风"关口前移"到中学，不仅缘木求鱼，而且毫无道理，是大学"懒政"的一种突出表现，不免有推卸责任的嫌疑。顺着顾先生的思路，中学也可将不良校风形成的责任推到小学、幼儿园，自然也可以推到家长，家长当然也可以推到社会。最后终于推给一个看不见的"主体"，结果是谁都没有责任。大学如果不能勇敢地担负起学风建设的责任，只想着怎么推卸责任，指望中学将"圣贤"送到大学里成就"学者"，显然是脱离实际的想法。殊不知培养"圣贤"要远难于造就"学者"。我倒想问一句：教授造假与中学教育何干？风气形成定有很多外在原因，但正风首责定在自己。

鉴于大学新生不适应大学的学习方法问题，不少学者提出研究"中学与大学的衔接问题"。我认为"衔接问题"不是"真"问题，至少不是提高高等教育质量的"关键问题"。任何事情，只要能分成若干阶段或若干部分，其间就存在关系问题，就会有衔接问题。中学不因大学存在而存在，正如小学不因中学存在而存在。应当根据中学教育的"独立价值"科学界定其根本任务，改变单一的办学模式和评价方式，全力做好中学阶段应该做的和能做的事。

教育改革要"瞻前顾后"，制度设计要突出内在衔接。基础教育改革"向上看"，高教改革"向下看"，尊重教育规律，尊重人的发展，"衔接"就一定能够自然完成，至少不会出现影响全局的问题。当前的高等教育在尊重规律、尊重人两方面并非没有问题，但基础教育阶段问题更多。所以，高校应当协力推动基础教育改革，甚至要牺牲一些自身的短期利益，以此促进全社会树立正确的基础教育观，这才是大学文化的担当精神。如果高等教育不能在基础教育改革过程中发挥积极作用，甚至起相反的作用，则高等教育的质量提高就成为空谈。

大学生不善于学习是中学的责任，大学的学风差还是中学的责任。试问，大学的责任何在？今日中国两千所大学三千万在校生，如果所有的大学都定位为培养"学者"，不仅不可能，而且太不需要。对所有大学来说，培养身心健康、人格健全的"人"当是首要责任！

（原载 2014 年 1 月 17 日《中国教育报》）

"培训"搅局考验自主招生命题能力

刚刚过去的这个周末，集合了全国 20 多所优秀高校的"北约""华约""卓越"三大自主招生联盟的笔试同时开考。据了解，只有通过笔试，考生才可以选择相应联盟中的大学参加面试。因此，在考试现场，一些培训机构也瞅准机会粉墨登场。"自主招生命题专家""通过率 80% 以上"等宣传标语，让许多家长怦然心动。

高校自主招生的根本出发点是将招生权还给学校，让学校选拔合适的学生，让学生选择合适的学校，进而提高办学质量。同时，作为深化教育领域综合改革的重要一环，其将对实施高校多元录取、分类招考、招考分离、减负等诸多环节产生影响。自主选拔的有效性是建立在学生不经过任何强化培训、临时包装和保持原生态的前提下，否则就一定会沦为"小高考"。这不仅完全违背初衷，而且严重增加学生和家长的负担。因此，遏制"培训"搅局，保证自主招生遵循规律，需要引起足够重视。

应试教育的核心问题之一是教育"培训化"，考什么教什么，教什么练什么。知识碎片化，能力形不成。因此，即使上海学生在 PISA 测试中连夺第一也无半点值得炫耀之处，因为对精通应试之道的中国学生来说，熟悉 PISA 题型是非常简单的事。一旦套路被破解，培训就有了用武之地，测试就在某种程度上失去了准确性。所以，要使自主招生"培训"失效，就必须在命题上下功夫。

什么样的考试题目是通过突击培训难以奏效的？首先要杜绝偏题怪题。如果严格遵循课程标准和考试说明，考试内容及题型都是学生在课堂学过的，就没有必要参加社会培训。假如考试内容超纲，是正常教学不会涉及的，就会给学生传递错误信号，即要取得好成绩就得补充学习内容；又假如让"胡适之"对"孙行者"这种对对子的题目大行其道，培训就必定有市场，因为对对子是技术活儿。学校要面向全体，不可能将这种老掉牙的修辞作为教学的重点，也不会经常超出课程标准组织教学，故参加自主招生的学生只能另寻他途。其次，要重点考查学生的知识基础、思维能力、概括和综合的能力、知识迁移能力等学习能力，摒弃死记硬背。再次，要贴近学生的生活和学习的实际，不刻意求新求异，应以"巧"而非以"难"取胜。出难题是末技，而高超的题则好似贾宝玉似曾见过的林妹妹，看着亲切，其实是不容易琢磨透的。最后，关于面试，应当以考查学生见识和思维能力为核心，不以举手投足、言谈举止的妥当与否一类的"细枝末节"取人；应当增加题目的可选择性，适度宽容学生的"冷门"。

高校招生是一项宏大工程，而在大规模批量选拔人才时，命题是一项关键工作。命题不科学，不仅难以科学选才，而且干扰基础教育的正常教学。高校不但要深入开展命题研究，还要组建一支稳定可靠的面试教师队伍，切实提高自主选拔的科学化水平。对于中学来说，应实施素质教育，落实课程标准，重视创新精神和实践能力的培养；引导学生端正心态，正确认识高校自主招生，正确认识自己；加强心理疏导工作，劝导学生、家长不攀比、不跟风。如此多方协力，社会培训机构必定搅局不成。

（原载 2014 年 3 月 4 日《中国教育报》）

依法治校离不开德先生和赛先生

近期媒体曝出个别地区发生幼儿园违规给幼儿集体服用处方药事件，又有媒体报道某小学校长标价万元卖职称事件，引发全社会对依法治校以及对校长权力监管问题的极大关注。我以为，此类违法事件常以令人想象不到的方式重现，绝非无法可依，也不仅是有法不遵的问题。关于前者，3月17日，教育部、卫计委紧急发文，要求严格规范幼儿及中小学生健康服务管理，立即组织力量开展拉网式排查。其实，关于处方药的使用国家早有明文规定。法律是原则，法治乃文化，哪里可能一事一法、绝对防患于未然？至于校长标价万元卖职称，居然还可以讨价还价打折卖，差不多就是"奇闻"。如此拙劣地公然违法，折射出在某些学校法盲普遍存在的现状。这类个案或属"绝唱"，但发生在校园内的类似违法事件仍可谓层出不穷。什么原因？说明单靠蜜思劳（法律）治校还不行，必得有德先生（民主）和赛先生（科学）帮忙。

法治的核心是尊重民主权利。若无民主则法将不法，法律就是一纸空文。只有通过民主的方式产生的法制才具有普遍意义，只有在充分民主的前提下法治才能有效实施。校长负责制并非校长一人决策制，校长要对依法治校负责，而非拉大旗作虎皮，搞"一言谈"，为所欲为。现代学校制度的要义是依法办学、自主管理、民主监督、社会参与。显然，自主管理是建立在依法和民主监督、社会参与的基础上。在社会广泛参与尚需时日的当下，完善校内民主监督体制是遏制违法违规事件发生的重要途径。学校必须建立健全教代会和学代会制度，落实日常事务集体议事制度和重大事项公示制度。简言之，依法治校离不开走群众路线。同时，上级主管部门和督导部门要加强对学校的考核和督查，对群众反映的问题，宁可信其有不可信其无，及时查处。有则改之，无则加勉。若违法行为长期存在，则主管部门难逃其责。

法治的实质是科学行政。任何违背科学的法规注定都是短命的，法治亦应当是合乎规律的。所以，依法治校就是尊重科学、尊重规律。换言之，即使不通晓法律条文，只要具有起码的科学知识和科学精神，懂得教育规律和学校管理规律，就不会犯低级错误。譬如"服药"一事，表面上看是利令智昏，但根子还在于"智"本来就低。"是药三分毒"是古话，是常识，只要稍具科学精神就不会做出丧失教师良心的终归无利可图的傻事。违背科学最终必遭惩罚。法盲未必是不了解法律条文的，而守法者亦无须精通法理。万物同理，守法者拥有科学精神，故对法规独具天然的敬畏心理。所以说，校长首先得是个明事理的人。

法治的化境是进入文化层面。只要稍具人文情怀，就不会随便坑人；只要稍存尊重他人之心，就不会做瞒天过海之事。尊重科学，遵守法纪，问政于同侪，倾听学生的呼声，这些基本素养要进入校长的"骨髓"才行。守法应当是教育人具有的与"爱"同等重要的天性之一。不然何以育人？教师必须要由品德高尚的人来担任，何况校长？校长还要有容人之德，学校要有不同声音。有几个"唱反调"的鞭策，有利于校长慎独、慎为。现代学校必须要培养公民的权利意识和服从真理、不盲从威权的批判精神，要鼓励和保障师生的维权自由。只有当所有人既能以法律为武器，又能以法律为准绳，从而形成浓厚的法治文化氛围，违法之举才能从根本上杜绝。

总之，依法治校仅靠完善法制是不够的，需要提高校长、教师的文化素养，需要民主和科学精神的保障。

（原载 2014 年 3 月 21 日《中国教育报》）

戒除"补课瘾"还需下猛药

据人民网援引中国广播网报道，北京某中学多数学生，周末到距学校1公里远的奥星培训学校补课。吊诡的是，其不仅班级设置与校内相似，参与培训的老师也是某中学的"原班人马"，且多为骨干教师。似乎可以认为，"奥星班"是某中学同类班级的周末拷贝版。类似的情形在其他地方也时有出现。说明相关学校和老师非常清楚不得组织学生集体补课、严禁公办学校及其老师参与有偿补课等禁令，也说明在校学生是社会培训学校的主要生源，还说明落实"禁补令"远不是一件简单的事。为何有禁不止，甚至敢冒大不韪以至铤而走险？一个不容忽视的原因是相关当事人补课成"瘾"，且陷入不能自拔的境地。

招揽在校中小学学生补课是培训学校的重要生意经；拉拢在职教师任课是一箭双雕的买卖，既保证了教学质量，也稳住了基本生源。从表面上看，面临激烈竞争的社会培训学校生存的困境是缺乏生源，实际上核心问题是缺乏优质而稳定的师资。所以，对于培训学校来说，将目光盯住公办学校在职教师进而锁定部分生源，是其戒不掉的"瘾"。商人追求利益最大化，这是不难理解的。

老师缘何补课成"瘾"？牟利只是原因之一。如果单纯牟利，对于"补课热门学科"的名师来说，单干获利更丰。然而，到培训学校给自己的学生补课，教师的自我道德谴责感降低。既给自己的学生补了课，又规避了部分风险，同时得到了可观的报酬，是一举几得的事。更深层的原因是教师骨子里也迷信补课，觉得补总比不补强；别人补，我不补就吃亏；与其让滥竽充数者补，还不如亲自出马。所以，对于教师来说，只要诱惑足够，"瘾"自然就上来了。

学校也有"瘾"。根子在应试教育作祟。如果只要升学率，只看眼前利益，罔顾教育规律和学生身心健康，补课确非一概无用。这是症结所在。既然校内有组织的集体补课无法进行，与培训学校"合谋"则不失为万全之策。某些地方的教育主管部门，本有升学率崇拜之心，又有管不胜管之烦恼，索性来个"民不告，官不究"，出了纰漏再来收拾不迟。

家长何尝无"瘾"？有不少的家长，既不能坦然接受孩子学业成绩落后的事实，自己又没有能力辅导孩子，送到培训班让老师管着最妥当。便是有少数家长真心反对给孩子补课的，遇到周边孩子都在补的情况，还能有多少人淡定坚持下去的？至于孩子，在一种"诱惑"和三重"压迫"之下，有"瘾"无"瘾"还重要吗？

有"瘾"就得治！戒除"补课瘾"首要教育主管部门自治。地方教育主管部门要端正办学思想，加强对所属学校的监管，要接受和积极回应社会的监督。学校和老师要以立德树人为教育之本，尊重规律，科学从教，真心与学生同行，真正为学生的健康成长和终身发展负责。要谋划教育现代化的长远大计，坚决走出重负低效、过度竞争的应试教育的怪圈。如果学校和老师与培训机构勾结，暗示、鼓励、组织学生集体补课，甚至涉嫌胁迫学生参与补课，这就不仅是失德的问题，显然违反了有关法规。将灵魂"卖"给了商人，还有何颜面教书育人？

总之，治理"补课瘾"这类顽疾，只要依法对症下药，不留情面，坚持不懈，定能药到病除。

（原载 2014 年 4 月 24 日《中国教育报》）

在职教师营业性家教需立法禁止

家教怎么解释?《汉语大词典》中关于"家教"的解释共两条:①在家教授子弟。②指家庭中的礼法或家长对子弟进行的关于道德、礼节的教育。但现在如果你说"家教",没有人会想到"家庭中的礼法或家长对子弟进行的关于道德、礼节的教育",大家一准想到的是"给孩子找的补课的老师"。甚至不能称之为"家庭教师",因为现在的补课老师到家里来补课的已是寥寥。台湾的补习学校遍地都是,大陆公开的补习学校似乎不多,但地下补习"学校"不计其数。

这类"家教"可谓毒瘤。

作为家长和校长,我反对"家教"。理由很简单:我孩子从未找过家教,假如他的老师埋头做家教,他获得的教育肯定达不到应有的质量;而作为校长,我希望老师将仅有的业余时间用来学习和休息。人的精力是有限的,越过这个"度",上帝会用平衡术来平衡。与其挣钱买药吃,还不如不挣这个钱。我认为,教师的"学习和休息"不仅是他个人的事,还要通过一定的制度来保障。如果他不学习或者休息不充分,就会影响工作,就会影响学生成长。无论多么能干的老师,学校一般都不会安排他超负荷工作。道理是显而易见的。

为什么我反对没有用? 一是有这个"市场",二是这个"钱"太有吸引力。客观地说,在现有的升学体制下,"补课"不会一概无用,当然也不会一概有用。那种有针对性的个别补课,还是很有效果的。但那种五十人甚至上百人的大班,一茬一茬的,老师的作用最多只能叫督修,是一种简单劳动,而且是重复的简单劳动。做这样的简单劳动就向每位学生一次收取 50 元,道理何在? 当双休日一天轻松挣的钱超过一个月的工资时,我们对本职工作的态度是会发生变化的。

有人可能认为,"8 小时以外我做主",我觉得有必要澄清这种似是而非的认识。首先,对于大多数不坐班的学校来说,如何保证教师"8 小时内工作"就成问题。每天上完两节课不等于完成了自己的工作。有些时候,送孩子买菜做饭就让"8小时"打了三分之一的折扣。其次，果真工作了"8小时"，"8小时以外"该做什么也应当有起码的范围。我觉得首先是处理好家务，在此基础上进行必要的休息与学习。有人说，别人看电视我做家教，有什么不一样？我认为即使从表面看，两者也是有区别的，看不出其中的区别是自欺欺人。再次，教师为什么有近三个月的带薪休假，除了是配合学生放假的需要，主要还是学习与休息的需要。飞行员和火车司机出班前，需要在单位指定场合休息一定时间，就是这个道理。休息不休息不仅是他们自己的事。

如何应对"家教"？最理想的状态是彻底杜绝"家教"，如果杜绝不了，就只能规范它。我觉得有必要通过立法来禁止在职教师校外举办营业性家教。立法不见得能够杜绝违法，但在处理违法事件时有法可依。矫枉可以过正，在家教泛滥危害很大时，禁止所有全日制中小学在职教师从事家教是唯一的办法。这样既可以解放学生，也可以解放教师。教师如果要做"家教"，你就得从全日制学校辞去教职，否则，可以依规惩处。

教师有义务随时解答学生提出来的问题，但没有义务负责"一个学生都不掉队"。如果能做到当然最好，但终归要为大多数学生负责，不能置大多数学生于不顾而将全部的心思都放到几个甚至一个学生身上。这就是现代学校教育，这就是班级授课制。如果课内不认真教，将重要内容放到补习班中讲，不择手段诱使或胁迫学生参与其本人在校外开办的补习班，其行为不仅败坏道德且形同绑架，完全违背教师职业道德。

今日之"家教"是应试教育发展到极致阶段的产物，要想禁绝此类家教须待应试教育得到有效遏制之时。

（原载 2014 年 5 月 2 日《中国教育报》）

自主招生要算好四笔账

高校自主选拔已经走过11年，"改革试点"了12轮。2014年面向全国自主招生的高校有78所，面向本省自主招生的高校13所，共计91所。对这样一项备受关注且"试"了11年的全国性考试应当好好算算账。

第一笔账：有没有增加学生的学习负担，会不会干扰中学教学？按照备考常规，从1月中旬到4月初，各地高中毕业班大都在举行一模、二模。高考、高考模拟考试与高校自主招生的备考方略是有很大区别的。实际上根本不存在无须准备的考试，除非突击考试令参考者无从准备。与改革试点初期不同，现今参加自主招生的学生众多。在很多优质高中，学生进入高三后的相当长的时间内，师生均为自主招生所困扰。建议有关部门统计并公布各校报名人数、准予参考人数、实际参考人数、实际通过人数。

第二笔账：是否增加了高校"不必要"的招生负担？对于绝大多数高校来说，现行自主招生政策很难根本解决高校与学生相互间的自主选择问题。某面向本省自主招生的"211"高校，其报名必备条件最低为奥赛省级三等奖。据我估计，该校自主招生要么报名者或准考者甚少，要么通过者最终选择上这所学校的比例很小。某"985"高校，符合基本条件的报名者超过13000人，学校从中筛选3000人，最终选拔200多人。其中每一个环节都要耗费大量的人力物力。建议高校公布自主招生经费预算及执行情况，公布自主招生"录取"的学生中有多少人最终入读，其中有多少学生借助了自主招生之力。

第三笔账：是否增加了学生家庭的经济负担？三大联盟的笔试在各省设一个或几个考点，面试由各校在本校或若干考点进行。其他大多数学校的笔试、面试考点都设在本校。参加考试的路费及住宿费是一笔不小的开支。有些考生在短期内转战多地参加数场考试，费用更是惊人。建议有关部门认真调研，掌握学生参加自主招生的费用支出情况。

第四笔账：是否具有统一高考所不能替代的功效？现在有一些大学的招生办从多个维度进行了数据统计。分析发现，通过自主招生选拔出来的学生的最高绩点、平均绩点和最低绩点，均好于高考统招生，而且大多表现非常优秀，语言天赋比较高，学业能力超出一般学生。这种统计分析的结果缺乏科研含量，因为凭常识即可推测出类似结论。在优秀学生普遍参加自主招生的情况下，高校提前录取的5%的学生大多为优生中的优秀者，其绩点高于其他95%的高考统招生没有什么奇怪。希望高校提供更深入的研究成果，借以证明现行自主招生制度的必要性。

算清了这四笔账，有利于更好地推动教育领域综合改革实事求是地开展。只有将高校的招生问题研究好，基础教育改革才能避免朝令夕改的局面。

（原载 2014 年 4 月 30 日《中国教育报》）

给高考让路不要"让原则"

一年一度的高考即将举行。近千万考生参加、牵涉近千万家庭、牵连亿万人神经的高考，无疑是一桩重大社会事件，理当引起全社会的高度重视。临近高考，各级政府周密部署，密集投入大量人力物力，确保高考安全有序进行。全世界最大规模的高考，自 1977 年恢复以来平安无事，并非传统考试文化自然使然，实乃与政府和全社会的重视高度相关。国家选人、用人，付出必要的代价也在情理之中，但这种付出仍然要遵循基本原则。随着考试环境的变化，给高考让路成为共识。共识之下，甚至出现连原则问题也一让再让的事件。

日前，陕西省长武县中学发生 6 名高三学生围殴一名 50 多岁老师的事件。令人遗憾的是，一起事实清楚的打人事件，学校、教育局居然出面协调被打老师暂时不报案，案件处理居然因为当事人要参加高考而被延迟。理由居然是"马上就要高考了，如果报警，势必会影响到学生的备考，毕竟他们上了这么多年学很不容易"。即使不考虑该事件间接的负面影响，我仍然要问：如果这几名学生年满 18 岁且致人轻伤以上过错情节成立，他们就要负刑事责任。一个要负刑责的犯罪嫌疑人，参加普通高考还有意义吗？不如快断是非，让有责的担责，让可免责的轻松参加高考。这样既不违原则，又尊重实际，还呼应了教育的本质意义。

在保障高考安全有序进行的前提下，有哪些原则不应突破？我以为至少有以下几点。第一，任何情况下违法的事不能做。教育要培养守法公民而非法外公民。"法"一定大于高考，高考尤其要依法进行。交警一路鸣笛闯红灯送迟到学生到考场，温情固然，但不应鼓励。普通公民和民用车辆发生类似事件要坚决予以制止。类似去年发生在湖北钟祥三中的部分考生及家长围堵监考教师的事件要坚决予以打击。第二，不应当冲击公共秩序。高考进行时，社会生活也在同步进行。为了保证考生有良好的考试和休息环境，调停局部的生产是可以的也是应该的，但要以不妨碍绝大多数人的生活秩序为前提。那种自家有考生，邻居都不能咳嗽，考场外隔条街的车辆都被家长自发阻断的情况还是少出现为好。第三，高考也要育人。参加高考的主要人群是应届毕业生，所以，高考可以看成学校教育的一部分，要遵循教育规律和人才成长规律。考场内外，考生、家长、教师、考试工作人员都不要忘记12年教育所为何来，不要让神圣的教育殿堂毁于一旦。考生不是特殊人群，高考更不应被夸张为"全民危机日"。在应试教育给孩子带来过重负担、已经危及他们健康成长的今天，让高考常态化应当是我们的努力方向。

我们为什么要读书？一个很重要的原因是我们不能不读书。杜威说，"教育即生活"。陶行知说，"生活即教育"。因为教育的推动，今天的世界成了读书人的世界，一个不读书的人生活在现代社会是非常寡趣的。另一个原因是，对于今天的青少年尤其是城市独生子女而言，20岁之前不读书干什么呢？所以，我们要读书。这是一桩和吃饭睡觉同样重要的事。12年寒窗苦没有人不理解，有某种情绪需要发泄和排解也可以理解，但类似"撕书狂欢"的活动还是不要成为图腾崇拜般的保留节目为好。

（原载2014年6月6日《中国教育报》）

公办学校切莫染指游学"市场"

近日媒体纷纷报道夏营令的诸种乱象，让人感叹。面对巨大的教育服务空间，以营利为目的的假期教育市场应运而生，游学夏令营乃其中之一。

游学本是最为传统的一种学习方式。孔子周游列国实乃现代游学之滥觞。游学并非一定要出国，国内游也是一种方式。现代教育意义上的游学是一种国际性跨文化的体验式的教育模式。可见，游学应当是学校教育的基本形式之一。事实上，我们不必怀疑学校组织学生游学的良好初衷，譬如开阔视野和养成全球胸怀等，譬如将游学等同于国际化以作为学校现代化的标志等。但是，当游学项目市场化后，逐利便无法避免。

于是，作为培育市场的手段，饥饿营销、捆绑销售、心理绑架、连锁营销、公关营销、灰色营销、会员营销等等商业形式，走进了学校，走近了未成年学生。作为利益攸关者，学校利用自己较之于家长和学生的强势地位，在某种程度上"绑架"了他们的意愿，使游学成为一种负担，成为一种牟利方式和利益输送的渠道，从而背离了教育的根本宗旨。这种名不副实的游学应当果断叫停。

作为政府用公共财政举办的各类公办学校，应当坚持非营利和纯公益的性质。教育部等四部委曾在 2012 年下发的《关于进一步加强对中小学生出国参加夏（冬）令营等有关活动管理的通知》中指出，"不得以营利为目的组织出国夏（冬）令营等有关活动"，"可以委托国家旅游局许可经营出境旅游业务的旅行社承办"。中小学不太可能有能力独自组织学生赴国外游学，因此借助于涉外旅游部门的力量是必然的选择，而从游学效果和安全角度考虑，教师参与组织更是责任所在。学校要量力而行，在公用经费无力全额支付师生游学活动费用的情况下，不应将带队教师旅费和相关管理费用均摊到学生身上，更不能借机演变为隐性福利和变相旅游。如果学校无力开展免费游学，而游学又不以人们意志为转移地形成了巨大的利益场，那么，公办学校应当退出这个市场，让位于专门机构。

作为社会关系调节器的政府，可以通过税收调节和完善再分配方式，增加专项教育投入，推动公益免费的游学活动。公办学校不可能同时扮演好教育者和经营者的双重角色，应当坚守教育本位，可以开展游学活动，但切莫染指游学"市场"。

在巨大的市场面前，当前急需制定操作性强的法规。四部委的通知，多是从安全角度考虑，而关于游学的质量标准、责任主体、资质评定、物价核定以及监督反馈等方面，或未涉及或欠详尽。在多种因素的作用下，游学渐成利益的灰色地带，某种程度上有失控的趋势。如果允许公办学校进入利益链，听任教师将教育当生意做，师生关系就纯洁不了，教育圣地就难免被玷污。教育主管部门要严格监管学校组织的各类游学活动，加强事前事中监督和事后审计，严禁学校借机牟利；更不能为了部门利益，助长此类游学的风气。

应当看到，较之于治理有偿补课，指导学校、家庭和社会科学安排学生的假期生活的难度更大。学校不可能不放假，我们也没有条件像澳大利亚那样规定"13岁以下孩子不能独自在家"；而对多数人来说，成天游学是极不现实的，即便在本区域内游学、游玩，也不是天天能做的。因此，要针对中国国情，将中小学学生的寒暑假生活作为一个现实课题，上升到国家工程，切实研究好、落实好。比较而言，进一步挖掘学校潜能是更为现实的做法。譬如开放学校，用增加津贴或抵税的方式招募教师志愿者以及大学生和社会志愿者参与辅导和管理。同时，学校有义务训练学生独处和休闲的能力，这种能力可让学生受益一辈子。

总之，挖空心思地用各种名目的游学、培训牟利是应当被坚决叫停的，公办学校尤其要远离这个利益场。

（原载2014年8月6日《中国教育报》）

学校行政科学化是"去行政化"的前提

近来，教育部核准了新一批中央部属高校的大学章程，至此 75 所部属高校已有 32 所拥有了自己的章程，而其他高校的章程也有望在 2014 年年底前起草完成。新公布的章程突出了"去行政化""教授治校"等亮点。关于"去行政化"，大多认为就是实行教授治校，而在一些人看来，大学官员不设行政级别就是去行政化。事实上，在现有学校内部治理结构下，即使去掉行政级别，实行教授治校，也很难从根本上解决教育行政化的问题。实际上，从大学校长、院长、处长、所长、主任到行政团队中相当一部分普通工作人员，有几人不是教授、博士？这难道不是"教授治校"？而全国几百余所民办本科院校，本就没有行政级别，其办学水平突出者少。

可见，高校去行政化，核心不在于对内部治理结构作形式上的调整，而在于从根本上实现对学术研究和教学工作的充分尊重。只要能够促进学术的自由发展，外行未必不能领导内行。大学不能没有行政，大学不得不依靠行政。因此，大学"去行政化"应表述为推动行政科学化。

我们要去掉的"行政"是什么？显然，主要不是指各类行政机构本身，而是指妨碍学术进步的各种因素，包括阻碍知识创新、学术民主、学术自由、学科和课程建设、学术资源公平分配等在内的影响学校科学发展的方方面面。要让行政回归服务的职能，而将学术决策权交给没有行政权的学术人士掌管。现在大学行政一个比较突出的问题是，占着行政的位子不"行政"的教授太多了。表面上看是教授治校，实际上是教授面具后面的官员治校。

如何使学校行政科学化？就学校内部治理结构而言，首要的问题是科学界定行政职能；其次要真正实现行政人员专业化、专门化；第三要创新用人机制，激发机制活力；第四要切实发挥大学章程的作用。

我认为，大学行政的唯一职能是服务。只要坚持服务，就不可能被"去掉"。

高水平大学一定是建立在高效率行政服务的基础之上的。行政的服务区间除涵盖必要的事务性保障外，重点是要为学术人员决策提供依据并有效执行决策。大学行政必须要从关键决策权中全身退出，回归服务的本质定位。坚持服务，才会有为有位，才会有利于教育发展。

行政人员专业化、专门化是中国学校一直试图解决但一直解决得不彻底的问题。大学里本来就有教师、教辅人员和后勤服务人员三支职能定位很清晰的队伍，而恰恰是干部队伍专业化、专门化不够。大多数领导同时也是专业技术人员。学校不是政府，学校行政人员的管理素养总体不如政府公务员。那些所谓"双肩挑"的行政人员，在学术至上的潜意识里和"课比天大"的实际要求下，没有几个人潜心做行政工作。很多人是两头好处都要沾，这才是真正的病灶。"去行政化"不是不要行政，而是要去掉无效行政甚至是负效行政。有人认为，现在大学官员对教师和学术的尊重甚至不如建国初期那些从战场上转业的干部。其实不难理解。而在中小学，职员队伍普遍未建立起来，行政工作基本处于应付状态，人力资源都集中到应试上面去了。即使与台湾、香港比，大陆中小学行政专门化仍有较大差距。缺了有效的行政，学校同样难成为学校。

学校行政要保证有活力和有效服务教学，必须要建设一支稳定、专业、合适的专门队伍，因此要创新用人机制。要通过民主渠道公开选拔校长，同时保障校长的用人权。实行干部任期制、职员终身制。大幅度精简机构，减少干部职数，大力压缩交叉任职的方式，严格限制专业技术人员担任行政职务，避免出现"人才高消费"的现象。原则上，行政职务与专业技术职务不能兼任，担任行政职务的专业技术人员必须退出重要学术岗位，减少或不参加具体学术工作。但在考核合格的情况下，可以互认聘任年限，以解决"身在曹营心在汉"的问题。在尊重行政工作的前提下，建立独立而合理的行政人员薪酬体系，保证同工同酬，优劳优得。

通过学校章程建立稳定的内部治理结构是保证学校行政科学化的重要举措。一部好的学校章程即可统领学校各项工作，避免行政干涉学术的事情发生。当然，减少来自外部的行政干涉，尊重学校办学自主权，切实提高教育质量，则需要依赖政府行政改革的不断深化和国家治理能力的进一步提高。

（原载 2014 年 10 月 28 日《中国教育报》）

低龄学生使用手机需约束引导

使用手机人群的低龄化已引起广泛关注。因为手机的酷炫，连幼儿亦视之为亲密伙伴。而中小学生因迷恋手机而导致学习精力不集中、成绩下降甚至影响亲子关系和师生关系的现象绝非少见，由此引发的极端事件也时有报道。在手机已经普及、功能日益强大的今天，引导学生正确使用手机，是不能回避的育人难题。

人类本可不依赖网络而愉快地生存，但问题是我们已经进入没有网络就不快乐的时代。当此，讨论手机和网络的利弊已无意义。我们可以不用手机、可以没有手机吗？显然不能！手机已经突破了其原有功能，成为万能的互联网移动终端。它成了现代社会赖以运转的重要工具。但人如果不能摆脱智能机器的"绑架"，人就成了机器。所以，手机对所有人都有潜在的危害，更别说未成年人。

近三十年来，中国孩子一直在成人的巨大担忧中成长。从金庸、琼瑶的作品到电子游戏，从网吧、歌厅到手掌机，我们一直担心孩子因此变坏。现在又觉得手机的危害前所未有。但是，如果一个孩子对手机没有一点兴趣也许问题更大。每个时代都有特别的诱惑，也确实会有人误入歧途，但人类发展并未偏离进步的轨道。所以学校要做的是，帮助孩子面对物欲时，能够在彼此间建立健康、自由和自主的关系，培养孩子对周围世界树立正确的态度，而不囿于如何对待手机这件事。

如何正确使用手机没有绝对统一的标准。大体可以这样认为，在不该用时坚决不用，在不必用时少用。譬如在影响学习和工作时、在飞机上和加油站等特定场合、在课堂等有特殊约定的场所、在影响他人时，就应当坚决不用；在自己尚无能力购买手机及支付通讯费时、在影响休息和身体健康时、在确定无助于学习和正当娱乐时，就应当尽量少用。在一切可以令人迷恋的事物上足见一个人的精神。能否不为手机所役，可以评价是否有毅力、责任心、规则意识、契约精神、独立人格、自立和慎独的能力。对待手机的态度何尝不是人生态度之一部分！由此可见，使用手机，小事不小。

中小学生是否可以使用手机是一个无须讨论的问题。作为通话的手机，大家并不反对使用，且事实上使用频率不高。但如果作为移动网络终端，在无特定平台时，一旦迷恋，用非所用，则有百害而无一利。这是一个无须深刻论证的生活常识。因此，建立有效的管理机制非常必要。

家庭、学校、社会要联合起来，建立必要的约束机制，形成有利的舆论和文化氛围。首先要明确无论是否准予使用，都不要忘记这是个教育契机，简单禁止或放任均非良策。其次，家庭是第一道关口。家长要明是非，忌首鼠两端。手机绝对毁不掉一代人，甚至毁不了一群人，但确可毁掉"一个"孩子。第三，学校不能置若罔闻。培养学生良好的网络素养是学校的当然责任。只要足够重视，无微不至地将工作做到孩子心里，则无论是禁止或限制使用，均有良效。第四，社会要有鲜明的舆论导向。谨防手机依赖，提倡中小学生不在学校使用手机，对学校在不违背法律的前提下采取的各种措施保持必要的宽容。学校不是管不住学生，往往是顶不住社会舆论以及由此而来的行政压力。因此，引导学生正确使用手机，养成良好的网络素养，全社会要有共识。在文化自律缺失的情况下，师长的约束是有效和必需的。

（原载 2014 年 11 月 14 日《中国教育报》）

家长接送孩子何须立法强制

据悉，在 11 月 25 日提交给广东省十二届人大常委会审查的《深圳市学校安全管理条例》中，委员们注意到，条例增加了交接制度的条款。规定学校应当建立小学四年级以下学生的上下学交接制度，学生监护人应当做好学生上下学的交接。学校应当安排人员看管晚离学校的小学四年级以下学生。有委员说："这意味着立法规定四年级以下学生必须有人接送，若做不到就违法了。这可能会造成没有条件接送孩子的家长潜在违法。"

用立法的形式进一步明确家长和学校在学生安全管理方面的责任边界，其出发点应予以肯定。此举确实可以减少学校的管理风险，规避责任纠纷，但毫无疑问，这强化了家长的主体责任，增加了家长的法定义务。然而，果真法无例外，严格执法，则无法监管、严而无当、知法犯法、罚不责众、难以操作等情况将会大量存在，法律的尊严将受到挑战，最终反而会给教育带来副作用。

城市小学生特别是低年级小学生上下学家长接送的现象确实很普遍，但例外情况绝非少见。事实上，小学生上下学是否需要接送是因人而异的。在路况并不复杂的情况下，在有固定伙伴同行时，有相当多的学生是无需家长接送的。随着义务教育阶段就近入学制度的进一步落实，学校办学半径日趋合理，越来越多的孩子可以就读于社区小学，加上有配套的社区公益托管机构，家长的后顾之忧完全可以解除。在农村学校，家长接送孩子的情形尚不多见，教育方面的主要矛盾和困难不在这里；家长迫于生计，根本无暇顾及孩子；而对跟着祖辈生活的留守儿童来说，接送更是奢望。于此，立法显然缺乏基本必要性。

从家庭角度来看，不排除相当一部分家长有意识地培养孩子的独立精神和自理能力，有些孩子因此较早地表现出远超过同龄人的稳重和成熟。这种课堂以外的教育以及相应的教育资源是值得珍视的。同时，家长自行接送孩子的方式灵活多样，他可以接一程送一程，也可以目送，而一旦需要履行"交接手续"，显然要繁琐得多，几近没事找事。另一方面，确有部分城市家庭没有条件天天接送孩子，如果硬性要求，显然增加了家长的负担。假如家长合作互助，虽然能在某种程度上救急，但潜在的风险也不容小觑。因此，立法强制未必合情。

正是基于上述原因，可以预见，一旦立法，"违法"事件可能会多于交通违法违规事件。如果家长明知故犯，则既在孩子幼小的心灵里播撒了"不法"的种子，也在伦理上亏欠于孩子从而构成某种心理伤害。无论从哪个方面来说都不利于孩子的健康成长。设若家长"违法"，谁来监督，谁来判别，谁来处罚？所以立法约束未必合理。

从表面上看，此举使学校减少了一部分责任，实际上增加了很多不必要的负担。只要学生在校，教师就必须负责到底，因此教师的工作时间不会减少。要履行面对面的交接手续，使得教师的上班时间大大提前。同时，如何处理家长不履职的问题，必将耗费学校和家长更多的精力。再说，小学生因家长接送不到位而引发的纠纷和安全问题并非突出问题，没有必要牺牲大多数人的自由来解决可以通过制度、道德足以较好解决的问题，也没有必要过度放大安全危机，制造紧张氛围。另外，在日益拥堵的城市，推动"绿色出行"和健康生活应当从孩子培养起。因此，立法予以规范未必科学。

（原载 2014 年 11 月 29 日《中国教育报》）

"候鸟儿童"南飞非理想的教育

据报道，在河北衡水英才学校这所民办寄宿制学校里，有近 800 名学生是在京外来务工人员子女。这当中，从十年前以衡水籍为主，到如今发展到河北各地乃至河南、山东等地的"北漂"人群。南来北往，孩子们过的是每个月回家一次的"候鸟"生活。这其中有相当一部分是小学生甚至是学龄前儿童。本应在父母怀里撒娇的孩子，过早地开始了与父母每月未必能够团聚一次、每周未必能通一次电话的封闭式学习生活。其情之可怜是不难想象的。

教育法规中没有强制适龄儿童必须在户籍所在地接受教育的条款，相反，《义务教育法》规定，对于流动人口子女在非户籍所在地接受义务教育的，当地人民政府应当为其提供平等入学条件。因为务工或择居的自由，加之异地高考政策的逐步实施，理论上说，现在要选择在什么地方读书是自由的。法律虽规定义务教育阶段学校不得"择生"，但禁止不了学生"择校"。所以，"候鸟儿童"南飞并不违法。《民办教育促进法实施条例》规定："民办学校可以自主确定招生的范围、标准和方式。"因此可以说，北京儿童到衡水择校就读是法未禁止的。如动用行政手段"围堵"，不仅于法无据，而且有违情理。但我们也不能熟视无睹、听之任之。有效的解决办法只能是因势利导。

进京务工人员子女为何要到衡水择校？原因无非是"同样的困难"和"同样的梦想"。"困难"就是他们的父母起早歇晚，忙于生计，无暇顾及孩子。他们希望将孩子送到寄宿制学校，由专人负责照料。孩子能够生活安稳、学习安心，家长能够全力以赴工作。在竞争激烈和社会保障尚不健全的今天，外来务工人员维持相对稳定的收入来源并非易事。而"梦想"，就是要让孩子接受优质教育。其中不排除有"衡中神话"的诱惑，但更大的可能是北京的"牛校"他们根本进不去或者上不起。各地在解决外来务工人员子女读书的问题上，一方面受制于客观条件以及操作困难，另一方面因本位主义导致消极应付、处处设限，使他们很难有合适的学校可上。如果家长在北京市海淀区做工，将他的孩子派位到北京市大兴区的学校，这与到衡水上学有区别吗？类似的情况并不鲜见，绝非虚构。为什么京籍儿童就少有南飞的？说明同一片蓝天下，漂在每个人头上的云彩是不一样的。这应当引起北京市教育行政部门高度重视，切实研究外来务工人员子女衡水就读背后的教育诉求。

衡水要为全国人民办教育，我们似乎找不出反对的理由。有论者认为，在"衡中现象"的示范下，衡水繁荣了教育，促进了消费，拓展了生源，为吸引更多的优质生源营造了良好氛围。我认为，"衡中现象"已无讨论的必要，现在要研究的是"衡水现象"。我们固然不能简单否定衡水教育的价值，但也不能盲目肯定其教育理念。

让孩子接受优质教育是天下父母共同的心愿。但父母要明白，"优质教育"不只是"学校教育"。父母是孩子的第一任老师，亲情是最可贵的教育资源，家庭教育对学生来说必不可少。一个极端自我的"抢跑者"，有可能赢在起跑线上，但多半会输在通往终点的路途中。教育是慢的艺术，孩子会自然生长，违背规律是要付出代价的。这应当引起为人父母者的充分警觉。

理想的教育，一定不是"候鸟儿童"南飞衡水的样子。

（原载 2014 年 12 月 10 日《中国教育报》）

骨干教师非正常流动是"劫贫济富"

上个世纪 90 年代流传着珠三角地区的教师多为"江湖教师"的说法，即大量教师来自江西、湖南、湖北等地。"孔雀东南飞"，人才由内陆流向东南沿海一时蔚为大观，以至于某些学校中层以上干部无一"土著"。一些学校有时甚至出现"塌方式流动"，如一位骨干校长带走一批教师致使原学校运行瘫痪。近年来，比较突出的问题是，以京沪穗深为代表的特大城市和其他经济发达地区用重金从欠发达地区引进知名校长、骨干教师。南京尚有此忧，何况中西部？

人才流动本属正常，但大量优秀教师非正常跨省"迁徙"实属异常。所谓"非正常"，表现为用高薪、房子、户口、配偶就业、孩子上学、重建人事档案等优惠条件引进名优教师，不惜一切代价"挖人"。甚至有些正在毕业班任教的骨干教师，在学期中间突然"走人"，扰乱了正常教学秩序。在京沪等地的名校，往往一校即有数十位特级教师、学科带头人，此乃大规模"掠夺"的结果。这显然加剧了地区间、学校间的办学差距，人为破坏了教育生态平衡，是典型的"劫贫济富"。毫无疑问，没有流入地政府的全力支持，学校是无力如此"挖人"的。事实上，下血本引进名优教师乃一地政府政绩之一。大量"和尚外来"，不仅动摇了流出地的教育根基，也不利于流入地师资队伍的良性发展。

在公民居住、就业自由的今天，单纯靠行政手段管控人才流动已经不能奏效，而用行政办法阻断省际间教师流动几乎失效。因此，要在遵循《劳动合同法》《事业单位人事管理条例》等法规的基础上，结合现代学校制度建设和教育工作的特点，落实基于诚信的"全员聘任制"和劳动合同化管理。当前，在很多地方，教师的聘任合同及其管理很不规范。不仅未起到应有作用，甚至未引起单位和个人的起码重视，完全是做做样子。饭碗之"铁"正表现在合同似有实无，不少人在离职时甚至忘记了还有一纸合同。不少公办学校本就没有与教师签订合同，反正一切都是学校全包，"且行且说"。要真正实现人力资源管理现代化，规范教师流动合理、有序，保障受教育者的基本权益，应当提高法治水平，依法办事。以法治精神为信仰，视教育为特殊行业，充分考虑学校日常工作的周期和节律，切实关注第三方（学生）利益，在合同周期约定、违约责任追究诸方面，较多赋予并尊重学校与教师双方的协商权利，有诺必践，严格执法。

由于地方高校是用地方财政建设的，很多地方院校毕业的教师，从读书到工作，从见习教师到优秀教师，当地付出了大量的人力、财力、物力。中央政府可考虑在特定区域间实行教师流动"转会制"，让发达地区以多种形式适当反哺落后地区。还可以推行带有法律约束力的多轮次的基本服务期制度。譬如在刚入职、获得重要培训、荣获重要荣誉、被委任重要或特殊岗位时，均可约定基本服务期，违约就要承担相应的法律责任。从流入地来说，引进名优教师不失为振兴教育的良策，但不可太过超越常规，毕竟更多的优秀教师还是要靠自己培养。"教育家工程"是"环境工程"，环境好了，自然人才辈出。

（原载 2015 年 1 月 22 日《中国教育报》）

大学岂可自视为"象牙塔"

大学临毕业还花万元学费参加校外培训才能顺利就业，难道四年大学真的是白读了吗？我认为，果真勤学四年，大学自然不会白读。然而为何大学教育在不少人眼中沦为"鸡肋"？根子还在大学自身。大学不能自视为"象牙塔"，大学精神不能脱离时代精神，大学的使命首在关心民生进而引领大众之精神成长。就业乃民生之本，大学岂可坐视不管？当就业不充分成为常态时，大学至少要改革课程、教材等以降低教育成本。如果大学教育不能与时俱进、因时而变，一味固守传统大学文化，则所谓的大学精神就变得虚无缥缈。

我们不禁要问：四年大学教育"画龙"垂成，为何还要培训机构来"点睛"？校外高价培训凭啥勾住学生？一是可以使学生由"假会"变为"真会"。不少学生认为，大学课堂上学的知识往往"既杂而不精又跟不上最新技术的发展，学以致用的少之又少"，在竞争激烈的劳动力市场上，尽显后手劣势。培训学校的教学针对性、时效性以及教学有效性更强，可以将学员快速提升为"专业"人士。二是培训机构有一定优势。优质的培训机构市场嗅觉灵敏，对人才需求情况了如指掌，与用工单位联系紧密，反馈及时，应对迅速。大学生经由培训，增加了就业渠道；上手快，起点高，就业比较有保障。三是学生自身原因。四年学习漫不经心，书到用时方恨少，临阵磨枪不快也光，"实训"可资应急。四是高校的推波助澜。由于校外培训可以替代实习、降低办学成本以及在某种程度上提升就业率，高校自然愿意鼓励学生参加校外培训。

显然，以大学实力叫板培训机构何异于用牛刀杀鸡？其关键在于大学要降低姿态，向培训机构学习，与社会、生活贴得更近、更紧一点。一般来说，大学具有教学、科研、社会服务三大功能，但根本任务是培养人。培养"人"就要对学生全面负责，要对学生的未来负责。当高等教育大众化后，大学培养的人才更多的是应用型而非学术型。用培养学术型人才的方法和手段去培养应用型人才，自然事倍功半。大学必须转变职能，转变教育方式，才能最大限度地减少无效性。

高等教育既要致力于提升国家的核心竞争力，也要满足公民的个人成长需求，因此大学必须多样化，以清晰的定位满足不同需要。陈嘉庚先生要求厦门大学"研究高深学问，养成专门人才，阐扬世界文化"，此乃今日之所谓高水平研究型大学的职能定位。这种类型的大学，数量和规模应当合理控制，不应遍地开花。与之对应的是应用型大学，其人才培养目标、规格、过程、方式和评价标准，均应有别于前者。但目前的政策导向、支持体系、大众理解、大学治理结构和大学文化使两者界限很模糊，妨碍了高等教育多样化发展。

大学固要坚守理想，不能简单地充当职业培训所，但大学必须尽力培养自主自立的人。慕课时代，大学何为？如果还固守传统的知识传授模式，则大学因何立足？大学自然要发展其学术性，但要看是为谁的学术。那种只见"学术"不见"人"的大学，不仅难以服务社会，也很难繁荣学术。在培训机构的勺子都伸到自己锅里的时候，如果还以象牙塔自恋，宣扬"大学不是保姆""研究生开出租车、卖猪肉应以之为正常"的论调，不想学生之所想，则大学的根基何存？大学如不助人"稻粱谋"，不能保障人的生存尊严，其功能就矮化为促进消费和维护稳定，弃之有何可惜！

（原载 2015 年 2 月 7 日《中国教育报》）

百万年薪聘校长未必靠"谱"

近日，深圳有小学以百万年薪在全国招聘校长。媒体称，目前深圳至少有6位"百万年薪"校长。而令我们记忆犹新的是，今年2月初，重庆一学校居然开价千万年薪面向全球招聘校长，一时舆论哗然。较之前者，后者难免有炒作嫌疑。依我推断，符合其应聘条件者几乎不存在。"千万年薪招聘校长"的新闻不应"烂尾"，媒体应当跟进，看招到没有，追问真相，客观解读，这对帮助大众理性看待高薪招聘校长非常重要。统观此类新闻，我以为，百万年薪聘校长未必靠"谱"。

第一个"谱"是学校的发展规律。"一个好校长就是一所好学校"应当理解为"好学校"必定有"好校长"，并非指好校长自己一人包打天下。办学校不是搞职业球赛，"明星制"不易奏效。学校必须面向全体，一两个"明星"能解决什么问题？只会衍生更多的不公平。所以，通过行政"造星"的办法来加强师资队伍建设绝非良策。对中小学而言，在办学行为日益规范的今天，通过引进知名校长，刻意追求"国内领先，国际知名"，是一个大而无当的目标。试问，真正誉满天下的中小学有几所，其对"天下"的教育贡献何在？即便全国闻名，还不是服务于本区域？

第二个"谱"是中小学校校长的职业特点。校长虽为专业人员，但与职业经理人有很大差别。要办好一所学校，校长必须与师生荣辱与共，必须有一个基本的办学周期；而准确评价办学质量、考核校长业绩，需要更长时间。因此，无法像企业那样用年度经营指标及时地考核经理人以决定其绩效，甚至连关键业绩也很难在短时间内评定。校长的职业特点决定了无法建立起对绩效快速反馈的薪酬结构。如果单纯以升学率和师生参加各类比赛的成绩来考核校长的绩效，则必定助长不良办学风气。好校长也会带来高升学率，但需要信任、自由和时间。

第三个"谱"是公办学校的人劳制度。在现有事业单位管理模式下，个别校长长期"吃小灶"几乎不可能。就算我们承认某些学校校长很重要，但要让其单纯薪酬十倍于本校教职工的平均水平、数倍于校长同行甚至包括市长在内的绝大多数公务员，岂能长久鹤立？公共财政是不能这样开支的，在未经立法许可的情况下尤其如此。一般来说，用高薪招聘校长的学校多为民办学校或者公办民助的学校，其资金来源于企业或基金会。房地产商之所以更为慷慨，其用意是不言自明的。正因如此，其资金渠道的可靠性是不高的，"蜜月"一过，今后的日子能否过得好很难说。对体制内的非职业校长来说，这个"谱"既是远虑也是近忧。

第四个"谱"是决定校长职业幸福的远不是金钱。诚如有关部门解释，所谓"百万年薪"大多为安家费，并非一直到退休后年年都拿着百万工资和退休金。坦率地说，作为对转换成本的必要补偿，百万安家费，在深圳的吸引力非常有限。那些有资格应聘的校长，在原籍往往都有较辉煌的职业成就和较高的社会地位，追求的主要是一种教育理想。设若百万薪酬背后的整体教育环境不好，引进来的人最终要么走掉要么"泯然众人矣"。华盛顿大学有个"雷尼尔效应"，说的是因为在该校教书可以享受到华盛顿湖和雷尼尔山峰的湖光山色，所以很多教授愿意放弃获取更高收入的机会。因此可以说，他们的部分工资是由美好环境来支付的。对校长来说，环境、"权"比"钱"更重要。

四个"谱"都靠不上，表明高薪招聘校长绝非振兴一方教育之良策。

（原载 2015 年 4 月 10 日《中国教育报》）

搜索引擎进考场何妨乐见之

英国考试委员会会长马克·达维在接受 BBC 电台采访中提出了一个震撼英国中小学生的观点：以后中学考试里允许使用搜索引擎。该会长表示，既然现在的学生遇到不懂的问题都是去查搜索引擎，长大工作后碰到问题也会借助网络搜索，那么，为什么不能把这个能力也渗入到考试当中去呢？我觉得，在条件许可的情况下，将搜索引擎提供给考生使用，不仅可以，而且应该。对试水者，不妨抱着乐见的心态鼓励其大胆探索，以期获得更科学的结论。

就工具价值而言，在离得开"亲娘"却离不开"度娘"的现时代，学会使用搜索工具，好似小学生应当学会使用字典一样重要。如今有了"度娘"，传统纸质工具书的使用频率自然大为降低。将一种习见的信息化学习工具用于考试，对于促进学生正确地使用搜索工具，进而推进类似工具更加科学化，将起到积极的作用。文献阅读和使用能力是理论研究和科学工作者不可缺少的学术能力，也是大众应当具备的一项重要技能。很多大学生在校期间未得到很好训练，以致步入工作岗位后才华施展受到限制。所以，从小训练使用搜索工具的能力必能起到事半功倍之效。

将搜索工具的使用能力作为知识学习的一部分并通过考试应用加以强化，无疑会兴起学习的革命。在教师对书籍、资讯的垄断被打破后，师生同处一个知识平台时，教师的"教"必定要发生重大变化；而当海量信息触手可及、网络时空任我遨游的慕课时代到来时，学生的"学"更是姿态万千。将学生从相对封闭的课堂直接推向网络大潮，对革新学生的知识结构、提升学习能力，从而使之更好地适应现代社会，并以更加积极的心态拥抱未来社会，具有重要意义。所以，搜索引擎进考场，带来的不仅是考试的变化，更是教与学方式的变革、知识和能力结构的变化。

当然，在什么情况下、什么学段、什么样的考试中允许使用搜索引擎，怎样使用，是值得认真研究的。

在考试中允许使用搜索引擎，应当是在网络充分普及的情况下自然而然的一件事，而不是为了使用搜索引擎考试去硬性普及网络，不能本末倒置。在教育均衡化程度还不高的中国尤应警惕一哄而上的做派。

熟练、能动地驾驭网络工具，应具备必要的基础知识和基本能力。工具不能代替人，工具也不可能无所不能。什么事可以交给工具做，什么事必须亲自做，这是要分辨清楚的。即使工具神通广大，人必得更胜一筹才能有效利用。不能让孩子从小对工具产生依赖性，那同样会阻碍儿童的健康成长。在学习的入门阶段，该"装进"自身的知识和能力是一定要"装进去"的。"度娘"虽"法力无边"，但尚不能完全覆盖小小的《新华字典》的功能。在词典和教科书可以带进考场的开卷考试中，教师仍然要求学生背诵相关知识，自然是有道理的。这不仅因为这些基础知识潜在稳定的"工具理性"，对进一步学习有帮助，而且能够提高学习现有知识的效率。没有扎实的功底，开卷考试连"抄"都不知道从何抄起。将来离不开的工具不等于现在就少不了，暂时不使用或者少使用搜索引擎更不等于以后就不会使用。用当其时非常重要。

考试中可以使用搜索引擎，不等于所有考试都要开放搜索引擎，关键要看是否必要、是否合适。正如考试的难度大小与开卷、闭卷无关一样，是否被允许使用搜索引擎，同样不能决定考试的难易。如果一道完全不能考查出学生的知识素养和能力的题，学生完全可以不必思考地在搜索引擎中原封不动地找到答案，这样的题就是完全没有价值的题，而这样的题是不可能有检测效度的。

在允许使用搜索引擎或者开卷考试中，如何考试、命题、阅卷非常重要。如果不给学生充分的思考时间，考题不能体现开卷考试的独特价值，阅卷缺乏个性化、针对性，这类考试的价值就非常有限，无助于学生的知识学习和能力形成。

总之，应当看到信息技术的快速发展带来学习和考试方式的变化是必然的，应当允许进行多样化的尝试。

（原载 2015 年 5 月 8 日《中国教育报》）

个性化教育要依法依理而行

据媒体报道，西安白梓霖夫妇 2010 年初春停止了生意，带着当时 3 岁的女儿和几位朋友的孩子一起进山，创办了一间私塾，初衷是想给女儿一个快乐的童年。经过 5 年多的实践，白梓霖说已经发现女儿和儿子间的差异越来越大，在山中学习国学的女儿善良、温和、懂礼貌，心态好、欢乐多，当然也有撒娇的时候，而儿子的功课压力大，性格就显得焦躁。在现代教育已经充分普及的今天，自创私塾教育自家和朋友的孩子，目的无非是回避普通学校存在的各种弊端，进而追求更个性化的教育。但我认为，此法不可能大行其道自不待言；即便个例存在，仍有违法背理之嫌，不值得提倡。个性化教育并非个别化教育，绝无离群索居之必要。无论什么样的教育，都要依法依理而行。

《义务教育法》确实没有明确规定儿童接受义务教育的具体形式，但相关法律规定了学校的建设标准和教师的资格准入门槛。不是什么人都可以办学校、办教育。《义务教育法》第十四条规定："自行实施义务教育的，应当经县级人民政府教育行政部门批准。"也就是说，如果家长坚持"自行实施义务教育"，应得到相关部门批准，否则就是违法。县级教育行政部门审批的依据是义务教育机构应具备的基本条件。没有合格的校舍和合法的教师，任何类型的教育机构的存在都是违法的。如果家长不将孩子送到合法的教育机构接受义务教育同属违法。"自行实施义务教育"必须遵循教育方针，必须执行法定的课程标准，要有科学的评价和监督体系。因此要依法保障儿童接受九年义务教育的基本权利和基本质量，坚决堵住可能存在的一切漏洞。如果"私塾"泛滥，必致乱象丛生。

教育是一种社会活动，要与现实社会紧密联系，切勿脱离时代。学校教育是社会发展到一定程度的必然产物，在可以预见的时间内，仍然是唯一有效的形式。从社会发展和个体生存对教育需求仍将持续增加的角度而言，教育特别是基础教育的全民性质不会改变。私塾式教育无法满足社会需要。由于优质教育资源基本集中在各级各类学校，所以，即使是富人、精英阶层也无法给自己孩子提供完全符合现代教育精神和知识体系的全部的个性化、个别化的教育。换言之，即使有能力按自己的想法为自己的孩子建一所专属学校，可以想见的是，这所学校也很难聘到优秀老师。在现有的用工制度下，很少有优秀教师愿意做私塾先生。而缺乏优秀教师，一切好的教育理念终会落空。那些知道一点国学皮毛、懂得两句洋文、会做两道题、自认为深谙教育之道的家长，自发而"勇敢"地担负起孩子的"全部"教育重担，正是不懂教育的表现。因此可以说，在现代社会，将孩子送进深山幽闭起来的做法是违背教育规律的。

如果将短期个别培训忽略不计，那么，学校教育几乎是当今全球教育的唯一形式，也是现代社会的最佳教育形式。综览全球，学校教育虽不能说尽善尽美，但足可实现现代教育的目的和功能。学校本是乐园，自然也不排斥教育的个性化和个别化，何需私塾来"拯救"？如果说当前的中国教育存在诸多弊端，则显然问题不仅出在学校教育这个环节。家庭教育、社会教育等都存在一定问题。也就是说，教育问题不是现代的学校教育形式必然导致的。如果教育目标发生偏差，教育评价违背规律，同样的问题也会出现在私塾。学生厌烦的不是数学而是变幻莫测的数学考试以及据此进行的甄别和排名；同理，当"射箭"出现过度竞争时，在山中学习国学的女儿还会不会是"善良、温和、懂礼貌，心态好、欢乐多"也就很难说了。

教育从来就是有目的的社会活动。选择什么样的教育形式也许不是最重要的，重要的是要明白我们要成为什么样的人。如果我们确定要成为社会大家庭中的一员，那难道还有比从小学会更好地融入社会更重要的吗？故个性化教育并非不可为，但一定要遵守法律、尊重规律。

（原载 2015 年 5 月 19 日《中国教育报》）

"超越因材施教"无非因材施教

近来，卢晓东在《光明日报》发表《因材施教能否回答"钱学森之问"》《培养创新人才还需超越因材施教》《超越因材施教尚需深度变革》三篇文章，质疑"因材施教"的传统教育理念，提出的培养创新人才需要超越因材施教的观点，我以为大可商榷。

何谓因材施教？一般认为，因材施教的教育原则出自《论语·先进》。孔子就同样的问题，在分别回答子路、冉有时给出了两个完全不同的意见。孔子的理由是："求也退，故进之；由也兼人，故退之。"总之，孔子没有直接提出"因材施教"的教育命题。清人郑观应在《盛世危言·女教》中认为："将中国诸经列传训诫女子之书，别类分门，因材施教。"可见，明确倡导"因材施教"由来已久。概而言之，根据受教育者的不同情况，采用相应的内容和方法施行教育，就是因材施教。其要旨是，尊重受教育者，给受教育者自我选择的自由。

卢先生罔顾"因材施教"已有的特定内涵，自说自话地将其定义为：教师先确定学生是什么"材"，而且是一成不变的"材"，然后再确定与之相应的"教学"方法。他说，"因材施教需要判断学生之'材'，然后决定施教的内容和方法"，"因材施教的教学原则呈现出静态和僵化，因为教师需要判断学生之材，因'刻板印象'之材而施教，颇为类似'刻舟求剑'，这是因材施教的重要局限，无法应对总是变化着的学生"。这显然是对"因材施教"原则的片面理解，未洞悉其哲学内蕴，亦有置教育学为"玄学"之嫌疑。因材施教本就是个动态过程，"材"变，"教"亦变。"变"是核心，"尊重"和"自由"是前提。再者，如果一概否认教师对学生客观评价的可能性和权力，将学习的过程，特别是现代学校教育模式下的学习过程视作"布朗运动"，显然否定了教育学的存在意义。

卢先生直言，因材施教不能回答"钱学森之问"。他详举了罗杰斯、乔布斯、冯唐三个例子。罗杰斯由农学而宗教再历史又神学，终成为心理学家；乔布斯退学而成为旁听生，"精神极为自由"，以成就旷世奇才；冯唐学医，终成作家。卢先生臆断，"在罗杰斯走向心理学的过程中，我们少有看到因材施教的作用。""退学这一行动取消了所有大学阶段教师对乔布斯因材施教的可能，仅保留了自主学习这一核心因素。""如果冯唐所经历的每个教师都极其严酷地抱定因材施教的原则并且在实践中不折不扣地践行，冯唐会有机会成为作家吗？"

文章将因材施教的教育原则混同于课堂教学中教师因材施教的具体方法。事实上，因材施教的原则应当贯穿于教育的全过程，应指向社会、学校、教师和学生，不单指教师的课堂教学行为和制度安排。因此可以说，只有因材施教，才可能出现罗杰斯、乔布斯、冯唐这样的人才。乔布斯在美国也属唯一，无法批量复制。失败的"乔布斯"不少，而成功的"非乔布斯"更多，不能用个例来彻底否定一般教育原则。文章论及的"超越因材施教"，无非是指通过建立更良好的机制，切实保障"教育自由"。其所谓"相信、信任和欣赏学生"等"超越因材施教"的九大教学原则，岂不就是因材施教？

至于卢先生所说的，在因材施教的原则指导下，"一名教师对于被认为是上等之材的学生格外关照，对于下等之材的学生，自然有所忽视，这在逻辑上也是合理"的现象，根本不是因材施教，而是形而上学。毋庸置疑，只要遵循教育规律，教师不会成为学生成材的障碍。令我们遗憾的是，现实恰恰还不是卢先生所说的"我们现在的教育世界，似乎就是因材施教的世界"。

因此，我想用三句话来回应卢先生的三篇文章：真正的因材施教，一定可以回答"钱学森之问"；"超越因材施教"无非因材施教；只有通过全方位的深度变革才能真正落实因材施教。总之，当下教育，最重要的是回归常识，而非故弄玄虚。

（原载 2015 年 6 月 4 日《中国教育报》）

提高教师职业吸引力也要向"钱"看

日前，有关部门在发布的《教师蓝皮书：中国中小学教师发展报告（2014）》中指出，从绝对数值来看，北京市中小学教师工资水平在2012年已经成为全国最高，但从实际水平及其职业吸引力来看却并不算高。通过2012年的研究发现，我国教师工资水平在全行业间处于中下位置，而北京市中小学教师工资相对水平则更低，教师职业缺乏吸引力和竞争力。

据调查，过去十年，教师工资绝对增长较快，但相对增长缓慢；教师工资标准区域差距较大；行业差距持续拉大。特别是在进一步规范办学行为和实行绩效工资制度后，由于配套不力，不少地方出现了教师薪酬明增暗降的现象，严重影响了教师信心和工作积极性，也削弱了政府公信力。如果说工资性收入教师与公务员差距还不算大的话，那么，工资以外的待遇，包括各类津补贴、奖金、培训、晋升渠道等，两者间的差距显而易见。保障教师待遇法有明文，但政策多停留在口号和纸上，甚至一度频发教师"讨薪"事件，影响恶劣。毫无疑问，"空头支票"断难提高教师职业吸引力。

衡量待遇高低有两个基本维度，一是全行业的比较位置，二是工作压力和工作付出回报。《中国统计年鉴（1991—2012）》数据显示，2003至2011年间，北京市教师工资在全市19个行业中排在第9名，处于中等位置。对北京市教师工资与社会平均工资进行比较发现，1990至2011年间，总体上教师工资逐年提高：在1990至1998年间，两者大体相当；1999至2007年间，前者高于后者；2008至2011年，前者低于后者，而这期间正在推行公务员阳光工资和教师绩效工作政策。可以说，"教育优先发展"的战略没有完全落地。一些地方的教育快速发展完全仰仗行政长官的从政胸怀和教育情怀，未能纳入法治的轨道。

就社会地位而言，受教育产业化和严重的应试教育影响，社会对教育、学校和教师的恶评与日俱增。毋庸讳言，教师形象和社会地位皆处于历史低潮期。非但不再神圣，连神秘感也荡然无存。这在很大程度上瓦解了教师的职业崇高感和荣誉感。心灵之无助远非甘于清平所能拯救！

而另一个方面，教师的工作压力和精神负担也远大于改革开放初期。由于教育观发生偏差，随着教育管理的更加科学化、专业化、精细化，压在教师头山的"大山"多了何止十座？教师无暇向学，无心研究。一些不切实际的改革举措更令教师无所适从，内心备受煎熬。去年9月23日的《中国教育报》在头条刊登的《谁来关注教师的身心健康》中指出："在长期工作压力下，他们就像一张拉得满满的弓，弓弦随时都有可能断裂。"2011年教师节前夕，有关部门推出"教师的幸福指数"调查。在参与调查的13973人中，认为自己生活和工作幸福的不到两成，近三成教师认为自己不是很幸福。67%的教师在一天工作结束时，会感到疲惫不堪。提及对教师工作的感受，25%的人选择厌倦，12%的人愿意立即放弃教师工作。60%的被调查者在生活上最需要得到的帮助是工资按公务员标准发放。教师的60%的直接压力主要来自职称、考核、升学率，耐人寻味的是教改和继续教育也是教师的压力之源。应该说，这个调查是切合一线教师的实际感受的。

在无法有效减轻教师的工作强度的情况下，实行教育公务员制度，加大社会保障力度，大幅度提高教师待遇，方能提升教师的职业吸引力。

（原载2015年7月3日《中国教育报》）

要让"红线"真正成为"高压线"

近日，教育部出台《严禁中小学校和在职中小学教师有偿补课的规定》，划出 6 条"红线"。"红线"所涉事项的危害性显而易见，无须赘述。补课禁令年年下，但违令现象并未得到彻底遏制。就在最近，多地曝出踩"红线"的事件，颇有些愈禁愈烈的态势。在我看来，"红线"易划，但要使"红线"成为一碰就"死"的"高压线"，需要进一步下大气力落实。

当然，有效治理中小学校和在职中小学教师有偿补课有其特殊难度。如社会上有偿补课赞成者就不在少数。其中既有应试教育的实际影响，也有教师和家长的认识偏差问题。相关利益人群没有从长远和大局角度洞悉其危害性是根本原因。教育部的规定有两个要点，一是"中小学校和在职中小学教师"，一是"有偿"。换言之，没有禁止社会机构"有偿"补课和中小学校"无偿"补课。此无疑是实事求是之举。在台湾，学生的升学压力和课余补习一如大陆，禁止有偿补课由来已久，学校也将禁止课余组班补习列入聘约。可见，有着基本相同的教育制度和考试文化的两岸，对中小学校和在职中小学教师有偿补课的危害是有共识的。假如禁令所列现象大行其道，教育必是大乱之时。因此，切实执行禁令成为关键。

"高压线"的功能本非"电"人。防止"触电"，一靠教育二靠防护。重点要做好对学校的监督和对教师的教育工作，还要正视"长假中孩子哪里去"的问题。要建立一套有效机制，给出可行出路，解决实际存在的困难，确保不"触电"。

要立法禁止在职教师校外举办"营业性家教"。教师有义务解答学生提出来的问题，但没有义务负责"一个学生都不掉队"。要为大多数学生负责，不能将全部的心思都放到几个甚至一个学生身上。如果课内不认真教，将重要内容放到补习班中讲，不择手段诱使或胁迫学生参与其本人在校外开办的补习班，其行为不仅败坏道德且形同"绑架",涉嫌违法。要看到在职教师利用特权寻租渐呈蔓延之势,严重败坏了教师形象,妨碍了教育事业健康发展。

较之于治理有偿补课,指导学校、家庭和社会科学安排学生的假期生活的难度更大。在一些县中,进入6月份以后,因为各类考试的影响,学生基本等于放假,随后又是长达两个月的暑假,学生离开学校的时间太长,学校不可能不放假。我们也没有条件像澳大利亚那样规定"13岁以下孩子不能独自在家";而对多数人来说,长时间参加社会实践活动是极不现实的。因此,要针对中国国情,将中小学学生的寒暑假生活作为一个现实课题,上升到国家工程加以研究。

我校所在的开发区实行幼儿园至高中15年免费教育,同时对寒暑假家庭有困难的幼、小学生和寄宿制初、高中生的晚自习、周末督修,实行政府采购服务的方式,支付教师加班费,效果良好。显然,进一步挖掘学校潜能是更为现实的做法。譬如节假日开放学校,用增加津贴或抵税的方式招募教师志愿者、大学生和社会志愿者参与辅导和管理。那种视教师无偿加班为当然的观念要转变,同时要保障教师享有法定待遇。另外,家、校要有意识地训练学生独处和休闲的能力,而这种教育当前是被严重忽视的,以致不少家长患有"孩子放假烦躁症"。

总之,治理"补课"乱象也须拿出久久为功的韧劲方能奏效。

（原载2015年7月7日《中国教育报》）

安全教育要实做更要善做

暑假刚至，学生因溺水、车祸而亡的事故不时见诸媒体。近日，又发生老师将幼儿遗忘在锁闭的高温的汽车里长达 9 小时而致命的悲剧。遗憾的是，这样令人不可思议的极端事件并非仅有。1990 年世界卫生组织发布报告，在大多数国家中，意外伤害是青少年致伤、致残、致死的最主要原因。在我国，学龄儿童的意外伤害多数发生在学校和上学的途中。而在不同年龄的青少年中，又以 15～19 岁意外伤害的死亡率最高。校园安全问题已成为社会各界关注的热点问题。保护好每一个孩子，使发生在他们身上的意外事故减少到最低限度，已成为中小学教育和管理的重要内容。

安全教育乍看上去是"虚功"，但实际上既是安全管理的途径之一，也是保障有效管理的必要前提。有依据表明，事故多源于安全意识不强、安全管理松弛等人为因素。加强安全教育，能够有效预防和减少安全事故特别是人身伤害事故的发生。故不能视安全教育为"虚功"，必须将安全教育落到实处。

随着学校管理日益规范化，安全工作已摆在头等重要的位置。如今，安全方面的文件是最多的，安全管理机构日益健全，安全教育进课堂、进课表也得到了落实，时间也能得到保证，形式无疑也是丰富多彩的。可以说，安全"教育"在各类学校是做得比较实的一项工作。但为什么各种安全责任事故仍不时发生，非正常死亡的人数并未出现显著下降？说明安全教育不能止于"实做"，还要追求"善做"。

要确保安全教育全覆盖，要让安全知识在脑海中生根，养成随时评估安全系数的习惯，尽可能多地掌握避险技巧和逃生技能。要让孩子们从小认识到自身安全的第一责任人永远是"自己"；不可将"与己无关"的错觉传递给孩子，对那些到了应当明白事理的中学生来说尤应如此。

要用孩子们可接受、可理解、可记住、可应用的方式进行安全教育。那种动辄数百条的"安全指南"不符合儿童心理特点，实用性差。同时要精准锁定安全教育对象，分级分类，务求实效。譬如，幼儿乘车安全的教育对象是大人而非幼儿；建筑隐患的排查，其教育对象是相关负责人而非孩子。搞错了对象就事倍功半。

安全教育要从书本上、网络上走进"现场"，要在一切可能出问题的地方实施安全教育。要在特定场合、专用设施设备上设立醒目的警示标牌和警示语。譬如，在无人监管的水塘、没有红绿灯的路口、自由活动的运动场，在电梯口、校车上、围墙边、玻璃幕墙下、玻璃门上，在一切可能出现需要救助的地方，实施有针对性的安全教育。

安全教育要提高科学性，不能一味追求"量"多。安全教育的根本目的是杜绝安全事故而非规避责任风险，故有效性是价值考量的重要标准。现在有不少地方通过网络平台进行安全教育，本无可厚非，但存在平台重复建设、实施教育的主体错位、被教育目标人群宽泛、乡村视野缺失甚至被商业网站利用等问题。譬如，在市域范围内，将网络安全教育的目标确定为教师、学生、家长"三个百分百"就是一个不切实际的目标；倘多个平台简单重叠，则形同儿戏，不免使人怀疑其初衷，且在一定程度上影响了学校常规工作，显然是不可取的。

没有安全什么都没有，但任何时候都不存在"只剩下安全"的工作。所以，安全教育既要实做，也要善做。善做才能做实！

（原载 2015 年 7 月 18 日《中国教育报》）

补习班里"补"不出优秀学生

据媒体报道，暑期来临，一些家长自发组团，高价为孩子补课。记者发现，现在不仅是后进生在参与补习培训，一些优等生也在"加餐"。某补习班，"一对一"或"一对三"的补习价格，每课时在 500 元左右。有家长透露，孩子暑期一个月的补课费和英语培训费接近 3 万元。虽然贵得有点离谱，但补课需求依旧旺盛。

补课虽不可简单以"有用"或"无用"论之，但有一点可以肯定，优秀肯定不是在校外补习班里补出来的。其实，补课之有用在于"抢跑"和"补差"。别人还没学，你先学了，在老师上新课的时候，你能暂时占先，此时似乎是有用的。但问题是，教学进程是按课程的内在规律和学生的年龄特点、既有知识结构来安排的，不是按照抢跑者的需求来确定的。"抢跑"能成功的前提是距离短且无视规则。

而学校教育不可能是这样的。心理学家格塞尔认为，儿童的智力正如体力一样是按照一定规律发展的。他有一个著名的幼儿爬楼梯实验：他对同龄幼儿中的一部分提前进行爬楼梯训练，结果表明，这部分孩子确实表现出比那些没有接受过训练的孩子更早具备爬楼梯的技能。但等到我们认为一般孩子应该会爬楼梯的年龄，那些未接受过训练的孩子无师自通地学会了爬楼梯。这个实验很好地回答了"提前学习"是否有用的问题。

"补差"起作用需建立在两个前提下：一是"差"得不多，二是"差"得具体。也就是说，要有非常明确的补习目标。所以，那种基于因材施教的一对一点拨和辅导，特别是由熟悉情况的任课教师来指导，对提高学业成绩是有一定作用的。而那种缺乏个性化的大班补课，就"补差"而言，不会比自学更好，甚至只是徒耗时间。成绩差的主要原因，除了习惯和能力因素外，问题的自然积累所形成的学习障碍未能及时排除更是直接原因，而这个任务只能由自己来完成。所以，不如利用假期梳理一学期的学习内容，将平时做错的作业、试题重做一遍，有不懂的地方及时请教老师和同学。在补习班里随大溜，效果或许适得其反。

"学霸"的炼成要建立在有明确目标和充足的自学时间的基础上。这只有在任课老师的精心指导下由自己去把握。高分不是老师教出来的，而是自己学出来的。成绩好的学生一定出自那些自主学习能力强、自由支配时间多的学生当中。成绩排在前面的人，方法已经不是问题，关键在于时间的把握。他必须做到有能力且主动将时间分配在紧要处。显然，从补习班中很难得到这方面的帮助。

而真正优秀的学生，成绩好只是一个方面，甚至正是其优秀的必然结果。其他诸如优良的人品、良好的学习习惯、有效的人际沟通等方面的素养，都需要借助良好的家教、持久的学校教育以及坚持不懈的个人努力来完善，不是临时拼凑起来的松散的学习组织能够培养的。校外培训，说到底是立足于"术"的练习，而非"道"的提升。因此可以说，优秀是补习班补不出来的。

培训学校和补习机构有其存在的必然性和合理性，但功能定位要清晰。相关部门要加强引导和管理，督促其挣钱勿忘育人，切忌不择手段。举凡教育机构，都有责任推进素质教育，优化教育环境。至于家长，更应擦亮眼睛，勇于担当，主动作为，保持一份耐心，静候花的绽放。

（原载 2015 年 7 月 22 日《中国教育报》）

让职称回归职业能力

日前，李克强总理主持召开国务院常务会议，会议认为，深化中小学教师职称制度改革，对于优化配置资源、加强基础教育师资保障，具有重要意义。经过几年来的大面积试点，全面实施改革时机已成熟。职改应逐步淡化职称的非学术性的杠杆职能，使职评回归其本来属性。

中小学教师职称制度之所以要改革，是因为这项制度实施30年来，日益繁琐，弊端渐显。与实行中小学教师职称制度的初期相比，今天教师参加职评需要提供的材料名目多了数倍。其中有相当一部分承担了行政的杠杆职能，客观上增加了教师负担，且无助于教师专业能力和教育质量的提升。因此，近年来，社会上，特别是教育界，取消中小学教师职称的呼声越来越强烈。

但取消中小学教师职称制度，回到原路，并非良策。实行中小学教师职称制度是符合当今中国国情的可行制度，对强化中小学教师的专业性、推动教师专业成长、有效治理职业倦怠、优化学校管理、促进教育事业持续发展，有着不可替代的作用。设若废止这项制度，也许会出现短暂的非理性的"群体狂欢"，但中小学校有可能会出现某种程度的混乱局面，必定要出台更多的配套政策予以弥补，最终亦无助于减轻教师负担。废除一项制度一定要深入研究实施的初衷。今天看来，职称制度仍然能够有效地呼应30年前的改革初衷。因此，不能轻率言废。

但是，不能废并非不能改。国务院常务会议所涉四项改革大多已具备良好的改革基础，确实到了成熟的时机。但要确保成效，既发挥其应有作用，又能缓解一线教师的压力，实现"多赢"，必须让职称回归其专业本位。职称乃专业技术职务，是指专业技术人员的专业水平和能力，不是评劳模。显然，现有职称评定标准中的相当一部分并非用来衡量专业水平和能力的，如"支教""轮岗"等；有些是既有过程又有结果的重复考核，如计算机等级、普通话等级等应当在取得教师资格时考核的技能，以及年复一年质量不高的继续教育等；有些大而无当，譬如不问对象地要求培养青年教师等；还有就是不符合中小学实际的教科研能力考核，譬如不问质量只要公开发表的论文、不顾实际效果只要有证书的课题研究等等。不少地方教育主管部门和学校，用行政职能干涉学术职能，行政推不动的事就绑到职称评定一块儿，职评成了一只无所不装的筐、无所不能的法宝。泛滥下去，职评就成了行政部门和学校懒政的帮凶，成了教师脖颈上的枷锁。

同时，职评要力避繁琐哲学、文字和量化"游戏"，不宜有太多的"一刀切"和"一票否决"的门槛。要将对教师工作实绩的评价权交给基层学校。通过多元激励的途径和手段，表彰和肯定教师的非学术性素养和成就。对有能力做好职称评聘工作的学校要大胆授权，由其自行评聘；适当增加职数的比例弹性，建立合理的退出机制，让真正优秀的教师能够脱颖而出，让立志终身从教的教师能够看到希望。

（原载 2015 年 8 月 31 日《中国教育报》）

职称评定少一点"一票否决"

中小学教师的专业水平和能力，主要应当通过教书育人的实际贡献来衡量，而教研能力能够在某个侧面提供评价依据，因此我们既不能陷入"唯论文论"，也不能简单否定。有人说，"取消论文这一硬性指标，特别受老师们拥护"，这是事实，但也决非如某些人说的"对绝大多数中小学教师而言，撰写论文对教学工作的实际帮助并不大"。最优秀的教师大多是善于反思和研究的教师，撰写高质量的论文实属水到渠成。

然而，因为工作性质以及多方面因素的制约，绝大多数中小学教师很难写出高质量的论文。所以，论文作为"一票否决"的要件，自然成了晋升职称的"拦路虎"。同时，现有合法期刊无法满足广大中小学教师发表论文的需求，以致"假冒伪劣"学术刊物及所谓的"论文"泛滥。这种"论文"当然不会有价值。

河南省此次中小学教师职称评审改革，对论文作了实事求是的要求：晋升中学高级教师的，"每学期至少撰写1篇有较高价值的教学心得、案例或教科研论文，具有较高的学术水平，在单位举办的学术活动中交流并获得好评"，此举减轻了发表的压力。我认为，在实施过程中，一方面应当拆掉论文"一票否决"的门槛，另一方面要鼓励教师撰写高质量的论文并公开发表，可以"质"充"量"。教师写作之于教书育人有着特殊意义，在评定职称时作必要的要求具有引导作用，切忌矫枉过正。

"淡化论文"似乎迎来一片欢呼声，但冷静一想，晋升职称的难度并未降低。"晋升难"的关键是职称数目有比例控制，评职称不是合格性考试，而是竞争性考试。所以，评审结果一般是难确定、难预期的。从职称评定的制度设计看，注定会有一部分人无法晋升，绝非一改即可万事大吉。

在中小学教师职称评审中，没听说过仅凭几篇论文即可晋升的，而考评课也实施多年，为何偏有"唯论文"的说法？根子还在"一票否决"。现有评价标准中仍有多项"一票否决"的条件，有些并非用来衡量专业水平和能力。

我认为，职称改革应逐步淡化职称的非学术性的杠杆职能。

要将对教师工作实绩的评价权交给基层学校。教书育人绝不止于课堂，教学效果也不能只看一堂课，更不能将"打假"作为课堂教学考评的功能定位。要将按标准评议与同行、学生评议相结合，将晋升与聘后管理相结合。在执行标准时，允许以强补弱，特别突出的还可以以强补"缺"。改革的总体思路应当是完善既有办法而非重起炉灶。

（原载 2015 年 12 月 22 日《中国教育报》）

寄宿制高中不能一"圈"了之

据媒体报道，近10年来，广州高中竞争格局出现了将"提供住宿"作为努力方向的趋势，家长们也纷纷把"有无住宿"作为挑选高中的标准之一。事实上，这种现象在全国具有普遍性。一定程度上，寄宿制成了优质高中的代名词。连多所蜗居老城的百年名校也不得不腾挪出空间新建宿舍楼，创造至少部分寄宿的条件；或者干脆易地重建，成为全寄宿学校。

寄宿制大行其道的首要原因是，在当下的质量评价体系中，举凡优质高中一定会在相对较大范围内选拔生源。学校超过了合理的办学半径，寄宿就成为必须。其次，无论是从有效阻断教师从事有偿家教、杜绝学生校外补习来看，还是提高时间利用率来说，寄宿对提升升学质量都会有直接的促进作用。再次，孩子住校，减轻了家长的监管负担，某种程度上可以改善亲子关系，又可以培养孩子集体生活的能力。可谓好处多多。但是，如果将寄宿等同于"全封闭"，视寄宿为"圈养"，将学生关在围墙内一"圈"了之，势必催生"高考工厂"模式，损害学生身心健康，妨碍教育事业发展。

诚然，寄宿免除了学生每日数次往返于家校间的奔波之苦，确实节约了不少时间。但节约出来的时间干什么却大有讲究，学校品质之优劣亦于此可见。"高考工厂"的运行无须赘言，无非是做题，没日没夜地做题。老师为高考而教，学生为高考而学，每一课堂都是"为高考"的课堂，每一时空都是"高考时空"。而真正高品质的学校，一定会将这节约出来的时间还给学生，以便其自我发展，让他们学会自由支配闲暇，既可跑步唱歌、闭目发呆，也可"悬头刺股"、埋头苦读。学校应当通过丰富的课程，努力为学生提供一流品质的教育服务，让每一位学生的特长都能得以发现和成长，让每一位同学的理想都有放飞的天空；通过丰富的社团活动和自治形式，提供更自由的成长空间、更充裕的交流机会、更多彩的成长平台、更多充满信任的自我抉择的人生关口。

学校要意识到，学生选择了寄宿，就意味着他将高中三年一千多个日夜中的四分之三完全交给了学校和老师。于家长而言，这是某种程度上的"教育外包"。于学校而言，责任之外尤需体会到不能承受的信任之重！一日三餐，一年四季，温饱饥寒，头疼脑热，焉能不嘘寒问暖；朝起夜眠，举手投足，一笑一颦，岂可不尽心尽力？在学生身心成长的关键时期，为师者当如战国时触龙说赵太后"为之计深远"！校园，也许是建设理想社群的最佳试验场。学校要将社会主义核心价值观和理性、良知、同情心的种子埋进学生的心田。

　　在寄宿制学校，"教师生活在学生中"就不是一句空洞的口号。教师的生活状态、生存境遇和人生态度直接构成了教育资源。对于教师来说，融入学生的游戏远比独自徜徉在书山、陶醉在学海里重要；对于校长来说，他必须要将大量的时间"浪费"在学生的活动里，必须懂得用学生的眼光看世界，要理解、尊重和适度分享学生的快乐。最好的"论文"要写进课堂，最有价值的课题研究要呼应校园生活。要真正懂得师生相伴共处的意义和价值。

　　在生存焦虑无时不有的情况下，亲子间保持巧妙的距离，自然可以缓解升学焦虑感，但家长切不可一"寄"了之。要铭记自己的责任，懂得自己的人生是孩子最好的教科书。

　　学校小社会，社会大学校。于学生而言，寄宿就意味着步入社会。漫漫人生，与最亲近的人的"关系"好坏直接决定了幸福与否。要丰富自己的精神世界，懂得灵魂交流的重要和精神价值分享的意义，用尊重、互信和奉献建立起护佑自己一生幸福快乐的"关系学"。

　　可见，寄宿不是封闭，"控制"绝非教育。若将寄宿制学校办成训练考试技能的"斗兽场"，则与教育本真背道而驰。

（原载 2015 年 9 月 1 日《中国教育报》）

"中国好作业"给教育提了一个醒

26 位社会各领域导师布置的 24 份内容迥异的特殊暑假作业，因其"接地气重创新"，吸引了 25000 多名中国学生参加，更有部分海外学生参与其中。这项暑期学生网上公益活动肇始于 2013 年，至今走过第三季。学生们的作业成果涵盖人文类、创意类、实践类、科技类和调查类等多个类别，充分展现了当代学生的自主性、探索性和创造性。（中国新闻网 10 月 18 日）

我曾呼吁，将中小学生的假期生活作为"国家工程"进行研究和部署。毋庸讳言，让学生过一个有质量、有意义的假期，目前尚停留在喊口号阶段。特别是暑假，请家教、进补习班、上各种兴趣班、游学等，成了相当一部分学生的生活常态。看学生"无事可做"，老师、家长额外布置了不少作业，但因其针对性不强，且多半有布置无反馈，对于绝大多数学生来说，实际效果聊胜于无，甚至徒耗时间。形象一点说，就是让作业"带"孩子，缓解老师和家长的焦虑。从这个角度来说，传统的暑假作业真的要改一改了。

显然，"中国好作业"是一种有益尝试。它的核心价值是公益性，亮点在于邀请社会知名人士担任命题导师并参与深度互动。其成功之处是能吸引更多的学生潜心参与活动，进而在活动中学习、思考、成长，在宽松的氛围中播下乐观自信、自主创新、自我反思的种子，并由此深刻领会学习的方法、学习的要义，体会探究的乐趣，培养研究的能力，反观学校及其课堂的价值所在。

但也要看到，"中国好作业"替代不了课堂教学，也替代不了作业本身，它只是一种公益活动。正因为是公益活动，所以这就不仅是学生的作业，更是反思家庭作业和教育改革的一个切口，给学校教育和家庭教育提了一个醒。

对于学校而言，还应与时俱进，着力改变传统作业模式。进入慕课时代，当"解题神器"无处不在、无所不能时，教育者应将学生从无谓的低效练习中解放出来，把时间还给学生。教师要通过点拨和指导，让学生学会自主学习。这样才会有个性化的学习，才能实现因材施教，才谈得上促进学生自主发展。学校不一定要大规模地组织学生参加"中国好作业"公益活动，但不能不思考什么是"好作业"。

社会各界也要从"中国好作业"中深刻反思。从现实来看，将"中国好作业"进行下去面临着两大难题：一是必要的经费。线上线下活动都离不开钱，需要政府和社会各界支持。二是导师资源。出题并不难，难的是请谁出题。张杰院士本次的命题是"关于未来的科技预测"，既不新颖也不高妙，但他仔细阅读了800多份作业答案，这就使活动形成了完整的价值链。那些科技预测的准确率并不重要，重要的是有导师引领孩子全程参与。而使活动推陈出新、永葆活力，需要无数乐于奉献的"张杰"。

"中国好作业"也敲打着家长的教育观。升学焦虑令中国的家长不容易成为教育改革的促进者。一切暂时无关升学的学习方式都有可能被家长抛弃。"中国好作业"主办方联手知名高校，想必也有迎合家长的考虑。教育改革必须取得家长的支持，故教育改革不能只在学校层面单兵独进。"中国好作业"给家长的启示是，高考固然重要，但不必每一天都迎考；高考固然重要，但还有比考题更重要的，那就是孩子学习能力、创新意识和反思习惯等核心素养的培养。其实，还有比教室更重要的"课堂"，比习题更重要的"作业"，而鼓励和支持孩子自主完成"中国好作业"，距离真正的素质教育也就更近了一步。

（原载 2015 年 10 月 20 日《中国教育报》）

要为校长治校做"减法"

教育部先后出台了义务教育学校、幼儿园、普通高中、中职的《校长专业标准》。《标准》指出："校长是履行学校领导和管理工作职责的专业人员。"四类"校长专业标准"均为六个方面60条，是"专业素质的基本要求"，也是制订"任职资格标准、培训课程标准、考核评价标准等的重要依据"。第一次明确"校长"是与教师、医生、工程师等专业人员并列的一类专业人员，这为中小学校长的专业化、职业化提供了政策依据。确定"校长"是专业人员而非行政官员，是建立现代学校制度的必要前提。当代教育为何成就不了教育家？一个重要的原因是，最有可能成长为"教育家"的中小学校长，充当的是底层官员的角色。无关、无效的"非教育"治校行为消耗掉了大量的精力。"校长"成了"标准件"和"复印机"，是没有生命活力和智慧生长空间的"岗位"。办学的不是"教育家"而是官员，教育的固有功能就有可能被削弱或取代。

我们不妨先梳理一下校长的"时间都去哪儿了"。

在绝大多数地区，校长的专业头衔是"教师"。即使在上海等少数实行校长职级制的地区，校长的专业意义也基本没有。县级以下中小学校长的行政职级低，对应的待遇低于专业职务待遇。因此，几乎所有的中小学校长都是"教师"。按照教师专业职务评聘的一般要求，校长应当担任专任教师三分之一以上的教学工作量。而对于语、数、英学科来说，因为专任教师的满工作量是带两个班课，所以任教此三科的校长，只要任教一个班，实际教学工作量就达到了专任教师的三分之二。为什么校长要带课？因为你是"教师"，占用了教师职称的职数。不会教书、没有教师职称的校长例外。但没有职称一般又做不了校长。因此，"校长带课"成了一个解不开的"连环套"。有些地方，为了防止校长作假，就规定"应将学校任课安排表、（校长）实际任课签到表等方面的原始材料存档以备查，"显然无视校长的专业属性。

校长如果将三分之二的精力用于某个班级的教学，剩下三分之一的时间能做什么呢？首先是培训。教师继续教育每年 72 学时；校长岗培班、提高班、高研班、"影子校长"之外，校长的常规培训还有一定量的学时；有时还得参加党政干部培训。其次是"阅读"文件。各级、各部门的文件一年几百份；一年接到的短信指示几百条，电话指示几百通。第三是开会。上级的、教研部门的、学校的，都是必要的。那些文件、短信、电话都是有事要落实的。第四是创建活动。达标校、示范校、文明校、基地校等等，有扛不完的牌子。这边刚创建，那边要验收。连课题研究也成了立等可取的"快餐"。第五是基本事务。学校的人财物管理，批钱、批假，批什么都得校长"一支笔"。党政工团少，工农兵学商，吃喝拉撒睡，生老病死伤，校长都不能缺位。第六是有许多想不到的"新"举措。譬如，加强校园安全，校长要值班巡查校园；加强食品安全，校长每周至少一到几次在食堂用餐；加强招生管理，录取通知书要校长亲自签名；规范教材教辅征订，校长要亲自审核签字；还有众多的专题教育活动以及放学后学生无处去、校车安全、学生回家后的安全以及校园周边环境综合治理问题等等。学校成了小社会、小政府，社会和政府要做的事，学校也得做。

如果还有时间的话，才能顾及"校长专业标准"规定的那六条：学校、老师、学生怎么发展？教学、管理、文化建设怎么搞？社会资源怎么利用？要走近师生，不是打招呼就行；要走进课堂，远非止于自己任课的那个班；要联系社区，不是握个手就完事。这些都需要有时间来做，而且时间多多益善。

怎样才能让校长集中精力治校？首先要按照"校长专业标准"，明确其专业属性。改变现有的校长任命、考核方式，实行校长职级制，促其专业化、职业化。在"校长"与"教师"的专业职务间，建立可转换机制，实行任期制、轮换制，确保"来去"自由顺畅。少搞"双肩挑"，在"朝"集中管理，在"野"专心教书。其次，尊重学校办学自主权，减少行政干预，少些千篇一律。顶层设计重原则，求科学，避琐细，少考评，不插手，推动学校特色发展。把选择权、决定权还给学校，将评价权交给社会。第三，要激发校长的智慧和创新力，鼓励和帮助校长实现教育理想。

总之，要切实减轻校长的负担。校长"减负"，师生才能"减负"，学校才有活力，学生才能生动活泼、自主发展。科技成就未来，创新永无止境，学校应当在科技创新中获得自由。教育需要呼应本质，尊重常识，不能舍本逐末，作茧自缚。

（原载 2015 年 10 月 28 日《中国教育报》）

教师要"写"有用的教案

日前,《中国教育报》微信公众号发起"教案,为啥爱你不容易"话题,引来不少教师的"吐槽"。"教案没用"成为不少中小学老师的口头禅,背后的理由是,课怎么上,教师心里有数就可以了,没必要"写"出来。而且,"写"出来也很少有人看。特别是在信息技术广泛使用和教辅材料泛滥的今天,"写"教案似乎落伍了。

《现代汉语词典》对"教案"的解释是:"教师在授课前准备的教学方案,内容包括教学目的、时间、方法、步骤、检查以及教材的组织等等。"一般来说,上课是一定要有教案的,虽然无须手不释"卷"。设想一下,如果准备一堂研究课,是否要准备一个详案?假如将每一堂课都视作研究课呢?所以,要不要教案不是问题,关键是要什么样的教案,如何准备教案。

为什么学校和教育行政部门要检查教师的教案?因为教育需要管理。既然上课不能没有教案,检查理所当然。为什么要强调亲笔书写教案?因为有人从网上拷贝打印,一遍都不过目。尽管亲笔书写也存在抄袭问题,但至少得过一遍。可见,检查手写教案是一种立足检查效率、评价并不十分精确的做法,具有一定督促作用,能维持诚信底线。估计此法暂时还有市场。

因此,教师要"写"有用的教案。那么,什么样的教案才是需要亲笔写的、有用的教案?笔者以为,对课程目标、上课流程、重点难点、问题设计、普遍问题、关键知识、参考文献起提醒作用和需要精确文本展示的内容,都是有用的,写在那里有备无患。上课犹如著文,有无精心设计,结果必大相径庭。所谓胸有成竹,自然要对课堂诸要素及各种新情况做周密的考虑。"有案可稽"不仅规范、严谨,而且自信、高效。日积月累,必然自成体系,形成特色。假如对课堂质量只求一般,凭经验或照本宣科上课并无不可。另外,教案的质量与"写"教案的时间之有无是两个层面的问题。没有时间只好不写,不等于教案无用。

什么样的教案"写"在那里无用？首先是那种教师在本有心理抵触的情况下，画几个字以应付检查的教案。其次是教条主义、形式主义地"写"。每案如出一辙，贪多求全。没有重点难点硬要找到重点难点，臆想出复杂的"舞台说明"，将教案写成了课堂实录。再其次是不科学、无取舍。每课都是"详"案，每"案"都是"完美无缺"的文章，以致无暇深思熟虑，有数量无质量。教案之无用，教师与管理部门都有责任。

　　一般学校要求新教师写详案，尽可能规范详尽；老教师写简案，有个提纲即可。我们学校在此基础上倡导 5 年以上教龄的老师写"创新教案"。"创新教案"也是手写教案，但使用活页纸，可以重复使用。在教材大体不变的情况下，一轮以后可以不必重写。同时，改进教案检查方式，将实际课堂效果、课件及其他课程资源的利用作为考查教师备课情况的重要依据，不唯纸质手写教案。

　　我们提倡规划基于终身从教的专业成长。如果立志终身从教，在刚走上讲台的时候，经过几轮规范严谨的专业训练是非常必要的，认真而详尽地书写教案也是非常必要的。在计算机时代，充分利用现代教育技术，建立有效的、个性化的、可共享的"资源库"，反复打磨，事半功倍。而"写"教案既可穿针引线亦可强化记忆，岂可偏废？学校教育是现代教育的基本组织形式，教师要适应和理解组织化生活的一般方式，对于一些"条条框框"，应持善意合作态度，不能因为自己水平高或不负责而无须或不愿撰写教案，就否定书写教案的普遍意义和教案检查的必要性。

（原载 2015 年 11 月 11 日《中国教育报》）

班费收取还是"一事一议"好

近日，因珠海某中学有班级家委会倡议捐班费设立奖教基金引发争议。珠海市教育局要求，从下学期起不论是家委会还是教师、学校，都禁止向学生、家长收取学期性班费，本学期已收取的班费，摸底后退还家长。班费该不该禁？遂引发争议。

班费，顾名思义，即用于班级事务开支所需费用，来源就是向学生收取。因其具有特定内涵，班级活动费用中由学校支付的部分无论多少，一般不称之为班费。就珠海这所中学的情况而言，用班费奖励学生尚需谨慎，而用来奖励老师则明显不妥。须知，"竞争"和"奖励"都不必然带来正能量。相反，如果处理不当，会带来严重的负作用。所以，在笔者看来，禁止收取类似班费无疑是必要的。

当然，就学校内部而言，鉴于经费支出往往是均摊式的，不可能一班一模式，也做不到按需供给。即使经费充裕，面对个性化需求，学校也无力管控。因此，绝对废止收取班费是不切实际的，也是做不到的。珠海市教育局也表示，此番禁收班费并非禁止一切班级活动，只是要禁止笼统收费。事实确实如此，譬如以班级为单位组织参加学校运动会，从个性化班服到现场布置，从参赛队员的激励方式到瓶装水的采购等等，学校很难统一，无法也不必干预。所以，从实践效果看，班费收取仿用村务"一事一议"制度比较合理。

"一事一议"绝非乱议。为防止"有事不议，无事乱议"，有关部门需要加强监督和指导，同时还要遵循"量力而行、群众受益、民主决策、上限控制、使用公开"的原则。所以，教育主管部门和学校可参照制定相关原则和制度，甚至不妨对班费收取实施"负面清单"或"正面清单"的管理模式，列明可收或不可收的项目，不必事事都管。建立在家长自愿基础上的 AA 制，必然也是不管胜管。总体来说应当做到：压缩项目，减少矛盾；学校承担为主，个人缴费为辅；鼓励特色，力求均衡；一事一议，一事一清。可由老师、学生、家长提议申请，但需经批准后方能实施，不可失控。要坚决杜绝那些名目不清的、笼统的、"学期性"的收费。如果钱收了，事情却没做，影响会很坏。至于怎么个收法和管理模式并非关键，只要开支有名、账目公开、多退少补，做到有序可控并不难。

在确定准予收取班费项目时，一定要围绕班级的个性化的特殊事务，严禁"搭车收费"。凡属正常教学活动所需经费以及保障其顺利实施的教学设施设备，均不应由家长承担，譬如购置空调、布置教室、征订必要的报刊等。无论家长是否自愿、实际是否必要，均不应增加家长负担，要谨防学校借机转嫁办学成本。对有可能干扰学校教育教学和管理秩序，甚至违背规律、引发矛盾、乱立名目的行为要坚决予以制止，譬如所谓的奖教奖学等。特别是由家长用捐班费的形式奖励教师，尤其要慎行。其一，组织主体模糊，奖励规则难以把握，评选难度很大；其二，涉及扣税等专业性财务制度，稍有不慎即违法；其三，如果任由评比之风泛滥，势必冲击学校正常秩序，给师资队伍建设带来负面影响。

为规范管理，要清晰界定家委会的职能。家委会是协助学校和老师开展教育活动的临时性组织，没有法人地位。家委会不能给学校帮倒忙，要依法依规，要代表全体学生家长，顾及各方面的感受和利益，不能充当"带头大哥"。随着经济社会的进一步发展、学校办学行为和家庭教育的日益规范，以及教育管理水平的不断提高，班费最终将会退出历史舞台。

（原载 2015 年 11 月 13 日《中国教育报》）

学校为改革而改革就是折腾

朋友在微信圈中介绍，某学校新校长上任，非常注重教育细节，学校面貌为之一新。其中一例为该校校名由学生题写，每年一换。朋友认为，比起请领导或名家题字的常规做法，"千手同书校名"的创意更有教育意味。

开展"千手同书校名"的活动确实是个不错的创意。该校铭牌使用学生的题字亦未尝不可，但此举无须效法。在知识的呈现方式和教育的本质未发生根本改变的今天，一味追求学校改革创新的做法，值得警惕。新校长上任，尤须审时度势、实事求是，勿将学校改革的可能性混同于必要性。

可能，即可以实现的、能成为事实的。显然，有可能改变形态或方式而无碍大局的"改革创新点"所在皆是。大到校园翻修、外墙变色，小到更换窗帘、移栽花木等等，"翻天覆地"毫无难度。即使经费紧张，只要愿意，短期内亦可通过举债使之面目一新。但类似的"创新"并无太大必要性，不改或一段时间之后再改皆无关紧要。所谓必要，乃不可缺少、非这样不行。改革，只有切中必要性才有意义；创新，只有找到阻碍发展的症结，使得问题迎刃而解才有价值。成长需要等待，教育应该静心，不必改的应当少改。为改革而改革就是折腾，最终徒留笑柄。

遗憾的是，将学校改革的可能性混同于必要性，进而患有"改革多动症"的人并不在少数，一些令人啼笑皆非的改革举措也不绝于耳。其中有相当一部分是被当作样板来推广的。譬如，某校要求全校教师每天上学、放学，必须手拿一本书，并且安排专人检查，不拿会受到处罚。有人质疑此举流于形式，校长回应："就算是一种形式，但如果形式都没有，内容又从何谈起？"这位校长还不知道自己犯了逻辑错误。此形式是彼形式吗？

又譬如，某校形成了"一所学校、三级校长、两级学校、纵横交错、互为织网"的管理模式。三级校长分别指校长、"校级教师执行校长"和"年级分校教师执行校长"。两级学校，即第一级是学校中心管理级，第二级是以年级为单位的分校（年级）管理级。简单地说，就是这所学校除了有一位"真"校长外，每天还有一位教师担任值日"校长"；每个年级是一所分校，分别有一位管事的"校长"。为什么会生成这样的制度？这或许与人们潜意识里的官本位思想不无关系。然而，无论从创新性还是从实用性上看，真正有效的学校管理都不会在这个层面发生。

类似的"改革创新"时常见诸报端。在我这样一位从事教学和管理三十多年的老教师看来，这些"改革"都未触及问题实质。教育改革往往"炒"出了一系列概念和模式。卑之无甚高论，然而容易被唬住。譬如校本教研，其实就是以校为本的教研制度。有效而可行的教研活动不以校为本，还能怎么搞？现在这样的概念和名词术语泛滥成灾，非但不能促进教育的健康发展，反而恶化了教风和学风。几个"学阀"就能发动一场"革命"，然后出书，搞培训，周游列国，四处游说，带着一群人一本正经地走过场。老问题没有解决，新问题又出现了，于教育改革发展大局毫无裨益。

学校改革为什么常有草率之举，原因之一是可计算的改革成本易为人所忽视。表面看上去，几乎不需要花什么钱，一个行政命令或一个会议即可掀起一场改革。但是，仔细想一想，教育改革涉及一代人甚至几代人，其潜在的成本非常之大，远远不是金钱能够衡量的。另外，某些校长言必创新，动辄改革，无事自扰，与不恰当的政绩观也有关系。他们缺乏"功成不必在我"的胸怀，急于求成，以一己之好主观臆断，殊不知干扰了一线教师的正常工作节奏。由于没有群众基础，又缺乏民主监督，改革往往不了了之。

学校无小事，事事皆育人，对教育资源的开发利用也应当遵循"绿色环保"的原则，既要看到它的作用，还要看到它可能存在的副作用，加以谨慎选择。学校的标志也是文化，如何保护和利用并非一改即可万事大吉。因此，改革要呼应必要，创新也要勿忘常识！

（原载 2015 年 12 月 8 日《中国教育报》）

思政课要贴近生活、贴近学生

日前，华中师大湖北高校思想政治教育管理发展研究中心发布《高校思想政治理论课与高中思想政治课衔接的调查报告》。调查显示，高校与高中思政课存在衔接问题；喜欢思政课的中学生人数占总体人数的比例偏低；当前中学生的心理感受普遍焦虑、孤独和自卑，只有 15% 的学生选择"有愉快感的正面情绪"。我认为，要达到"提高学生的思想道德品质"的课程目标，从而为其人生发展奠基，思政课既要重教化也要讲逻辑，需进一步贴近学生生活，走进学生心灵。

学段衔接问题，实际反映出政治课缺乏有效的宏观顶层设计、各学段自成体系、忽视德育目标的系统性和阶段性等问题。譬如，在初、高中阶段，用总体目标代替阶段目标，忽视德育目标的整体性和层次性；课程三维目标分离，重知识传授，轻能力、价值观培养；应试教育割裂了德育内容的有序性和连贯性，评估方法滞后，忽视了德育过程的整体性和全程性等。本质上说，衔接问题不是简单的形式问题，而是关系到思政课的学科性质问题。

中学政治课旨在让学生"初步形成正确的世界观、人生观、价值观，切实提高参与现代社会生活的能力，为他们的终身发展奠定思想政治素质的基础"。显然，政治课是修身课，重在践行。用应试的办法来修习，必有难以克服的弊端。从应试的角度来教学，师生均希望走捷径。尤其是初中思想品德课，由于知识较简单，书面考查要求较低，一定程度上导致死记硬背。这样的课程，不仅知识学习乏味，对提高品德修养的实际作用也有限，而且因为其具有应试属性，存在加剧学生焦虑、自卑等负面情绪的可能。

面对诸多问题，我认为，政治课应当从课标、教材、教学、评价等方面进行系统改革。

教育的根本任务是立德树人。调查报告所言的"我国的思想政治教育工作大多还是主要依赖于思想政治理论课"的局面需要改变。一方面，学校教育应当用生动活泼的方式培养身心健康、生活态度积极的学生，故每一个学科都应当立足育人根本。另一方面，政治学科的育人方式需要进一步优化。作为一个"学科"，要突出科学性，强调核心素养，遵循教育规律。马克思主义学科建设要研究学科与全体学生的思想政治教育之间的关系，不可自视为学生思想工作的唯一阵地。如果学科根基缺失，则难以立足于课堂。

要在遵循社会发展逻辑、人的认知逻辑和成长逻辑的基础上，在社会主义核心价值观统领下，统筹设计，制定分层教学目标。教材编写要结合实际，持之有据，有说服力，站得住脚。要避免生硬说教，力求润物无声式的思想熏陶。那些理论上有分歧、实践中有偏差、暂时说不清楚的内容不宜进入中小学教材。知识不是信仰，要以理服人。

教学工作的核心要素是教师。如何处理教材，关键在教师。如果教师的理想和信念坚定、知识渊博，懂得融会贯通，课堂教学平等开放，"以其昭昭使人昭昭"，政治课一定可以上得生动有趣。至于"考"，无论是从促进教学还是从选材的角度看，都避免不了，关键在"怎么考"。"考"，要突出学科特点，不为难学生；"评"，要强调多元，不为难老师。学生理趣兼得，目标明确；老师胸有成竹，理直气壮。既能修身养性又可以增长智慧，既能为人生奠基又可以助之出彩，这样的思政课就一定可以走近学生，成为学生最喜欢的学科之一。

（原载 2015 年 12 月 28 日《中国教育报》）

应对"女教师二孩"需要创新用人机制

在广州市政协分组讨论会上，有委员说："国家二孩政策公布后，今年，广州很多中小学可能面临没有老师上课的情况。""全面二孩"政策实施伊始，政府和社会势必面临巨大挑战，学校则首当其冲。较之教育资源短缺，"女教师二孩"问题更迫在眉睫。近三年内，女老师扎堆生二孩的情况难以避免；长远看，"二孩"将成为常态。教师队伍因女教师生育而呈现阶段性缺员的现象将长期存在。有效应对"女教师二孩"，确保正常教学秩序，需要进一步创新用人机制。

首先，"女教师二孩"问题相对特殊。现在中小学女教师的比例很大。有些小学已经占到九成，不少城市高中也超过七成。"二孩"政策实施前，女教师请产假带来的短期缺员就已经令人头疼，如今自是更加困难。随着优生优育的观念深入人心，从备孕、孕检、生产到哺乳，从科学营养、胎教到早教，女性在哺育后代上付出的心血也远超过上辈人。女教师做妈妈前后工作状态判若两人的情形很常见，需要较长的调整期。

其次，社会发展带来人的"自我意识"进一步觉醒。绝大多数人不再以加班加点为荣，更愿意依法休假、休闲。作为知识女性，女教师更希望将休假政策用足。另一方面，学生和家长捍卫受教育权的意识也更强，学校很难通过加大班额或用临时大课的方式来变通。特别是毕业班学生，无论从哪个方面看，他们的权益都不可能因此受到损害。

再次，随着教育治理和学校管理的进一步规范，学校层面的应对手段和回旋余地非常有限。过去学校有一点能够自主支配的非财政性经费，可以临时聘用退休教师、实习大学生和其他社会人员代课，也可以用较高的津贴动员在职教师轮流代课。现在，学校因在人、财、物上缺乏自主权而无能为力。

总之，"教师荒"即将到来。这是一个不容回避的问题，需要早做准备。在充分尊重女教师的生育权的前提下，只能通过创新用人机制，才能破解难题。其核心是，打破僵化定编的方式，实行符合教育特点的独立的编制管理办法，将用人权下放到学校，真正做到人权、事权统一。

教师编制问题成为当前制约教育发展的瓶颈之一。解决外来工子女读书，破解大班额问题，推行走班制，实施素质教育，包括区划调整等等，都需要增加教师编制。国家花了很大气力才逐渐消化了历史形成的民办教师、代课教师包袱，但现在各地又开始聘用编外教师，称之为"临聘教师""非编教师""代课教师"等，形成了事实上的双轨制。仅深圳市就有上万名的"临聘教师"，北京市海淀区计划 2016 年高薪招聘"非编教师"。既要增加学位，又要规范办学，还要裁减"临聘教师"，加上女教师扎堆生育，学校自然束手无策。

我认为，"后 4% 时代"教师编制不应再成问题。在解决了基本教育需求后，一方面要研究更科学的经费保障机制，另一方面要将宝贵的教育经费更多地用于师资队伍建设，要"目中有人"。在事业单位分类改革和实施机关事业单位社保制度后，编制管理不能再搞双轨制。要提高编制使用效率，以学生数或以班级数滚动定编，落实课程计划。完善相关政策配套，建立长效机制，通过事权核定机制，确保教育财政支出的制度设计，保障学校的经费使用权、教师待遇的分配权、生育保险收益的统筹使用权等。

"二孩"政策对学校的影响是全面、深刻而持久的，只有在用人机制上破除清规戒律，充分调动学校的积极性，才能缓解阶段性缺员问题，才能有效应对即将到来的女教师扎堆生育所形成的"教师荒"。

（原载 2016 年 2 月 3 日《中国教育报》）

谁动了学生的"现实快乐"？

每当于暮色中，尤其是在夜色仍笼罩而路灯已关闭的黎明，看到疾驰而过的公交车上坐满了身着校服的中学生，我就感到一阵心痛。尽管觉得成人不应剥夺孩子们应有的快乐，但也不能简单地认为存在一种"快乐学习法"。读书总归要刻苦的。"刻苦"不是"苦"，它是一种努力的状态；学而"无趣""无果"才是真正的"苦"。所以，真正令人心痛的并非他们的早起，而是相当多的学生将要开启一天"无趣"甚至"无果"的学习。对这些学生而言，学习的快乐无从谈起。

初中虽为义务教育阶段，但学生学业成绩分化已相当严重。成绩分化是应试教育的"孪生兄弟"，只要有甄别和选拔，就一定会存在分化。我所在的学校，仅就七年级入学两个月后的期中考试来看，即能发现其中问题。共7科满分700分的试卷，优秀率42%，及格率82%，应属正常；但最高670分，而350分以下26人，最低分只有34分，且年级越高分化越严重。一个不容忽视的事实是，在自然生源且平行编班的初中，有三分之一左右的学生的学习基本是无效的，在一些质量不高的学校，这个比例会更高。

不少教育界人士都表示"学校要关注学生的现实快乐"。什么是"现实快乐"？很多人将其理解为要减轻课业负担，实施素质教育。这是很不全面的理解甚至是曲解。学生最大的快乐是什么？是学习没有障碍并愉快地获得新知。学生的现实快乐的重要源头是学习轻松，且主要是心理轻松。心理轻松源于学得会、喜欢学，并不简单取决于投入时间之多寡。关注学生的现实快乐，除了减少过度竞争，更要提高学生的学习质量。如果始终尝不到成功的甜头，他们是快乐不起来的。哪怕平时没有一次考试，但学生每节课都听不懂，哪里来的现实快乐？考试本身并不会剥夺学生的快乐。少一点考试，少一点排名，少一点竞争，只是获得现实快乐的方法之一，甚至只是表面的方法。根本的途径还是帮助学生在学习中获得成功。

但是，现在的学校教育和课堂教学，是不可能让所有学生都成功的。很多课堂甚至不给"学困生"后来居上哪怕是勉强跟上的机会。举一例说明。九年级数学有"直线与圆的位置关系"一节，本节知识很简单，但很多学生没学会，问题出在"算旧账"。例题、练习涉及三角形和圆的相关计算知识，一下将"学困生"打回原形。学生好不容易有了一点信心，一道并不一定要在"这里"出现的综合题立即予以"打击"。他们本有很多赶上的机会，但教材、教辅、教学组织和组织者等，非但没有更多地创造这样的机会，甚至连原有的"机会"也剥夺了。老师讲的听不懂，或者听懂了不会做题，总是如此，学生还有什么快乐可言？

各地也在强调降低中考难度，全面取消"超难"试题。通观类似改革，那些重点高中常常率先反对，继而以竞赛选拔或自主招生的方式干扰中考改革，直至改革半途而废。在义务教育阶段不得举行统考的政策约束下，各地一直不曾停止的"抽测"，实则就是统考。中考"消灭难题"的改革由来已久，指标也很具体，譬如全科及格率、平均分必须达到多少，实际情况是几乎没有达标的。因此，只要升学成绩为"王"，则"难题"势必以各种面目出现；只要某一学段教育还是升学教育链条上的一节，则压力就无可避免地传递到每一个环节。身处其间的"学困生"的生存状态，常常被忽略。

"学困生"的每一天、每一堂课都难言快乐，故其成为"问题生"的可能性很大，必须切实加以解决。否则，教育质量就很难实质性提高。我认为，根本办法是遵循学习规律和学生身心发展规律，减少学习内容，降低学习难度，尊重基础教育的独立价值，弱化其选拔功能，多元办学，适时分流，让每个学生享受到合适的教育。

（原载 2016 年 2 月 25 日《中国教育报》）

假如最"好"的学校招最"差"的学生

前不久，李镇西老师发表《最好的学校要招最好的学生？》一文，提出"为什么所有一流医院收治的都是最难治的病人，而所有一流的中学招收的却是最好的学生"的疑问。他认为："破解这个难题，也许是中国基础教育走向优质均衡发展的希望所在。"我认为，在高中阶段，适度分流、分层，也许正是实现"优质均衡"的重要举措。换言之，如果将学生按学业成绩均分成若干组，等分到各校，非但会增加学生压力、降低学习效率、引发更加激烈而无序的竞争，最终强化应试教育，反而达不到"优质均衡"的目的，而且脱离实际，很难做到。

这里，我们不妨按李老师的理想做个推想：假如最"好"的学校招最"差"的学生，情况会如何？为了便于讨论问题，我们暂且顺着李老师文章的思路，将"好"学校定义为升学率高的学校，"差"学生定义为学业成绩不好的学生。

如果让最"好"的学校招最"差"的学生，碰到的第一个问题就是学校无法招生。初中生升学面临的第一个选择是上普通高中还是职业高中，如果不用"择优"而用"择差"的办法，谁能告诉我怎么招生？同理，不同高中招生也存在同样的问题。其次，即便用就近入学的方式摇号或抽签招生，谁又能保证生源质量是均衡的？即使将生源按成绩打乱均分到各校，谁能保证不引发更多更复杂的问题。进一步追问，这样做的深层原因难道不是升学主义作祟？如果我们能够坦然面对升学率，我们何须这样折腾？第三，如果学校间不存在差异，也即实现了所谓的"均衡"，那么，学生也就失去了选择权，接下来势必会遭遇更加激烈的竞争，甚至连淡定的理由都找不到。第四，必须承认初中毕业生的学业基础已经存在较大差距。在高校招生仍然实行文化课学业成绩择优的情况下，高中有效组织教学将面临很多困难。压力往往来自身边，因此可以想见，学生的学业负担和压力将会更大。

什么是优质均衡？显然不能用高考升学率来衡量。优质均衡应当立足于提升教育服务品质和更高层次的公平，绝不是寻求所有普通高中拥有大体相同的升学率。为什么要提倡普通高中多样化特色化发展？目的正是要为不同类型的学生提供更加合适的教育，为不同类型的高校提供合适的生源。因此，"优质均衡"并非要将所有的学校都办成一个样子。将升学率高的学校视同"好"学校，是我们在认识和评价上出了问题，并不意味着现有的招生方式存在多么严重的偏差。需要迫切改变的是全社会的人才观、质量观而非"择优"的招生方法。

当然，肯定"择优"的方式并不表明现有招生方法没有瑕疵。显而易见的是，"唯学业成绩"看上去公平其实未必公平，看上去自主其实未必自主，看上去合适其实未必合适。要将个人职业兴趣、学业水平、综合素质、升学成绩等结合起来作为高中录取的依据。但这种改革必须建立在高校招生同步且有效的改革的基础之上。我们要清醒地认识到，不能用文化课学业成绩作为选材的唯一标准，但也不能全面否定它的科学性。学校教育的主渠道是课堂和知识传授，其"育人"一般离不开"教书"。所以，不谈学业成绩的学校教化是不存在的。读书的态度往往也是做事的态度。这也正是我们将复杂的"招生"简化为按升学考试成绩"接生"而不会出现特别大的偏差的深层原因。考试招生是门科学，任何理想主义都要经受科学的检验。

最后要肯定的是，李老师的追问对办好各类学校很有价值。但拿学校比医院，拿教育比医疗，拿学生比病人，貌似合理，其实逻辑上站不住脚。医生治"病"，是单纯的技术问题；教师育人，是复杂的综合问题。重病患者选择好医院与"好"学生选择"好"学校都是一种自然选择。好学校招"好"学生恰如好医院治疗疑难杂症，正是着眼于技术层面的知识传授，但并不意味着知识传授之外学校就万事大吉。不同类型的学校，其核心任务不会有根本不同，因此其核心价值也不会有本质区别。学校不是擂台，没有必要通过升学率的高低来决出胜负以彰显英雄主义。要通过改革评价方式，从教育服务品质和服务供给一侧来全面评价学校和教师，进而使教育回归其本质属性，使所有的学校都有存在的价值，使所有教师的所有教育行为都有意义，使所有学生都能健康成长。

（原载 2016 年 5 月 5 日《中国教育报》）

治理校园欺凌教育预防为上策

日前，国务院教育督导委员会办公室印发《关于开展校园欺凌专项治理的通知》，要求各地各中小学校针对发生在学生之间，蓄意或恶意通过肢体、语言及网络等手段，实施欺负、侮辱造成伤害的校园欺凌进行专项治理。《通知》指出，要通过专项治理，加强法治教育，严肃校规校纪，规范学生行为，促进学生身心健康，建设平安校园、和谐校园。

专项治理行动有利于在短期内缓解校园欺凌的多发态势，进而促进全社会更加重视净化青少年的成长环境，推动教育治理结构进一步完善，提升学校治理的法治化水平。从长效看，遏制校园欺凌，仍需织好"法网"，学校层面更要进一步完善相关制度与处理程序，做好应急预案，使得事件发生后有章可循。

校园欺凌由来已久，中外皆然。在任何一个校园里，如果措施不力，"坏孩子"就少不了。遏制校园欺凌的主体责任应该在学校。学校有责任为学生提供安全的学习和成长环境。保护学生免受伤害是教师的天职，无论在什么样的外部环境下教师均无理由推卸。教师一定要充分认识到校园欺凌的危害性，不能视而不见，要把欺凌事件解决得越快越好，这样可使受害者少受凌辱，使加害者及时受到管教，不至于在违法犯罪的道路上越走越远。否则一旦成为既成事实，惨痛的阴霾将要覆盖多个家庭。因此，教师当明察秋毫。

经验告诉我们，那些"生活在学生中"的老师，对学生、学生的家庭以及学生的"关系网"了如指掌，他们的学生就很少出问题。发生欺凌事件往往就是一念之差。教师在关键处抑制了他的"恶念"，他也许永远都是"好孩子"。

一出校园欺凌事件，学校袖手旁观，拱手交给公安机关、工读学校处理，不是好办法。实践证明，大凡进了工读学校或被公安机关"专政"的孩子，再回到社会或学校过"正常人"生活，其人生道路是充满坎坷的。故于各方而言，最好的办法就是防患于未然。"法"可以解决问题，但未必能很好地解决发生在未成年学生中的欺凌问题。处理不当，有可能会成为未来的社会问题。故处理中小学校园欺凌应当立足于学校，通过"教育"来解决为上策。

建立有效的预防网络和干预机制是治理校园欺凌的重要环节之一。校园欺凌的起因往往都是鸡毛蒜皮的小事情。当事人不报告，老师、家长失察，最后就会出现小学"副班长长期勒索钱财、逼人喝尿"的荒唐事件。遏制校园欺凌的重要契机是当事人的举报，因而要尽可能消除被欺凌学生的思想顾虑，营造师生间的互信氛围，让受欺凌的孩子能够第一时间向老师求助，避免事态的进一步恶化，把伤害降到最低。

"坏孩子"的成因很复杂，而家庭教育通常是首因。家长的修养对孩子的成长很重要，每一个"坏孩子"的背后大多是一个"问题"家庭。2015 年 10 月，教育部印发《关于加强家庭教育工作的指导意见》，进一步明确了家长在家庭教育中的主体责任。在一系列校园欺凌恶性事件中，当事人无论是欺凌者还是被欺凌者，其家长要么疏于过问要么失之于纵容。不久前发生在浙江嘉兴洪合镇少年群殴事件即为典型一例。据报道，这群少年以小镇 5% 的人口犯下当地近 30% 的案件。可见家庭教育缺失的后果有多严重！

校园欺凌事件被热议的另一重要原因，就是某些地方教育主管部门问责的草率。校长、教师动辄得咎，所以学校管也不是、不管也不是。依法治教往往不落实，也与绩效考核方式不无关系。正因如此，完善问责机制尤为必要。另外，在承认当前教育存在偏颇的同时，不应将校园欺凌问题简单归因为应试教育，这既不符合事实也不符合规律，无论什么样的教育都要在法治的框架下进行。

（原载 2016 年 5 月 12 日《中国教育报》）

哪有放之四海皆准的"模式"

　　河北省某县"三疑三探"教学模式改革，在一路争议中推行两年，最终被叫停。究其原因，有人认为是"工作方法上太急躁了"，也有人认为"引进的东西太多，老师无法消化"。在我看来，用一种模式定义全县中小学所有的课堂教学，有违教育规律。一场只见局长见不到教师甚至见不到校长的教育改革，注定很难走远。事实证明，只有当教改成为教育发展的必然要求，成为广大教师的自觉行动时，才能顺利实施，才能受到广大师生和家长的欢迎。

　　模式是事物的标准样式。教育可以有模式，课堂教学也可以有模式。但"标准"之外应允许有更多的"变式"。所以我们常说有方法不唯方法，有模式不唯模式。任何一种课堂教学方法都有适用的范围，不宜夸大成固定的、一成不变的课堂结构。如果要求每一节课都必须使用同一种方法教学，那就有形式主义的嫌疑了。

　　行政化使一线教师的教育智慧和创造性没有得到应有的尊重，也正是当下教改难以深入的症结所在。将课堂教学模式教条化，教改就会走样儿。教改的最关键人物是教师。教师为何抵制教改？通常并非教师思想僵化、抱残守缺，不愿意接受新生物，而是因为相关部门将经验变成了束缚教师创新的绳索，甚至置教师于改革的对立面。有些地方在推广杜郎口模式时规定，如果教师在课堂上讲课时间超过 10 分钟就被视为教学事故，这显然太教条。

　　激发教师的教育智慧远比制度建设更重要。再好的模式也要靠教师去执行，何况根本不存在放诸四海而皆准的唯一的课堂教学模式。站讲台的是教师，当一线教师在教改中遇到了困惑，相关部门就要解惑。解惑要尊重教师的创新创造，不能居高临下、一味强推。越顶层的设计越应当突出原则性，不宜太具体。条条框框太多，学校和教师不敢越雷池一步，这样的教改有违教育规律和改革精神。教改要为学生减负，也要为教师减负。一线教师的负担本来就重，如果教改带给老师更多的负担，教师怎么可能拥护呢？

新课改强调"自主、合作、探究"，这无疑是正确的。但"自主"不是不要老师，"合作"不是非得对面而坐，"探究"不见得非要将课堂搞成茶馆。吃饭也要变换花样，何况学习？从"学学、议议、练练、讲讲"的茶馆式教学法到"先学后教，当堂训练"的课堂模式，从"三三六"到"三疑三探"，这些方法大家都在用，区别在于我们将其作为一种方法适时地去用，而不是将其作为模式要求每节课都用。用什么样的教学模式，应当由教师根据实际情况自己决定。譬如翻转课堂、小组合作、导学案等等，我在三十多年前就做过，而且一直采用。但没必要堂堂课翻转，在大班额的教室也没必要将秧田式的坐位完全改为团团坐的方式。我们学育才、杜郎口什么？主要不是具体模式，而是学习实事求是的思想方法、勇于改革的魄力和勇气，学习调动学生自学积极性、还课堂于学生的做法。

教改的目的应该是尽可能为每个学生提供合适的教育。不合适就要改，故"微教改"是随时的，无须兴师动众。最好的教师应当将学生作为学习的主体，启发诱导，因材施教；最好的模式应当是适合课堂上"这群"学生的模式，而非舶来的固定模式。怎样才能使教改成为教师的自觉行动？除了要提高教师职业荣誉感和幸福度外，更要尊重教师的专业权利和课堂教学自主权。推动教师与时俱进地自觉投身教改的动力应该是学生的实际需求。有效教学不能靠专家去臆测而要靠一线教师去实践，好不好当然是老师说了算。当教师时刻思考着怎样的方法才是最适合的方法时，"教改"自然就成了他的自觉行动。

（原载 2016 年 8 月 26 日《中国教育报》）

后　记

我的教育理想国

　　2006 年 11 月 22 日上午，我在搜狐网上开了个博客，不假思索地命名为"理想国"。起初也只是想玩玩而已，并未当真，也很少更新。2007 年 9 月 3 日，我获聘筹建厦大附中，只身来到了当时只有我一个人的"学校"。当终于有一个机会可以按自己的理想办一所学校的时候，我思想的闸门一打开，万千思绪便源源不断。十年来，在与学校共成长的过程中，我写了 640 多篇共计 180 万字的文章。我在《开博四年》一文中说："我所以能将'理想国'进行到现在，与我的社会角色有很大关系。如果我不是老师，不是校长，我可能早就停博了。我是在写作的路上逐渐悟出'教师博客'和'校长博客'的育人和沟通功能的，所以就咬着牙坚持到现在。"

　　如果没有博客，我不可能与我的同事和学生作如此深入而系统的交流。我的绝大多数文章源于问题的发现，指向问题的解决。校长博客，文采次要，"真"字当头，要真实，要真诚。校长不是教主，不要板着脸教训人，而是平等地与人分享自己对人生对生活的理解。只有"真实"的人才能构成教育资源。我认为对校长的最高评价是"他是个'真实'的人"。我一直努力做一个真实的人。唯有"真"，校长博客才有意义。

我的博文，最大特点是文中有"我"。写的是我的故事、发生在我身边的故事以及我的思考等等。文章里能见到我的个性、情感、生活、思想，能够看到一个真实的我。能够没有任何功利心地不停地写，原动力不仅来自校园生活的丰富多彩，更主要是有兴趣。这种兴趣源于思考的快乐，而这种"思考的快乐"与总结经验更好用以指导实践没有关系。我经常回看自己写的文字，那些瞬间的灵感和思想的火花因为及时的写作会赐给我永久的快乐回忆。"文以载道"，我写的东西，没有那么高端，也没那么沉重。面对一个话题，开动脑筋，做一做思维体操，祛除一点大脑的惰性，对保持大脑的敏锐性也许有一点帮助。于我自己，仅此而已；于别人是否有一点益处，我并不引以为重大的责任。

我也经常站在别人的角度看一看这些文字。每当此时就会萌生停笔的想法，觉得毫无意义。但是，一旦站在自己的角度，我又觉得很有意思。其中最有意思的是，我回看自己写的文字，常常有一种陌生感或新鲜感，这使我倍加珍视瞬间思考的价值。最灿烂的思想火花也许就是在不经意间而非正襟危坐、冥思苦想中点燃的。思想的犁铧只有犁过生活原野的每个角落，我们才有评判生活的发言权，否则，闲暇再多也憋不出一篇文章来。于是，我就敝帚自珍。我一直在自己的生活和工作的原野上精耕细作，我要用有"我"的写作，继续记录那些稍纵即逝的思想瞬间，拓展自己的精神世界。

在我精心构筑的教育理想国里，我的教育理想是鲜活的、具体的、纷纭的，故一言难尽。

我曾说过：我的教育理想是让孩子们热爱学习，立志终身学习。所以我希望教育要尊重学生的个性。我反对教育无用论，认为教育是可以塑造人的，而人道的教育是在尊重人的个性的基础上适度塑造。教育要适度，要祛除"过度"的教育。以人为本，就是要提倡适性教育与适度教育。"适性"就是让教育尊重具体人的个性，而"适度"就是受教育之外还要享受生活。我主张学校教育尤其是基础教育要降低难度，减少教学内容。否则，即使教育高度科学化、教师都是教育家，儿童仍然难以经由兴趣引导进入自主学习状态。学生是有个性差异的，教师也有各种类型。教育的力量是巨大的，但绝非无限大，为每个人提供适合的教育则善莫大焉。

我还曾说过：我理想中的教育是什么样的呢？首先当然是公平。我觉得公平至少应当指条件基本相当的校园、校舍，实际基本等值的运转经费，业务能力和师德水平基本相当的师资，就近免费上学，取消校级以上的评先评优或者将评先评优晋级的权力、指标下放到学校。我理想中的教育应当是尊重学生选择的教育，不同学生的不同需求能够得到最大程度的满足，他可以只读书，也可以不读书。学校为学生的成长搭建尽可能多的平台，为全体学生提供"最基本的统一服务"，在此基础上鼓励学生个性化成长。学校教育"浅尝辄止"而非越挖越深，以绝大多数人的成功而非失败为旨归，以达标而非淘汰为目的。这样的教育需要尊重学生的成长自由，不受政治、社会、伦理的干涉。我理想中的教育应该是为"人"的教育而非考试机器，师生不受升学率的困扰。没有评比，没有统考，没有排名。这样的教育必须摒弃"为考试的课堂"，故在一定程度上是不讲效率的教育。教师也许只是充满感情地带着学生玩儿而什么知识也没教，学生也只是愉快地玩儿而什么也没学。这样的教育不仅不存在升学率，而且连考试都是令人愉快的。我理想的教育是教师全身心服务于学生成长的教育。他们无衣食之忧、考核之忧、失业之忧，一概公平地受到全社会的尊重，享有教育和教学自由，我的课堂我做主。他们在互信的基础上建立起完善的职业驱动和专业成长机制，职业理想、教育情怀、社会需要高度吻合。我理想的教育是一种只关注人的幸福快乐而拒绝将人分为三六九等的教育。这种教育的文化特征是温暖、淡定、平和、共享而非激烈的竞争。我理想的教育到底是什么样的？公平、自由、尊重选择、为人、充满幸福和尊严等等。

在我的"教育理想国"里，有真实的叙事，有对现实的理性反思，有充满矛盾的妥协，有理想化的探索……总之，充满理想的缤纷色彩。当这些文字累积到百万之巨时，编辑成书似乎就是水到渠成的事。但我一方面不想花时间来整理，另一方面又觉得价值不大，故对出版社伸来的橄榄枝态度始终不积极。于是便一拖再拖直到现在。

《让教育带着温度落地》一书所以能出版，首先要感谢华东师范大学出版社的策划编辑朱永通先生。我与永通君神交已久，但今年初才第一次见面。他浏览了我的"理想国"，又实地考察了厦大附中，便力劝我由"大夏书系"来编辑出版"我的教育理想国"。在我迟疑不决的时候，他开始了细致的策划并上报了出版计划。真实的情况是，我在收到出版社的合同后，生怕有负永通君之美意才开始昼夜不息地选文。本书从书名到架构均赖永通君一人之力。我必须承认，直到交稿时，我才稍稍进入状态。

这里我还要特别感谢《福建教育》的编辑吴炜旻老师和《中国教育报》首席编辑张树伟老师。谢谢华东师范大学出版社及各位编辑。

我到福建筹建厦大附中后在公开刊物上发表的第一篇文章就是由炜旻君编发的。我发表在《福建教育》上的文章也大多由他编发。今年，他又邀请我在《福建教育》上开设了"姚跃林侃校园故事"专栏。已发表的4篇均由其本人从"我的教育理想国"中筛选，我很是感动和愧疚。"理想的温度""生命的温度"两辑中的部分文章曾发表于《福建教育》。

我发表在《中国教育报》上的数十篇文章绝大多数是由树伟君编发的。2012年底，《中国教育报》发起关于高考改革问题的讨论，两三周发表一两篇相关文章。我写了一篇《高考改革要找准逻辑原点》。一天下午，我正在开会，手机来了个电话，我没接。一会儿又接到一个短信，自称《中国教育报》编辑，希望我给他回个电话。会后，我给对方打过去，是树伟君。他说文章写得很实在，如果可以的话，后天见报。他又说，我看了你的博客，其实你完全可以给我们写点评论。我答应说试试看吧。第二周，我的一篇评论见报。三年多以来，我在《中国教育报》上发表了五十余篇教育评论。本书"理性的温度"收录的文章均发表于《中国教育报》。

我尤其要感谢我的学生、同事、家长和我从事的教育事业。这里要特别感谢怡滢和凌峰两位同学，在刚入大学之门时，抽时间通读他们未必感兴趣的文稿并作序。阅读他们写的序，我于惊喜之余尤为自豪。

我还要感谢我的大学老师汤华泉先生。他不仅一直阅读我的博客而且经常留言鼓励，他还多次敦促我结集出版。他曾留言："这些文章充分地反映了作为一校之长，一位资深的教育工作者、教学研究者，在过去一年的贡献和成就。从这些文章可以看出，365天，他都在为学校建设、为学生成长、为教育教学的创新和改革思考着、践行着。这些博文又将他的思想成果及时地转变成教育资源，以每年十万计的点击量发挥着超越校园的教育作用。很少看到有这样多年不间断地把行与思、做与写、校园空间与网络空间结合起来的教育工作者。""像这样理论联系实际，系统地讨论、探讨教育教学问题，是很难得也是很有意义的。坚持下去，一定能成为优秀的教育专家。"像汤先生这般鼓励、关心和支持我的人很多，我无法一一罗列，此处一并感谢。

最后要感谢我的太太余春玲老师。她是我所有文章的第一位读者，同时也是第一位"责编"。没有她的首肯，我的文章一般是不会示人的。并非"妻管严"，而是只有"宁静的妻"，方能最先祛除我文中的浮躁。